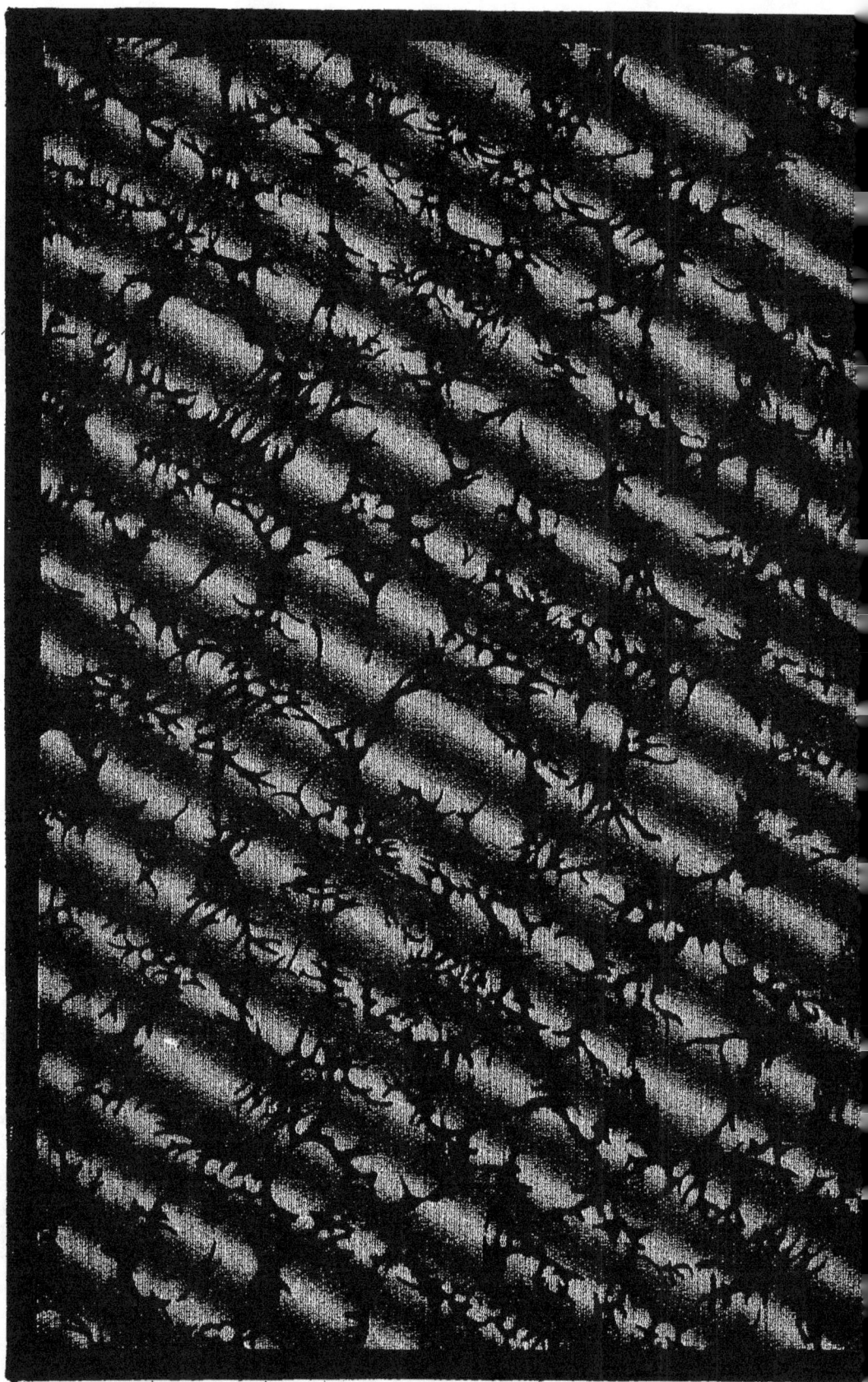

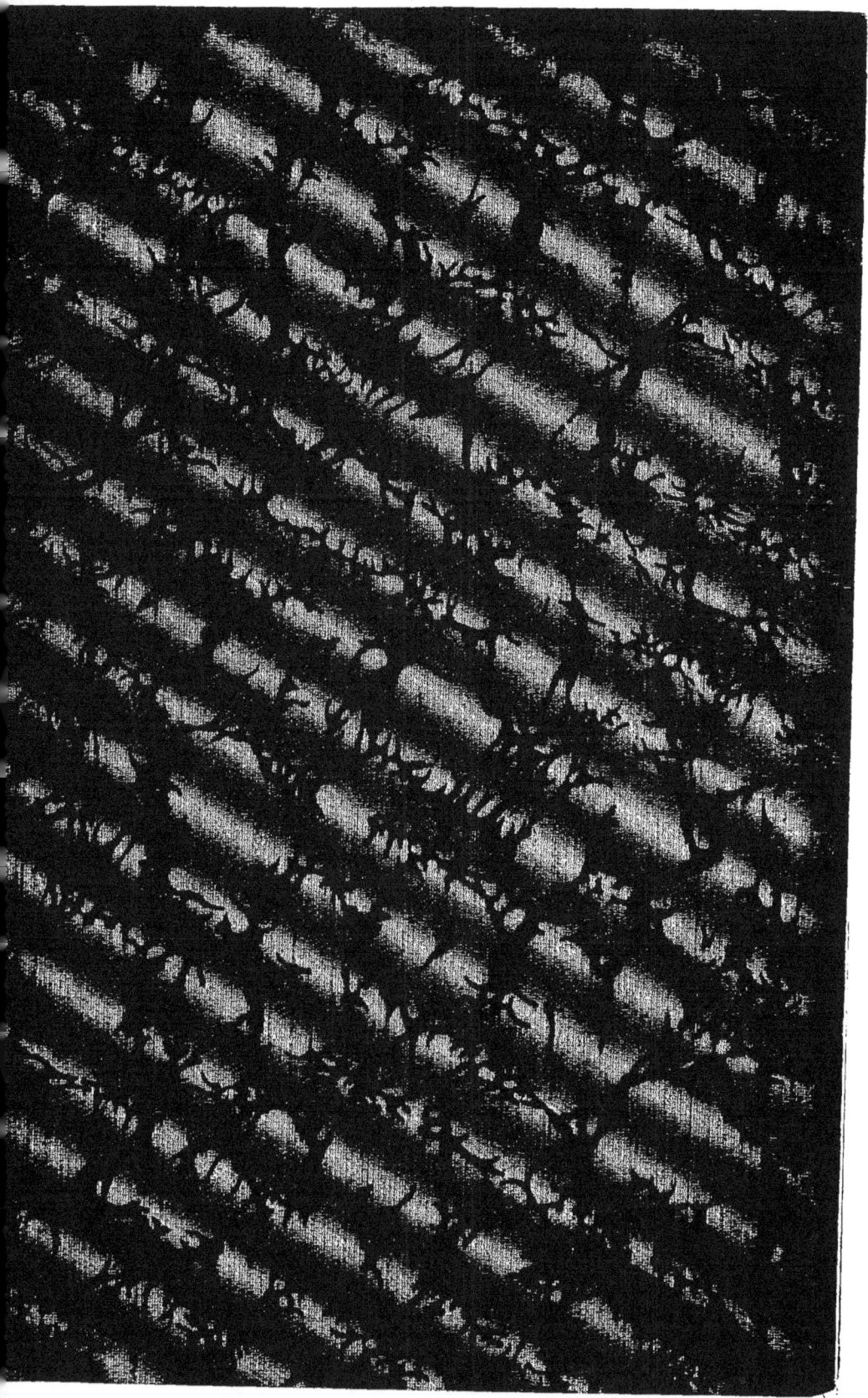

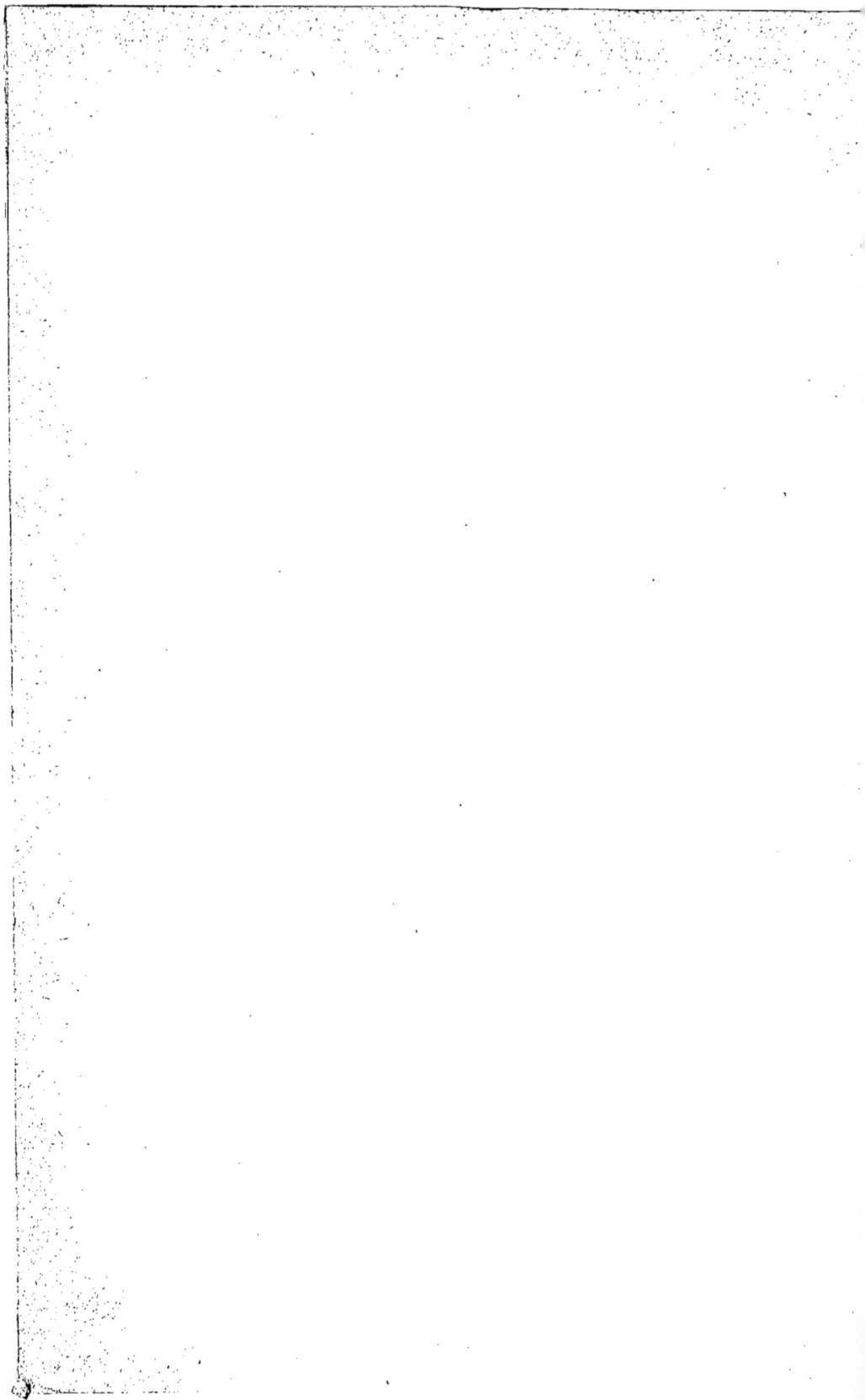

GUERRE DE 1870-1871

LA

RETRAITE SUR MÉZIÈRES

1ER SEPTEMBRE 1870

DEUX RÉPONSES A M. ALFRED DUQUET

PAR

UN OFFICIER SUPÉRIEUR

Avec le fac-similé d'un billet du général de Wimpffen au général Ducrot

LIBRAIRIE MILITAIRE BERGER-LEVRAULT & Cie

Éditeurs de la « Revue de Cavalerie »

PARIS
5, RUE DES BEAUX-ARTS, 5

NANCY
18, RUE DES GLACIS, 18

1904

LA

RETRAITE SUR MÉZIÈRES

LE 1ᵉʳ SEPTEMBRE 1870

GUERRE DE 1870-1871

———

LA

RETRAITE SUR MÉZIÈRES

Le 1ᴱᴿ SEPTEMBRE 1870

———

DEUX RÉPONSES A M. ALFRED DUQUET

PAR

UN OFFICIER SUPÉRIEUR

———

Avec le fac-simile d'un billet du général de Wimpffen au général Ducrot

LIBRAIRIE MILITAIRE BERGER-LEVRAULT & Cⁱᵉ

Editeurs de la « Revue de Cavalerie »

PARIS	NANCY
5, RUE DES BEAUX-ARTS, 5	18, RUE DES GLACIS, 18

1904

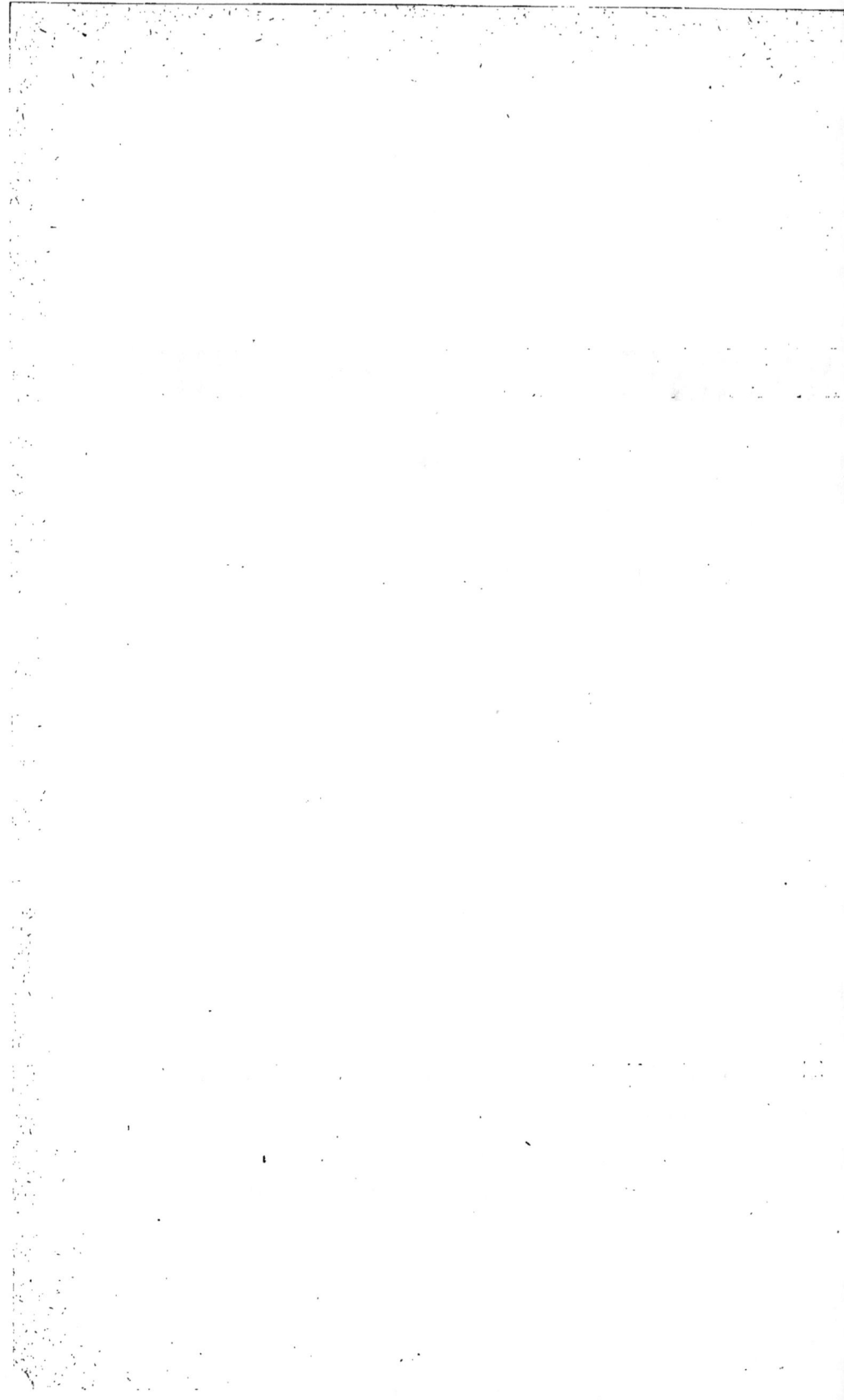

LA

RETRAITE SUR MÉZIÈRES[1]

LE 1ᵉʳ SEPTEMBRE 1870

PREMIÈRE RÉPONSE

A. M. ALFRED DUQUET

Dans le volume qu'il consacre à « Champigny, Loigny, Orléans », le colonel Grouard, l'éminent auteur de *L'Armée de Châlons — Son mouvement vers Metz,* écrivait : « On a beaucoup discuté, il y a une quinzaine d'années, sur le rôle des généraux de
Wimpffen et Ducrot à Sedan. J'ai traité longuement la question
dans mon ouvrage sur l'armée de Châlons ; aujourd'hui, elle est
complètement résolue, au moins dans l'armée. Tout le monde y
admet que les projets du général Ducrot étaient les seuls suscep-
tibles d'empêcher la capitulation, et que l'intervention du général
de Wimpffen fut aussi désastreuse que déraisonnable. Cette appréciation est actuellement professée dans toutes nos écoles militaires;
l'opinion contraire n'est plus soutenue que par quelques écrivains
étrangers à l'armée. »

Nous avons publié nous-même dans le *Correspondant* (livraison
du 25 août 1900) une relation de la journée de Sedan dans laquelle, nous appuyant sur des documents le plus souvent inédits,

---

1. Pour l'intelligence de cette étude, se servir de préférence de la carte de l'état-major
au 1/80 000ᵉ.

nous nous sommes efforcé de mettre en relief les rôles respectifs des généraux Ducrot et de Wimpffen dans le drame du 1ᵉʳ septembre 1870.

Nous avons eu le regret de constater que nous n'avions pas réussi à convaincre M. Alfred Duquet, notre ami, en dépit de divergences irréductibles, je le crains, qui nous séparent sur plusieurs points, tout en ne nous empêchant pas de professer pour son caractère et son talent la plus grande estime.

Dans une nouvelle brochure, *La Retraite à Sedan,* il a maintenu toutes ses appréciations antérieures [1].

Toute opinion émise de bonne foi est respectable, et nous savons que M. Duquet est entièrement convaincu du bien fondé de ses jugements.

Mais, à notre tour, nous réclamons le droit d'examiner à nouveau, et pour la dernière fois, la question ; nous voulons exposer les raisons qui font que la lecture de *La Retraite à Sedan,* loin d'ébranler nos convictions, n'a fait que les fortifier encore.

Commençons par avertir notre loyal adversaire qu'il s'est singulièrement mépris en attribuant au général Ducrot l'article anonyme, publié *en mai 1885* dans le *Journal des sciences militaires,* sous le titre : « La Retraite sur Mézières — Annexe à la journée de Sedan par le général Ducrot. » « *A ce coup droit* », écrit-il, après avoir cité un extrait du fantaisiste ouvrage du général Lebrun, *Bazeilles-Sedan,* « *le général Ducrot répondait en 1885* dans une annexe à son ouvrage, *La Journée de Sedan..... »*

Mais le général Ducrot est mort le 16 août 1882, trois ans *avant la publication de « Bazeilles-Sedan »* par l'ancien commandant

1. D'après M. Duquet, le général Ducrot a voulu prouver que la présence des Allemands sur la route de Mézières était une invention de « ses ennemis politiques ». *Pas une ligne, pas un mot* de ce qu'a écrit le général Ducrot, *en réponse au général de Wimpffen,* n'autorise semblable allégation, et il n'y a qu'à lire *La journée de Sedan,* à consulter le plan qui l'accompagne, pour voir que le général Ducrot n'a jamais nié la présence des Allemands à Vrigne et Viviers-au-Court, le 1ᵉʳ septembre 1870, vers 8 heures du matin. Il en a simplement discuté les conséquences pour la retraite sur Mézières. Mais il est malheureusement trop vrai qu'en France, bien des écrivains, souvent à leur insu, nous le voulons bien, se sont placés, dès le lendemain de la guerre, au point de vue de leurs passions politiques pour juger les événements de 1870-1871. C'était d'ailleurs inévitable.

du 12ᵉ corps de l'armée de Châlons ¹. — Comment eut-il fait pour y répondre ?

Nous regrettons d'autant plus cette confusion que M. Duquet, parlant de ce qu'il prend pour « une plaidoirie » du général Ducrot, reproche à ce dernier ses « singulières assertions » contenant « autant d'erreurs que de mots », le qualifie de soldat malade ² et aigri, etc.....

L'article anonyme du *Journal des sciences militaires* était dû à la plume d'un officier du plus grand mérite, le regretté colonel Gillon, mort depuis à la tête du 200ᵉ à Madagascar : « *Ayant souvent entendu le général Ducrot*, disait-il en commençant, raconter et discuter ces tristes événements avec cette grandeur de vues qui n'avait d'égale que la plus haute impartialité, nous avons essayé de rassembler nos notes, nos souvenirs, et d'en donner un loyal exposé. »

Et relevons encore que M. Duquet commet une méprise analogue quand il reproche au général Ducrot « de *s'appuyer avec insistance sur un passage du général Canonge* ». Celui-ci n'a publié son ouvrage qu'en 1882, au moment même de la mort du général Ducrot, qui, si nos souvenirs sont exacts, a eu à peine le temps d'en voir les premières épreuves.

Avant d'entrer dans le vif du débat, il nous faut répondre à certaines affirmations de notre ami et contradicteur. D'après lui, « nombre de militaires, au lendemain de la guerre, n'ont pas laissé percer leur opinion, et ont trouvé plus prudent, afin de ne pas irriter le général Ducrot et ses partisans, de glisser en simples mortels, c'est-à-dire de laisser la question entière ».

Et plus loin :

« Il nous reste à exprimer le regret que si peu de nos officiers aient eu le courage de prendre parti pour la vérité, pour la jus-

---

1. Sedan n'a pas été le premier sujet de divergence de vues entre le général Ducrot et le général Lebrun. La lecture du nᵒ 16 de la *Revue militaire*, rédigée à l'état-major de l'armée (juillet 1900), nous fait voir que, tandis que le premier avertissait l'Empereur et le Ministre de la guerre que la mobilisation allemande durerait environ vingt jours (voir également *Correspondance du général Ducrot*), le second la fixait à sept semaines ; *il put malheureusement faire prévaloir son opinion* (p. 521 à 526 ; 547 à 550).

2. On sait que le général Ducrot conserva jusqu'au dernier moment sa vigueur physique exceptionnelle, et que sa mort fut absolument imprévue.

tice, et de proclamer ce qu'ils pensaient, à savoir que le général de Wimpffen avait raison..... »

Nous avouons humblement ignorer quelle a pu être, en cette occurrence, l'opinion de ceux de nos officiers qui ont « glissé en simples mortels » et « n'ont pas proclamé ce qu'ils pensaient ».

Mais ce que nous affirmons, c'est que ceux dont nous allons reproduire le sentiment se sont exprimés en toute sincérité, en toute indépendance, et les dates de leurs publications sont là pour dire que le souci « de ne pas irriter le général Ducrot » n'a pu influer sur leurs déclarations : « De sorte qu'on peut dire que pendant le cours de cette guerre, le général Ducrot a trouvé deux fois le moyen d'épargner à son pays de grands désastres ; une première fois, à Sedan, en apercevant avec beaucoup de coup d'œil la seule chance de salut qui restait à l'armée française d'éviter une ruine complète. . . . .

. . . .

« Malheureusement dans ces deux circonstances, *ce véritable homme de guerre* s'est trouvé dans l'impossibilité de mettre ses projets à exécution ; une première fois à Sedan, par l'intervention du général de Wimpffen qui, *ne comprenant rien à ce qui se passait,* refusa d'entrer dans les vues du général Ducrot.....» (*A.-G.,* colonel Grouard, Champigny-Loigny-Orléans, 1894).

« Le général Ducrot, prévenu un peu tardivement, prend le commandement vers 7 heures et demie. Appréciant bien la situation, devinant le jeu de l'ennemi, et prévoyant son mouvement d'enveloppement, il donne immédiatement l'ordre de la retraite.

« Le 12ᵉ corps doit se dérober derrière le ravin de Givonne, et rejoindre le 7ᵉ. Le 1ᵉʳ occupant le calvaire d'Illy et s'appuyant sur la place de Sedan qui va être démasquée servira d'arrière-garde et couvrira le mouvement. Le 7ᵉ et le 12ᵉ, soutenus par le 5ᵉ, vont faire un grand effort vers l'ouest et chercher à rouvrir la route de Mézières. On a discuté l'opportunité et la convenance de cette manœuvre ; mais on sait aujourd'hui qu'elle présentait quelques chances favorables et que, dans tous les cas, elle ne pouvait amener un résultat plus désastreux que celui produit par la nouvelle direction donnée à l'armée, vers 9 heures, par le général de

Wimpffen. » (Colonel Vial, de l'État-major. *Campagnes mo-dernes,* 1886.)

« Il (le général Ducrot) connaissait seulement l'apparition des forces ennemies sur les deux ailes de l'armée ; mais, tout en appréciant la gravité de cette menace, il ne croyait pas la route de Mézières compromise. Et de fait, ainsi qu'on en jugera par la suite, elle ne l'était pas encore complètement ; cependant, il n'y avait pas un instant à perdre, car déjà la IIIe armée venait d'entamer la manœuvre qui devait nous l'interdire absolument.

« Le général Ducrot prit aussitôt son parti..... (suit l'exposé des raisons pour lesquelles la percée sur Carignan ne pouvait aboutir à aucun résultat).....

« Certes, la retraite sur Mézières n'était autre chose qu'un expédient, mais un expédient qui pouvait conserver pour des luttes futures une bonne partie des forces françaises, et qui leur eût certainement épargné la honte de mettre bas les armes devant l'ennemi sans générosité.....

. . . .

« Au moins le général Ducrot nous sauvait-il de la honte d'une capitulation.....

«..... En aucun cas, l'attaque ne devait être attendue dans des positions aussi mauvaises que celles occupées par l'armée autour de Sedan ; au moins aurait-il fallu, comme l'indiquait le général Ducrot, faire front vers les hauteurs d'Illy. » (Lieutenant-colonel Rousset, professeur à l'école supérieure de guerre, 1893.)

« On a affirmé qu'à l'heure où la retraite fut prescrite, la route de Mézières nous était fermée d'une façon irrémédiable.

« Les Allemands l'affirment, et cela se conçoit [1]. Le simple exposé des faits montrera tout à l'heure si, rigoureusement, cette affirmation était vraie.

« Espérer s'ouvrir un passage vers le sud et surtout vers l'est, c'était méconnaître la gravité de la situation.....

«..... Du côté de Mézières seulement, répétons-le, étaient des chances de salut..... Tout, d'ailleurs, excepté Sedan. » (Général [alors commandant] Canonge, *Histoire militaire contemporaine,* 1882.)

---

1. Voir *infra,* p. 55 à 58, et l'appendice II.

« Nos généraux, à l'exception du général Ducrot, trompés et séduits par le brillant combat de Bazeilles, n'apportèrent aucune attention à la marche de forts contingents ennemis sur Villers-Cernay-Givonne, et ne se préoccupèrent pas davantage du mouvement tournant de l'aile gauche allemande par Saint-Menges-Fleigneux.....

« On peut dire du général Ducrot, avec la plus grande impartialité, qu'il semble être le seul qui vit clair dans cet immense aveuglement (*Étude militaire sur la bataille de Sedan,* par D. Loupot, officier de réserve, 1892).

« Quoi qu'on en ait pu dire, cette manœuvre (celle ordonnée par le *général Ducrot*) était bien réellement la seule à adopter ; eût-elle échoué, elle n'eût pas été plus terrible dans ses effets que celle à laquelle le général de Wimpffen donna la préférence ; de fait, c'était l'offensive avec ses diverses chances, substituée à la défensive presque passive. Vers 9 heures, le général de Wimpffen réclamait le commandement et, séduit par le succès du 12ᵉ corps, mais méconnaissant le danger que faisaient courir à l'armée les mouvements tournants alors en cours d'exécution, il arrêtait la retraite, et rappelait les 1ᵉʳ et 12ᵉ corps à leurs positions premières : la perte de l'armée fut alors certaine. » (École supérieure de guerre, *Cours d'Histoire militaire,* 1879.)

« On peut donc croire qu'il aurait été possible d'éviter le désastre de Sedan, en se dérobant, le 31 août au soir, vers Mézières (comme l'avait demandé le général Ducrot) ; en tout cas, il est admis aujourd'hui que la position à prendre autour de Sedan était celle que le général Ducrot avait indiquée sur les hauteurs de Fleigneux, du calvaire d'Illy à Floing. — Là, une défaite, une déroute même, ne pouvait avoir d'autre conséquence que de rejeter nos corps, partie en Belgique, partie vers Mézières. » (École supérieure de guerre, *Cours d'histoire militaire,* 1886-1887.)

« J'ai été témoin, le 1ᵉʳ septembre au matin, des efforts du général Ducrot pour sauver l'armée française en la repliant sur Mézières pendant qu'il en était encore temps. » (Extrait d'une lettre du général Bonnal, 1901.)

« Le conseil peut juger les combinaisons qui se produisirent successivement, les chances de succès et d'insuccès qu'elles présentaient; il est de son devoir de dire que le projet du général Ducrot était le plus rationnel..... Le général de Wimpffen a fait preuve de conceptions trop peu plausibles ou injustifiées.....(Conseil d'enquête sur les capitulations, présidé par le maréchal Baraguey d'Hilliers, extrait du Procès-verbal de la séance du 24 janvier 1872.)

Nous bornons là des citations que nous pourrions prolonger encore, afin de ne pas surcharger notre texte; elles sont une réponse suffisante à celles que donne M. Alfred Duquet.

Et nous pensons que les témoins que nous venons d'invoquer ne le cèdent en rien, au point de vue de l'autorité qui s'attache à la compétence, à ceux produits par notre adversaire, quand bien même on rencontrerait parmi ces derniers M. Jules Claretie, Directeur de la Comédie-Française, et M. Eugène Véron[1] à côté du capitaine Félix Bonnet et du colonel suisse Lecomte.

Nous ne pensons pas davantage que M. Duquet range leurs déclarations parmi celles des « contemporains d'une admirable naïveté, écoutant, bouche béante, la grotesque justification du projet de retraite du général Ducrot », car ils ne se contentent pas d'écouter, ils formulent leur avis, ils donnent des raisons, et, autant que personne, ils ont qualité pour le faire.

Les Allemands, de leur côté, ont tout intérêt, comme le fait si justement remarquer le général Canonge, à prétendre que la retraite ordonnée par le général Ducrot était inexécutable et que l'armée française, ne pouvant s'échapper d'aucun côté, devait fatalement succomber.

On comprendra donc que nous attachions peu d'importance à l'avis du général de Hohenlohe, celui que le général Bonnal a si justement qualifié de « *Stratège à courte vue* », à propos de ses appréciations pitoyables sur « la manœuvre d'Iéna », d'autant plus que le général prussien condamne tout aussi bien l'opinion de M. Duquet sur la possibilité d'une sortie par Carignan que la nôtre relativement à la retraite sur Mézières; et il est de ceux qui s'imaginent, bien à tort, que l'armée française n'avait pour se retirer que l'unique route de Vrigne.

---

1. Nous aurons l'occasion d'examiner plus loin ce que valent ces dispositions.

Quant au récit officiel du grand État-major, nous ferons voir plus loin à quels artifices *grossiers* il a recours pour modifier les heures, et précipiter ou retarder les événements, suivant les besoins de la cause [1] (voir Appendices II et IV).

On ne saurait accepter aucune de ses déclarations sans la vérifier avec soin.

Et malgré eux, les rédacteurs de l'ouvrage de M. de Moltke ont confessé la vérité, car, à côté des passages qui semblent donner raison aux adversaires du général Ducrot, et que M. Duquet n'a pas manqué de citer, nous relevons les lignes suivantes, essentiellement suggestives, qui résument à merveille toute la discussion, où chaque mot est pesé à sa valeur propre, et qui sont la justification absolue de la décision prise, avec autant d'à-propos que d'énergie, par le commandant du 1er corps devenant inopinément général en chef :

« *Tandis que* le général de Wimpffen tente vainement de s'ouvrir une issue vers l'est, en culbutant la droite allemande, *peu à peu* se constitue derrière lui une formidable barrière qui lui ferme *d'abord* la route de Mézières [2], *puis enfin* les derniers débouchés sur la Belgique. » (*Récit de l'État-major allemand*, p. 1234 [3].)

Peut-on être plus catégorique, et mieux choisir ses expressions pour déclarer *qu'au moment où le général de Wimpffen faisait effort vers l'est*, c'est-à-dire plus de deux heures après l'ordre de retraite vers l'ouest donné par le général Ducrot, la route de Mé-

---

1. C'est ce même procédé que M. le général Bonnal a si bien mis en lumière dans son étude sur la bataille de Frœschwiller, à propos des charges du 1er tirailleurs et de la division Bonnemains. — Comment, en France, a-t-on pu s'y laisser prendre aussi longtemps ?

2. Il faut s'entendre une bonne fois et dissiper toute équivoque sur le sens de cette expression : « la route de Mézières », qui ne s'applique pas à l'unique route par Vrigne, mais à l'ensemble des communications reliant la partie nord de Sedan à Mézières par la forêt.

3. A côté de la note officielle il y a eu d'ailleurs chez les Allemands la note officieuse, plus conforme à la vérité. Nous avons eu sous les yeux le texte de la question suivante, qui a été donnée à traiter, en 1877, aux officiers de l'Académie de guerre de Berlin : « Démontrer que le mouvement de retraite ordonné par le général Ducrot sur Mézières, possible le 31 août, possible encore mais difficile le 1er septembre à 7 heures du matin, était devenu inexécutable à partir de 10 heures. » Nous montrerons plus loin qu'il n'eût pas été difficile, grâce à la direction insensée qui fut donnée aux Ve et XIe corps dans leur mouvement vers Saint-Menges.

zières n'était pas encore fermée, qu'elle ne l'a été que graduelle-
ment, et que c'est plus tard encore que les débouchés sur la Belgique nous ont été barrés ?

Mais, au demeurant, nous estimons que ce n'est pas avancer
beaucoup la solution d'une question que de reproduire les opinions
et les avis des uns et des autres, lorsqu'ils sont favorables à la
thèse que l'on soutient, et, si nous sommes entrés dans cette voie,
c'est qu'il nous fallait bien commencer par répondre à des témoignages par d'autres témoignages.

Ce qu'il nous faut maintenant établir c'est :

1° La praticabilité, en 1870, du bois de la Falizette et de la
région forestière longeant la frontière belge ;

2° L'heure de la prise de commandement par le général Ducrot
(7 heures et non 8 heures) ;

3° Ce que le général Ducrot pouvait connaître de la situation
des armées allemandes ;

4° L'impossibilité où se seraient trouvés les Allemands, le 1er septembre 1870, de nous barrer efficacement les directions de Mézières et de Rocroy, si le mouvement de retraite n'avait été
arrêté par le général de Wimpffen ;

5° L'inanité de la résistance sur place, qui ne pouvait aboutir
qu'à l'investissement et à l'écrasement de l'armée, par conséquent
à la capitulation ;

6° L'inanité de toute tentative vers l'est et vers le sud.

7° L'impossibilité radicale d'une sortie par Torcy.

Quand nous aurons justifié ces sept propositions, nous aurons
prouvé que le salut à Sedan comme l'entrevit « génialement »,
n'hésitons pas à écrire le mot, le général Ducrot, était dans la
rupture du combat, la manœuvre des arrière-gardes, et une offensive vigoureuse sur Mézières.

Nous tenons à le dire, dans un débat de cette importance, il
faut commencer par bien préciser le point de départ, sans quoi
la discussion ne tarde pas à s'égarer, et l'on ne sait plus où
l'on va.

A notre sens, et nous en avons fait souvent la remarque dans
nos travaux antérieurs, on fausse le plus souvent les situations

initiales, et dès lors, partant d'une base fausse, on ne peut aboutir à la vérité.

Commencer par relever dans le détail la situation de deux armées en présence, d'après les documents publiés après les événements, et tabler, dans le calme du cabinet, sur la connaissance exacte des ordres reçus, des rapports établis, des mouvements exécutés par l'ennemi, pour juger des déterminations qu'ont eu à prendre les chefs militaires, au cours des événements, sur la foi de renseignements souvent faux, incomplets, contradictoires, quelquefois même en l'absence de toute donnée positive, c'est, à notre avis, traiter le problème à un point de vue absolument faux.

On a pour soi des certitudes, alors que le commandement en guerre n'a que des probabilités, et encore pas toujours.

A ce compte, Napoléon lui-même n'échapperait pas aux leçons des plus minces critiques.

Est-ce qu'à Iéna il ne croit pas toute l'armée prussienne devant lui, alors que 70 000 hommes, avec le duc de Brunswick, étaient devant Davout à Auerstædt ?

Est-ce qu'en 1809 il ne se trompe pas du tout au tout sur la répartition et les mouvements des Autrichiens, erreur qui persiste pendant quatre jours, du 19 au 22 avril, *en dépit des rapports de Davout montrant, dès le 19, les forces principales de l'ennemi au nord de la Grande Laber,* et qui ne cessa qu'à l'arrivée du général Piré, envoyé à l'Empereur par le duc d'Auerstædt « pour lui exposer en détail la situation réelle du côté d'Eckmühl ».

Nous nous bornerons à ces deux exemples, mais l'histoire des guerres de l'Empire est là pour établir que des erreurs semblables sont fréquentes, même chez celui qui fut le général « intuitif » entre tous, le plus merveilleusement renseigné par une cavalerie audacieuse et infatigable, et par ses espions.

On sait aujourd'hui ce qu'il faut penser de M. Thiers, nous montrant Napoléon quittant Paris avec un plan de campagne tout fait, comme en 1806, par exemple, sachant tout, devinant tout de l'ennemi [1] !

Si donc on veut équitablement juger une détermination prise

---

1. Consulter à ce sujet l'admirable étude du général Bonnal sur *La Manœuvre d'Iéna.*

par un chef militaire, il faut non pas dire : « L'ennemi occupait tels points, faisait tels mouvements, avait reçu tels ordres », mais bien : « *Quels étaient les renseignements parvenus au commandement ? Comment pouvait-il apprécier la situation d'après les événements des journées précédentes ?* »

A plus forte raison, quand on a, comme c'est le cas, à se prononcer sur une décision prise, au cours d'une bataille engagée, par un général investi inopinément du commandement en chef, sans avoir été mis en quoi que ce soit au courant des intentions de son prédécesseur et de la situation générale de l'ennemi.

C'est donc dans cet esprit que nous étudierons la question.

Ceux de nos lecteurs qui ont pris connaissance du travail de M. Duquet ont déjà compris que nous partons de bases différentes, car il échafaude tous ses jugements, toutes ses critiques sur la connaissance précise que l'on a aujourd'hui des mouvements exécutés par les Allemands le 31 août au soir et le 1er septembre au matin, à l'ouest de Sedan.

Nous aussi, au moment voulu, nous ferons le relevé des divers points occupés aux différentes heures par l'adversaire, mais simplement pour en tirer, par des rapprochements, des conclusions sur ce qui serait vraisemblablement advenu, et nullement pour blâmer ou pour approuver telle ou telle détermination qui doit être considérée indépendamment de ces notions précises qui faisaient fatalement défaut à celui qui avait charge d'aviser, sans perdre une minute.

Examinons la question capitale de la praticabilité du bois de la Falizette et de la région forestière entre la Meuse et la frontière belge, c'est-à-dire des bois de Floing, du Grand'Canton, de Condé, de la Grandville, etc.....

Remarquons tout de suite que contre l'existence des chemins par lesquels l'armée aurait pu s'écouler vers l'ouest, M. Duquet a cru pouvoir invoquer le fait qu'ils ne figuraient pas sur la carte d'état-major de 1870 :

« Voilà qui ne serait guère à la louange de notre état-major. Comment, il existe des chemins par où peut défiler une armée entière, 100 000 hommes, et ces chemins ne sont pas marqués sur

des cartes données justement afin de montrer aux généraux par
où ils peuvent faire passer leurs régiments? Rarement accusation
plus grave a été portée contre un service, et il faudrait la justifier
autrement que par un propos de M. Debord! En outre, les cartes,
notamment celle de l'état-major, ne sont pas de simples « dénégations », ce sont des dénégations officielles, scientifiques et pra-
tiques. »

L'accusation ne se justifie que trop.

Il est notoire qu'avant la guerre de 1870, la carte d'état-major
n'était l'objet d'aucune rectification régulière, sur le terrain,
*comme cela se pratique aujourd'hui périodiquement. Elle n'était
pas tenue à jour.* On s'était borné à y ajouter les voies ferrées ;
c'est là un fait matériel, indiscutable ; sous ce rapport, comme
sous bien d'autres, nous n'étions pas préparés, et ce même dépôt
de la guerre, remplacé depuis par le service géographique, qui
ne s'était pas préoccupé de tenir nos cartes au courant, n'avait
pas eu davantage le soin d'en munir l'armée du Rhin, puisque les
généraux eux-mêmes et les états-majors « manquaient totalement », comme l'écrivait le général Douay la veille de Wissembourg, « de cartes capables de les guider ». Voilà pourquoi on
a raconté qu'ils ne savaient « pas la géographie » !

Ce sont là des faits tellement avérés, que nous n'insisterons
pas autrement que pour dire que le général Ducrot fut un des
rares officiers généraux se trouvant, au moment de la déclaration
de la guerre, muni par ses propres soins de toutes les cartes
nécessaires, et qu'il avait fait compléter par des reconnaissances
toutes celles se rapportant à son commandement de la 6e division militaire.

L'incurie du ministère de la guerre d'alors, sur ce point, comme
sur bien d'autres, est indéniable, et le fait que tel ou tel chemin
ne figurait pas sur les tirages de cette époque prouve, non pas
qu'il n'existait pas, mais seulement que son établissement était
postérieur à ces tirages.

On sait que la veille de Sedan, le général Vinoy envoya de Mézières, en mission près de l'empereur et du maréchal de Mac-
Mahon, le capitaine de Sesmaisons, son aide de camp. On lit à
ce sujet, dans l'ouvrage du général Vinoy : « L'empereur s'inquiéta

ensuite de la route que prendrait le capitaine de Sesmaisons pour rejoindre Mézières… L'empereur lui fit donner un des chevaux de l'état-major général, et lui indiqua, *en la traçant lui-même au crayon sur la carte, la route que l'armée devait suivre le lendemain*. C'était un chemin de grande communication, récemment ouvert [1] (?) entre Sedan et Vrigne-aux-Bois, sur la rive droite de la Meuse. L'empereur ne doutait pas que ce chemin, qui *ne figurait pas encore sur la carte, ne fût inconnu de l'ennemi*. »

Nous avons sous les yeux, au moment où nous écrivons, l'exemplaire de la carte au 1/80 000, sur lequel nous avons opéré, *à l'automne de 1873*, la revision de la planimétrie des environs d'Épinal; on y remarque de multiples additions, portant principalement *sur les voies de communication, sur des chemins carrossables, des chemins d'exploitation*, etc…

A ces constatations, qui établissent l'inanité de la preuve tirée du mutisme de la carte, nous ajouterons que nous avons été chargé, à plusieurs reprises, de la rectification de la carte d'état-major dans les régions boisées de la Dordogne et du Limousin; nous constatâmes que, fréquemment, les chemins d'exploitation forestière n'étaient pas indiqués, ou l'étaient inexactement. Cela provenait de ce que ces chemins, créés le plus souvent pour les besoins de l'exploitation dans une zone déterminée, cessaient d'être pratiqués et disparaissaient totalement lorsque les travaux étaient reportés dans une autre partie de la forêt; et nous dûmes nous abstenir de les relever, à cause de leur instabilité. Ceci a bien son importance dans la question qui nous occupe, puisqu'il s'agit d'une région essentiellement forestière.

Rappelons maintenant que le général Ducrot, avec cette prévoyance qui était l'une des caractéristiques de son commandement, s'était attaché pour la journée du 1er septembre le capitaine adjudant-major Debord, du 74e : « Né à Sedan, ce jeune et énergique officier connaissait, comme chasseur infatigable, le moindre pli de terrain, le plus petit sentier. C'est lui qui avait dit au général que le chemin de la montagne était très praticable, que toute la forêt, au nord d'Illy et de Saint-Menges, était percée d'excellents

---

1. Cela dépend de ce qu'on entend par « récemment ».

chemins vicinaux, par lesquels l'armée française pouvait faire retraite dans la direction de Rocroy, *dans le cas où la route serait
coupée.* (*La Journée de Sedan,* par le général Ducrot.)

Au procès Wimpffen-Cassagnac (*Gazette des Tribunaux* du
14 février 1875, citée par M. Duquet) le capitaine Debord (alors
chef de bataillon) déposa ainsi :

Le commandant Debord (après une question de M⁰ Lachaud,
demandant si le 1ᵉʳ septembre, avant 9 heures du matin, la route
de Mézières était libre) : « Je ne sais pas. Ce que je sais, c'est que
M. le général Ducrot m'interrogea sur l'existence des chemins
dans les bois (*preuve qu'il s'attendait bien à ce que la route de
Mézières pourrait être coupée*); je lui donnai les indications, connaissant le pays et y ayant chassé, mais je ne peux pas dire autre
chose. »

Suit la déposition d'un industriel de Sedan, M. E. Payard, qui
dit ne connaître que le chemin de transit, suivant la frontière à
500 mètres, et aboutissant à la route de Saint-Menges, et le chemin
de Saint-Menges à Bosséval. Mais le commandant Debord réplique, *en maintenant ses déclarations* : « *Il y a trois routes parallèles
à la frontière belge où les voitures peuvent passer, la route de
Sillon, la route de Bosséval et le chemin de transit.* »

Il est trop facile de traiter à la légère les déclarations si catégoriques du commandant Debord.

Voilà un officier connaissant à fond le pays et la forêt où il va
chasser tous les ans ; son commandant de corps d'armée, *dans
une situation critique,* le prend avec lui et l'interroge sur la viabilité de la région forestière au nord de la Meuse. Il ne répond
certainement pas à la légère et ne dit que ce dont il est certain,
ce qu'il a vu et *pratiqué.* Pourquoi tirer de son désaccord avec
M. Payard, qui, bien qu'habitant le pays, peut ne pas connaître
à fond la forêt (le fait est fréquent), la conclusion que ce dernier
a raison ? Pour nous, tenant compte de la situation au moment où
le général Ducrot interrogea le commandant Debord, nous pen-
cherions plutôt du côté de ce dernier, dont les déclarations sont
pleinement confirmées par une lettre de M. Ronnet, notable habitant de Pont-Maugis. De son côté, le général Canonge, frappé des
dénégations sans preuves par lesquelles on répondait à l'endroit

de la viabilité du bois de la Falizette, eut recours, pendant deux années de suite, en 1880 et 1881, à des reconnaissances « de façon à déterminer les chemins utilisables pour toutes armes qui, existant en 1870 dans le bois de la Falizette, pouvaient permettre à cette époque, sans entrer sur le territoire belge, de déboucher au nord-ouest du défilé.

« L'administration forestière s'étant récusée, *alléguant l'impossibilité où elle se trouvait, par suite de l'existence dans la zone en question d'un assez grand nombre de propriétés particulières, de renseigner exactement,* nous nous adressâmes à des hommes de bonne volonté. MM. Coustis de la Rivière et Guèze, capitaines, Gendron, lieutenant, entreprirent, sur nos indications, une reconnaissance qui, faite *isolément par chacun d'eux,* leur demanda environ trois heures de cheval. *Tous trois arrivèrent à des conclusions presque identiques,* à l'aide de renseignements qu'ils prirent auprès de *bûcherons, d'agents locaux, vieux cantonniers, gardes forestiers, d'habitants,* et qu'ils contrôlèrent sur place.

« Or, le 1ᵉʳ septembre 1870, le bois de la Falizette *était traversé par trois chemins praticables à l'artillerie :* le premier, vieux chemin *tracé sur un terrain schisteux et ferme,* conduit de Saint-Menges à la Foulerie, en passant par le moulin de la Grange ; *le second, offrant les mêmes facilités que le précédent,* se rend du moulin de la Grange à la Faïencerie ; le troisième se détache de la route de Saint-Menges à Sugny, passe sur la rive droite de la Claire et descend vers le sud.

« L'armée française pouvait donc, le 1ᵉʳ septembre, en utilisant tôt ou tard le défilé de Saint-Albert, déboucher en quatre colonnes sur la ligne Moulin-Rouge-la-Claire... » (Général Canonge, *Histoire militaire contemporaine.*)

Voici ce que pense M. Alfred Duquet de ces reconnaissances : « Il est bien étrange que des chemins pouvant servir à la retraite d'une armée *soient inconnus* de l'administration forestière. Remarquons aussi que le général Canonge n'a pas constaté par lui-même l'existence de ces chemins contestés ; il a enregistré simplement l'opinion de *gens* en désaccord avec les habitants du pays. »

Et plus loin : « En dépit des chemins éthérés de MM. Coustis de la Rivière, Guesde et Gendron... »

Où M. Duquet voit-il que l'administration forestière a déclaré
que ces chemins lui étaient inconnus ? Il est dit qu'elle s'est récusée parce que, *pour renseigner exactement,* il lui aurait fallu se
mettre en rapport avec d'assez nombreux particuliers ayant leurs
propriétés dans la zone contestée ; elle ne connaissait évidemment
d'une manière *positive* que les chemins desservant le domaine de
l'État et ne tenait pas à donner à ses agents un travail supplé-
mentaire pour un objet qui ne la regardait pas. Rien là que de
très naturel.

Comment, le général Canonge s'est borné à enregistrer l'opinion de « *gens* » en désaccord avec les habitants du pays, alors
qu'il déclare expressément que les officiers envoyés en mission
par lui sont arrivés à des conclusions identiques, en *interrogeant
des bûcherons, des agents locaux, de vieux cantonniers, des
gardes forestiers, des habitants,* et en contrôlant sur place les renseignements fournis par eux !

N'y a-t-il pas un élément de certitude *absolue* dans le fait que
ces reconnaissances, *exécutées isolément, indépendantes les unes
des autres, se confirment mutuellement ?*

Et nous attachons autant d'importance aux déclarations des
officiers qui en ont été chargés, que si le général Canonge en
avait fait la vérification lui-même...

Nous avons servi sous les ordres de cet honorable et savant
officier général ; nous savons combien il était consciencieux ; combien il aimait en tout la vérité.

S'il s'est abstenu, c'est qu'il savait pouvoir s'en rapporter à
ses sous-ordres qui n'étaient pas les premiers venus et méritaient
toute sa confiance, d'autant plus que leurs conclusions étaient
identiques : son intervention n'eût eu de raison d'être que s'ils
eussent été en désaccord.

On ne saurait donc considérer comme « éthérés » *les trois itinéraires dont le général Canonge indique le tracé avec tant de
précision.*

Une dernière remarque de M. Duquet nous étonne quelque
peu. Faisant allusion à la phrase : « L'armée française, utilisant
tôt ou tard le défilé de Saint-Albert, pouvait déboucher en quatre
colonnes... », il écrit : « Avant de quitter le livre du général Ca-

nonge, nous ferons observer que ce n'était guère la peine de se faufiler ainsi à travers bois pour prendre quand même le défilé Saint-Albert ; autant risquer de s'y engager tout de suite, par l'est. »

Si nous avons bien compris, et pour nous le doute n'est pas possible, le général Canonge a simplement indiqué que l'armée eût débouché en quatre colonnes, trois sur les trois chemins traversant le bois de la Falizette, *la quatrième* par la route du défilé Saint-Albert, exploitée tôt ou tard. Jamais il n'a eu la pensée extraordinaire de pousser dans le défilé les trois colonnes ayant débouché plus au nord dans le bois.

Nous verrons tout à l'heure qu'elles avaient mieux à faire.

Mais, dans le cas qui nous occupe, ne pouvait-on se mouvoir dans les bois que sur les routes, chemins ou sentiers qui le traversent ?

La marche sous bois était-elle possible ?

C'est là un point capital.

Voici ce qu'en dit M. Duquet :

« Quant à passer à travers bois, nous avons tenté notamment de pénétrer dans les fourrés de la Falizette ; nous n'avons pu rompre l'enchevêtrement des ronces et des arbres. Rarement bois sont aussi touffus, et si le général Ducrot avait essayé d'y entrer, il n'aurait certainement pas pu avancer d'un mètre. »

Nous avouons trouver l'argument peu convaincant, car conclure de l'état d'une forêt en 1902 qu'elle était impraticable en 1870, nous semble un peu risqué.

« Une période de plus de trente ans, nous a déclaré un conservateur des forêts, amène fatalement de tels changements, par suite de l'exploitation même, qu'une constatation faite à la fin de la période ne permet en rien de dire quelles étaient, à son début, les facilités de circulation sous bois. »

Et produisons sans plus tarder un document qui tranche la question, et qui a d'autant plus de valeur qu'il a été établi à une date relativement rapprochée des événements qui nous occupent.

Il tranchera en même temps le litige relatif aux routes contestées, parallèles à la frontière belge.

Dans la *Notice descriptive et statistique sur le département des*

Ardennes (Paris, Imprimerie nationale, 1878) rédigée en 1877 à l'état-major général du 6ᵉ corps d'armée, par M. Kessler, chef d'escadron d'état-major (depuis commandant du 6ᵉ corps d'armée, membre du Conseil supérieur de la guerre), nous lisons : « *Massif compris entre la Semoy, la Meuse et la Chiers jusqu'à Escombres* (c'est-à-dire, outre les bois à l'est de la route de Bouillon, ceux d'Illy, de Floing, du Grand-Canton, de Condé de la Grand'ville, soit la zone forestière entre la Meuse et la frontière belge).

« Les essences dominantes sont le chêne et le bouleau au nord-ouest et le chêne dans le cantonnement de Sedan. Le massif est aménagé en taillis simple et en taillis sous futaie, *à la révolution de vingt-cinq ans..... Les routes forestières empierrées* sont larges de trois à dix mètres. Situées toutes dans le cantonnement de Sedan, elles sont tracées à mi-côte et se dirigent du nord au sud, *à l'exception de celles du Lazaret et du Morthéan qui traversent le massif de l'est à l'ouest. Ces routes dont les rampes ne dépassent pas un dixième sont en bon état quelle que soit la saison.*

« Les routes forestières non empierrées [1] et les tranchées sont d'un parcours facile en été, leur largeur varie de trois à quatorze mètres..... *Les piétons n'éprouvent de difficulté à passer sous bois que dans quelques parties de jeunes taillis.* »

Voici donc un document *officiel,* établi avec le plus grand soin, par un officier supérieur de haut mérite, en vue d'opérations militaires éventuelles, qui présente, par conséquent, toutes les garanties. Comme disait M. Duquet, à propos de la carte, une affirmation d'un tel document n'est pas une simple « affirmation », c'est une affirmation « officielle, scientifique et pratique ». Et elle est de 1877, c'est-à-dire postérieure de sept années seulement à la bataille de Sedan, donnant ainsi un aperçu très approximatif de l'état de la forêt en 1870.

Il en ressort sans contestation possible que les renseignements donnés au général Ducrot par le commandant Debord étaient ab-

---

1. Si la notice ne parle pas, comme elle l'a fait pour les routes empierrées, de la direction des routes non empierrées, des tranchées, *toutes faciles à parcourir,* c'est qu'elles n'ont pas de direction particulière, et sillonnent la forêt un peu dans tous les sens. Bon nombre d'entre elles doivent appartenir à la catégorie des chemins dont nous avons parlé, à propos des revisions de carte en région forestière.

solument exacts, et qu'en dehors de la route de Bosseval, il y avait, *traversant le massif forestier de l'est à l'ouest, deux routes empierrées,* sans préjudice des routes non empierrées, des tranchées *faciles à parcourir,* et des sentiers.

De plus, l'infanterie, *à quelques rares exceptions près, pouvait circuler partout sous bois.*

Et si nous rapprochons ce document irrécusable de la déclaration faite en toute bonne foi par M. Duquet, nous ne pouvons conclure qu'une seule chose, c'est que de 1877 à 1902 il s'est produit, du fait de l'exploitation, des changements considérables dans le régime forestier : *le contraire serait fait pour surprendre.*

Or, ce qui nous importe à connaître, c'est l'état de la région forestière contiguë à la frontière belge, non pas en 1902, mais bien en 1870, et c'est pourquoi nous nous en rapportons aux relevés officiels, opérés en 1877, estimant en toute logique qu'un simple écart de sept ans nous rapproche plus de la réalité qu'une durée de trente-deux années.

Formulons donc nos conclusions :

1° Le bois de la Falizette était percé de trois chemins praticables aux trois armes ;

2° Les bois, entre la portion du cours de la Meuse allant de Sedan à Nouvion-sur-Meuse et la frontière, étaient, abstraction faite des chemins de terre, traversés par deux chemins empierrés praticables aux voitures et à l'artillerie, et la circulation sous forêt était facile pour l'infanterie, à de rares exceptions près.

C'est la connaissance d'un tel état de choses, résultat des renseignements fournis par le capitaine Debord, qui a permis au général Ducrot de prendre à bon escient sa décision, certain qu'il était de pouvoir écouler vers Rocroy et Mézières la plus grosse partie de l'armée, quand bien même les Allemands auraient été maîtres de la route de Mézières par Vrigne-aux-Bois.

Et nous avons encore à l'appui de nos conclusions la preuve expérimentale :

Ceux de nos soldats qui franchirent la frontière furent, pour la plupart, désarmés et gardés par les troupes belges.

Quant à ceux qui gagnèrent Mézières, où passèrent-ils donc ?

Mais par la zone forestière que vient de nous décrire la notice

statistique, puisqu'ils ne prirent ni la route de Vrigne interceptée par l'ennemi, ni les chemins belges gardés par les soldats belges.

Et il fallait bien que cette zone fût largement praticable, car,
arrivèrent à Mézières, dans l'après-midi du 1er septembre, plus de
10 000 hommes (entre autres cinq compagnies du 3e zouaves avec
le drapeau du régiment), plusieurs batteries d'artillerie avec leur
matériel, tout le parc d'artillerie de réserve du 5e corps, des voitures d'administration, etc... (Consulter à ce sujet l'enquête faite
en 1871 par le général Forgeot sur les batteries ayant gagné Mézières ; les ouvrages du général Vinoy[1] et du commandant Jac-
quelot de Boisrouvray.) Même en admettant (nous verrons plus
loin que cela leur eût été impossible) que les Allemands eussent
essayé de nous barrer la forêt jusqu'à la frontière, il faut bien reconnaître que des engagements sous bois, genre d'action où ils
n'ont jamais brillé, qu'ils redoutent même et où ils n'auraient pu
compter sur l'appui de leur artillerie, eussent été tout à l'avantage
de nos soldats qui se seraient trouvés sur un champ de bataille
singulièrement plus favorable pour eux que l'entonnoir de Sedan,
surtout si l'on songe à l'extension qu'eût prise le front allemand.
(Voir à ce sujet *Fræschwiller,* par le général Bonnal : observations
sur le combat sous bois du 2e bataillon du 3e zouaves.)

---

1. Les déclarations du général Vinoy sont si catégoriques, si concluantes, que nous
allons les reproduire et les commenter :

« Il était 1 heure et demie. . . . .

« . . . . Vers la même heure, on put apercevoir, du
haut de la citadelle, *une colonne considérable d'artillerie* qui se dirigeait sur Charleville par la vallée de la Meuse.

« Il résulta des renseignements apportés par des officiers qui furent envoyés pour
reconnaître cette troupe, que cette colonne se composait *du parc d'artillerie de réserve
du 5e corps. Partie de Sedan,* à la pointe du jour, elle avait pu, *en traversant les
bois,* atteindre le pont de *Nouzon,* sur lequel elle avait passé la Meuse. » (P. 52-53.)

Le pont de Nouzon est à cinq ou six kilomètres au nord de Charleville, au débouché des
bois *de la Granville et de Gesly.* Qu'on regarde la carte, et l'on verra que pour qu'une
colonne d'artillerie, tout le parc de réserve du 5e corps, ait pu par la forêt déboucher
sur Nouzon, après être partie de Sedan le matin et avoir fait, à *travers les bois,* en
huit heures environ, les trente kilomètres qui, en tenant compte des sinuosités du chemin, la séparaient de Nouzon, on verra, disons-nous, qu'il lui a fallu de toute nécessité
avoir à sa disposition une très bonne route, traversant le massif forestier dans toute sa
longueur, *une de celles que nous a indiquées la notice statistique.*

« Enfin, *à environ 2 heures,* le colonel Tissier, sous-chef d'état-major général du maréchal de Mac-Mahon, vint lui-même nous donner des renseignements : Lorsque le co-

Il nous faut maintenant préciser, avec toute l'exactitude possible en pareille matière, un autre point controversé, nous voulons dire l'heure à laquelle le général Ducrot prit le commandement de l'armée.

Nous avons déjà fait remarquer maintes fois combien il est difficile d'établir, dans le récit d'une bataille, à quelle heure un ordre a été donné, un mouvement exécuté.

A Sedan, nous imaginons que les acteurs du drame avaient d'autres préoccupations que de regarder leurs montres qui, d'ailleurs, étaient certainement loin d'être toutes d'accord, afin de fournir des données précises aux écrivains de l'avenir.

Quand il s'agit d'un ordre écrit, il porte généralement l'heure d'expédition ; encore cette pratique était-elle loin d'être constante dans notre armée de 1870, témoin l'étrange communication envoyée au général Ducrot par le général de Wimpffen, pour lui signifier sa prise de commandement ; ce billet au crayon, dont nous avons eu l'original entre les mains, et dont nous avons fait ressortir tout au long la stupéfiante incohérence dans notre article du *Correspondant,* ne portait aucune indication de jour, d'heure et de lieu d'expédition.

---

lonel était parti, l'issue de la lutte, hélas ! n'était déjà plus douteuse, malgré les efforts désespérés de nos troupes qui se battaient héroïquement. » (P. 54.)

Le colonel Tissier était donc parti relativement tard du champ de bataille de Sedan, en tout cas après la blessure du maréchal qu'il annonça au général Vinoy (p. 54). Mais ce n'est qu'à partir de 10 heures *au plus tôt* qu'il a pu avoir la conviction que tout était perdu, « que l'armée allait être entourée ».

Mettons donc son départ à 10 heures.

Parti à cheval, n'ayant pris ni par Vrigne, ni par la Belgique, nous avons tout à l'heure expliqué pourquoi, il a fallu qu'il rencontrât, lui aussi, sous bois, une excellente route pour être arrivé dans Mézières à 2 heures. Et notons que non seulement il a trouvé la forêt libre, mais encore tout le terrain immédiatement au nord de Sedan. *Ceci a son importance.* Enfin, il n'a évidemment pas pris le même itinéraire que la longue colonne du parc d'artillerie du 5e corps ; celle-ci obs'ruait forcément toute la route qu'elle suivait, et il n'y avait pas possibilité de la dou'ler aux allures vives, vu qu'elle était engagée sur un chemin sous bois. Puisque le colonel Tissier, après son départ tardif, est arrivé à Mézières en quatre heures *au plus,* il faut donc bien qu'il ait suivi une route distincte, la deuxième de celles indiquées par la notice statistique, sans doute.

« Les 8 000 ou 10 000 fuyards qui étaient venus nous rejoindre à Mézières le même jour (le 1er septembre 1870). » (P. 56.)

C'est un assez joli chiffre. On pouvait donc passer en assez forte compagnie vers le nord-ouest. Y a-t-il eu un seul homme ayant pu déboucher vers l'est ou vers le sud ? Dans quelle direction étaient donc les plus grandes facilités pour s'échapper ?

Mais quand il s'agit d'un ordre verbal, d'un incident inopiné, les questions d'heure sont bien délicates à trancher.

Quand donc, par hasard, en pareille circonstance, un des témoins vient nous offrir *un point de repère* qui ne peut tromper, il faut y attacher la plus grande importance. En l'espèce, nous reproduirons ce que nous avons dit dans le *Correspondant*:

« Il était un peu moins de 7 heures du matin ; le général Ducrot suivait attentivement le mouvement débordant de l'ennemi, quand le commandant Riff, de l'état-major général, se présenta à lui, lui annonçant que le maréchal, blessé, lui remettait le commandement de l'armée ; peu après, le général Faure, chef d'état-major général, lui confirmait cette nouvelle et se mettait à sa disposition avec tous ses officiers.

« Il convient de préciser l'heure à laquelle le commandant du Ier corps fut investi de la redoutable mission qui lui incombait ; cette question d'heure demande à être serrée de très près parce que, dans la situation où se trouvait l'armée française, le temps devenait un facteur prépondérant : ce qui était possible à 7 heures du matin pouvait en effet n'être plus réalisable une heure ou deux plus tard. Le général de Wimpffen s'en rendit bien compte en écrivant son second rapport, en date du 5 septembre, sur la bataille de Sedan, puisqu'il prit le soin d'y reculer d'une heure la blessure du maréchal, et par conséquent la prise de commandement du général Ducrot, tandis que dans le premier rapport, qui est du 2 ou du 3, vu qu'il fut enregistré sur le registre de correspondance de l'état-major général avant son départ pour la Belgique qui eut lieu le 4, il se borne à laisser les choses dans le vague [1].

« Or le général Ducrot, dans la journée de Sedan, dans sa déposition devant la commission d'enquête, dans de nombreuses notes manuscrites, dans une lettre intime écrite le lendemain même de la bataille, a fixé 6 heures trois quarts, 7 heures du matin. Il n'a jamais varié et *son dire est unanimement confirmé par les souve-*

[1]. Il atténuait ainsi la responsabilité qu'il a encourue du fait de n'avoir pas fait usage de sa lettre de commandement dès qu'il apprit la blessure du maréchal, mais beaucoup plus tard, quand le semblant de succès du 12ᵉ corps à Bazeilles lui donna l'illusion d'une victoire dont il espéra bénéficier ; en fait, *il avait laissé périmer ses droits.* Nous avons longuement exposé, dans le *Correspondant,* avec preuves et documents à l'appui, les motifs qui ont poussé le général de Wimpffen à revendiquer le commandement.

nirs personnels et les notes de nombreux officiers qui apparte-naient à l'état-major du 1er corps. (Colonel Robert, chef d'état-major du 1er corps [1], général Faverot de Kerbrech, capitaine d'état-major Peloux, capitaine d'artillerie Achard, etc...)

« *Voici maintenant la déclaration du maréchal de Mac-Mahon lui-même :* « J'envoyai un de mes aides de camp dire à mon chef « d'état-major, le général Faure, que je croyais près de là, de pré-« venir le général Ducrot que j'étais blessé, et qu'il eût à prendre « le commandement en chef de l'armée.

« Il était à ce moment *6 heures moins un quart, à peu près. Je* « *suis certain de cette heure, car après être rentré à Sedan, le* « *docteur Guignet, qui me pansa, constata qu'il était 6 heures et* « *demie.*

« Le commandant de Bastard, que j'avais envoyé au général « Faure, ne l'ayant pas trouvé, partit pour rejoindre le général « Ducrot. En route, il reçut une blessure qui le mit hors de « combat, et ce fut le commandant Riff, qui l'accompagnait, qui « porta au général l'ordre par moi donné.

« Par suite de la blessure du commandant de Bastard, qui du « reste ne savait au juste où était le général Ducrot, il arriva que « cet officier général ne fut prévenu *que vers 6 heures et demie* « qu'il devait prendre le commandement. »

« Ce témoignage concorde avec les précédents. Le maréchal a été blessé sur les hauteurs qui dominent la Moncelle ; le comman-dant Riff a trouvé le général Ducrot sur celles qui sont au-dessus de Givonne, distantes des premières d'un peu plus de 3 kilo-mètres ; même en tenant compte des pertes de temps occasion-nées par la recherche du général Faure et par la blessure du commandant de Bastard, on est conduit à penser qu'il n'a pas fallu plus d'une heure et quart au commandant Riff pour remplir sa mission, et que c'est à 7 heures au plus tard qu'il a dû faire la communication dont il était chargé. »

---

1. En note (p. 12), M. Duquet, après avoir mentionné *la Campagne de 1870 jus-qu'au 1er septembre,* par un officier d'état-major de l'armée du Rhin, ajoute : « On nous affirme que c'est le général Robert, le chef d'état-major du général Douay. » Nous avons eu entre les mains les souvenirs *inédits* du général, et nous pouvons affirmer à M. Duquet qu'il a été mal renseigné.

M. Duquet cite plusieurs auteurs français et allemands qui fixent à 7 heures l'heure de la blessure du maréchal de Mac-Mahon, et il accepte « *sans discussion* » leur déclaration[1]. Nous avouons que cela nous surprend.

Et d'abord, les écrivains allemands nous paraissent de peu de poids dans la question, d'autant plus qu'ils ont, à reculer l'heure à laquelle le maréchal fut blessé, le même intérêt qui les poussera plus tard à avancer celle du mouvement de conversion des Ve et XIe corps vers Saint-Menges, comme nous l'établirons sans contestation possible.

---

1. Parmi les écrivains qui placent à 7 heures du matin la blessure du maréchal de Mac-Mahon, l'auteur de *La Retraite à Sedan* mentionne, page 11, le général Derrécagaix. Mais, lorsque le commandant Derrécagaix faisait paraître, en 1871, au mois de juin, *La Guerre de 1870*, par V. D., officier d'état-major, on était trop près des événements, les sources autorisées, les documents faisaient défaut ; ajoutons toutefois que cet ouvrage, si l'on tient compte de l'époque de la publication, mérite une mention spéciale, et qu'il se distingue grandement des récits fantaisistes, quelquefois grotesques, qui parurent dès le lendemain de la guerre ; ceux-ci n'étaient le plus souvent que des recueils de racontars, de légendes. Néanmoins, plusieurs d'entre eux eurent un véritable succès, en raison de leur violence même, et parce qu'ils correspondaient à un sentiment très légitime de curiosité de la part du public.

Plus tard, le général Derrécagaix (alors colonel) a professé le *Cours d'histoire militaire* à l'École supérieure de guerre (1886-1887).

Dans les leçons consacrées à Sedan, *il ne parle plus de 7 heures pour la blessure du maréchal ;* il ne précise pas la question d'heure ; il n'avait d'ailleurs pas fait partie de l'armée de Châlons, *comme il est facile de s'en apercevoir d'après son récit.* Mais, puisqu'on croit pouvoir s'en référer au témoignage de son livre de 1871, il est juste aussi de reproduire ce qu'il y écrivait à propos de Sedan : « Le général Ducrot avait le projet de replier toute l'armée sur les hauteurs d'Illy..... Si ce fut là son intention, il est certain qu'elle était préférable à l'ordre de combat adopté..... Il ne s'agissait en somme que d'une retraite en combattant et d'un changement de front en arrière..... Le général de Wimpffen, qui n'était pas assez éclairé pour comprendre qu'à cette heure suprême tout conflit d'autorité pouvait compromettre la situation, fit valoir ses droits, et alla réclamer auprès de l'empereur les fonctions qui lui revenaient. »

On voit combien nous avions raison de dire qu'en 1871 on était peu documenté : Ainsi, le général Derrécagaix ne parle pas de la lettre de commandement remise par le Ministre au général de Wimpffen, et il attribue l'intervention de cet officier général au seul fait de son ancienneté plus grande que celle du général Ducrot. Par contre, il expose une démarche du général de Wimpffen allant réclamer le commandement auprès de l'empereur ; or, il n'en fut rien : il fit simplement et directement usage de la lettre de service à lui confiée.

Tout ceci est pour expliquer que, malgré la très grande autorité du général Derrécagaix, nous ne nous arrêtons pas à sa déclaration *de 1871* au sujet d'un fait que les seuls témoins oculaires qui en aient déposé placent une heure plus tôt qu'il ne le fait lui-même.

Ajoutons que dans son cours de l'École supérieure de guerre, professé seize ans plus tard, il se range entièrement à l'avis du général Ducrot quant aux emplacements que devait occuper l'armée du moment qu'on l'avait amenée près de Sedan.

Il est vrai que, du côté français, M. Duquet invoque entre
autres le témoignage du général Lebrun.

En premier lieu, cet officier général n'était pas près du maréchal lorsque ce dernier fut blessé : *ce n'est pas un témoin oculaire*
comme ceux dont nous avons produit ou mentionné les déclarations.

Profitons de l'occasion pour dire que les affirmations du général Lebrun nous sont suspectes en principe, à cause de la légèreté
extraordinaire dont il fait preuve, à chaque instant, dans son récit
entaché d'innombrables erreurs que nous avons fait ressortir dans
nos publications antérieures ; par exemple, quand il fait, chose
inouïe, intervenir sans plus de façon, dans la bataille de Sedan,
deux corps détachés de Metz par le prince Frédéric-Charles[1], quand
il donne des charges de la division Margueritte, qu'il n'a pas vues,
un récit fantaisiste qu'il tient évidemment de seconde main, qu'il
n'a pas contrôlé, et contraire aux dépositions de tous les témoins
oculaires sauf un, le général de Beauffremont, largement intéressé
à accréditer la légende d'après laquelle il aurait pris le commandement de la division !

Veut-on encore une preuve de plus de la confiance qu'on peut
accorder aux affirmations du général Lebrun qui, après avoir
déclaré que le combat inégal d'artillerie soutenu par le 7e corps
durait depuis plus de quatre heures, ajoute dans un renvoi : « Le
général Douay indique ainsi qu'il était environ 9 heures. »

Mais alors, il eût fallu que cette lutte d'artillerie se fût engagée avant 5 heures du matin, et à 5 heures les pièces des
Ve et XIe corps, qui bombardèrent le corps Douay, venaient à
peine de passer la Meuse à Donchery ! (*État-major allemand,*
p. 1147.)

---

1. Il va même jusqu'à indiquer l'heure de cette jonction, puisqu'il écrit : « Le 1er septembre, *dès 8 heures du matin,* les forces ennemies de Metz avaient fait leur jonction
avec celles du prince royal de Saxe. » Et cela est écrit en 1885 ! En vérité, cela
passe les bornes, et puisque M. Alfred Duquet a cru devoir citer, page 29, le passage
de *Bazeilles-Sedan* contenant cette stupéfiante affirmation, nous ne comprenons pas
qu'il n'ait pas relevé semblable erreur qui n'a pu échapper à un homme connaissant à
fond les événements.

Mais, c'est peut-être dans cette intention qu'il a reproduit les mots « *dès 8 heures
du matin* » en caractères italiques, pensant qu'il suffisait d'attirer l'attention sur la
déclaration du général Lebrun pour en faire justice.

Jamais donc nous n'accepterons sans la discuter, sans la contrôler de très près une déposition du général Lebrun[1].

Et sa déclaration, en ce qui concerne la blessure du maréchal de Mac-Mahon et la prise de commandement par le général Ducrot, est absolument incohérente : Il dit que le maréchal a été blessé à 7 heures, raconte ailleurs que le général Ducrot était auprès de lui à 7 heures et demie, enfin que c'est vers 8 heures ou 8 heures un quart qu'il a reçu l'ordre de la retraite.

Or, tous les récits, *sauf le sien,* sont unanimes sur ce point.

Le général Ducrot a donné les ordres de concentration sur Illy, sans perdre une minute, dès qu'il prit le commandement ; il ne s'est porté auprès du général Lebrun que pour s'assurer de l'exécution de ses ordres. Le premier mot qu'il lui dit en l'abordant fut : « Vous a-t-on communiqué mes ordres ?... » Si donc nous prenons pour exact que le général Ducrot était à 7 heures et demie près du commandant du 12e corps, ainsi que celui-ci l'affirme lui-même, c'est que les ordres pour la retraite lui étaient déjà parvenus à cette heure-là, ce qui, en tenant compte du temps nécessaire à l'élaboration et à la transmission, prouverait qu'ils avaient été donnés à 7 heures au plus tard, et que la blessure du maréchal était antérieure à cette même heure. Mais, il nous faut bien le dire, nous avons été grandement surpris en voyant un écrivain de la valeur de M. Duquet passer sous silence, lui si documenté d'habitude, dans un semblable débat, la déposition si précise, si nette, *basée sur un fait d'observation,* du maréchal de Mac-Mahon, le principal intéressé[2].

Celui-ci, déjà transporté à 6 heures et demie à Sedan (*Consta-*

---

1. « Les erreurs nombreuses sont le caractère principal de ce triste ouvrage (*Bazeilles-Sedan,* par le général Lebrun) dont la publication a dû causer une profonde stupéfaction chez tous ceux qui l'ont lu. » (Colonel Grouard, *L'Armée de Châlons,* son mouvement sur Metz.)

2. La déclaration du maréchal de Mac-Mahon a quelque peu gêné les narrateurs officiels allemands. Aussi, dans leur récit, ne parlent-ils pas de l'heure de la blessure du maréchal.

Ils se contentent de renvoyer le lecteur à une note où il est dit : « D'après la propre déclaration du maréchal, il était alors 5 heures trois quarts ; *il est probable* cependant qu'il était un peu plus tard. » (P. 1105.)

Toutefois, ils reconnaissent que la nouvelle de la mise hors de combat du commandant en chef est arrivée au général Ducrot « *vers 7 heures du matin* ». (P. 1105.)

tation du Dr Cuignet) n'a pu, de toute évidence, et quoi qu'on veuille, être blessé à 7 heures.

Et comme il est certain qu'il n'a guère fallu moins de trois quarts d'heure pour effectuer le transport du blessé des hauteurs de la Moncelle dans la place, la déduction s'impose que la blessure du maréchal, conformément à sa propre appréciation, doit être fixée à 5 heures trois quarts au plus tard.

Or, ce point est capital, car c'est sur l'heure de cette blessure que sont basés tous les raisonnements destinés à établir celle de la prise du commandement par le général Ducrot.

M. Duquet, « sans discussion », dit « 7 heures ».

Nous, après discussion, *et d'accord avec les seuls témoins des faits qui en aient déposé,* nous disons 5 heures trois quarts.

Et si en partant de 7 heures pour la blessure, M. Duquet en arrive logiquement à conclure 8 heures pour la prise de commandement, de notre côté, en partant de 5 heures trois quarts, nous en arrivons à conclure non moins logiquement que c'est à 7 heures moins un quart que le général Ducrot a été informé, et qu'un peu avant 7 heures il donnait ses premiers ordres [1].

Du côté français, nous avons donc désormais pour base de notre discussion sur la possibilité de la retraite vers Mézières :

1º La praticabilité du bois de la Falizette et de la zone forestière au nord de la Meuse ;

2º L'heure de 7 heures, comme celle de l'expédition des premiers ordres en vue de la concentration vers Illy-Saint-Menges.

Que pouvait connaître le nouveau commandant en chef de la situation des armées allemandes autour de Sedan ?

Remarquons d'abord que le maréchal de Mac-Mahon ne lui avait fait parvenir aucune instruction, aucun renseignement, soit sur ses projets, soit sur l'ennemi.

Or, le général Ducrot, commandant le 1er corps, passé le 30 sur la rive droite de la Meuse, n'avait pas eu à s'occuper, au cours des journées qui avaient précédé la bataille de Sedan, de recueillir des indications sur *l'ensemble* des opérations des armées alle-

---

1. Voir également Appendice III.

mandes ; c'était là l'affaire du général en chef et de l'État-major général, qui seuls en avaient les moyens (cavalerie indépendante — service des renseignements — relations avec le gouvernement, etc.). Ducrot, comme les autres commandants de corps d'armée, en était forcément réduit à ses impressions personnelles.

Le 31 août, voulant à tout prix avoir des nouvelles positives sur les forces ennemies qu'il avait devant lui, il avait fait tendre par un officier d'état-major (le commandant Warnet, depuis commandant de corps d'armée), avec quelques troupes, une embuscade qui réussit à capturer quelques éclaireurs allemands ; dans le même but, il s'était mis en relation télégraphique avec le sous-préfet de Montmédy.

Mais les renseignements qu'il avait ainsi obtenus, s'ils lui donnaient des aperçus exacts sur les corps allemands avec lesquels il était au contact sur la rive droite de la Meuse, ne pouvaient lui faire savoir ce qui se passait sur la rive gauche de la rivière.

Or, depuis plusieurs jours, il n'avait pas vu le maréchal, et n'avait reçu de lui d'autres communications que les instructions rapportées le 30 août par son aide de camp, le commandant Bossan, qu'il avait envoyé en hâte auprès du duc de Magenta au bruit de la canonnade de Beaumont, pour lui rendre compte qu'il suspendait le mouvement prescrit sur Carignan, et se tenait prêt à marcher au canon avec tout son corps d'armée.

Le maréchal, croyant n'avoir que 70 000 hommes devant lui [1], lui avait fait dire que « tout allait bien », et lui avait prescrit de reprendre sa marche vers l'est.

Le général Ducrot ne partageait pas un semblable optimisme.

Dès le 30, il était convaincu de l'absolue nécessité de se replier au plus vite sur Mézières.

Pour lui les affaires de Beaumont et de Mouzon avaient levé tous les doutes, et précisé la situation [2] : « Les événements qui se

---

1. C'était une raison de plus pour faire affluer sur le champ de bataille toutes les forces à sa portée, afin d'écraser ces 70 000 hommes.

2. Nous avons longuement exposé les raisons pour lesquelles la continuation de la marche sur Montmédy nous exposait à un désastre irrémédiable. (*Correspondant* du 25 août 1901. *Frœschwiller-Châlons-Sedan.* Paris, Baudoin, 1896.)

sont passés dans la journée à Mouzon rendent notre situation très grave, écrit-il au général Margueritte. »

Il avait évalué à sa juste valeur « une armée capable de porter d'aussi rudes coups ».

Voilà pourquoi, le 31, toujours sans instructions du maréchal commandant en chef, il avait de son propre mouvement porté son corps d'armée sur Illy [1], pensant avoir à faire le lendemain l'arrière-garde pendant que le gros de l'armée s'écoulerait sur Mézières.

On sait les vains efforts qu'il tenta pour faire revenir le maréchal sur sa fatale détermination de prendre position autour de Sedan, et force lui fut, « la mort dans l'âme », de rétrograder sur cette ville.

Le général Ducrot savait donc, par ce qu'il avait vu et par les renseignements qu'il avait su se procurer lui-même, que le 31 au soir l'ennemi nous barrait irrévocablement la route de l'est sur la rive droite de la Meuse.

De toute évidence, *il ne pouvait qu'ignorer* ce qu'avaient fait les Allemands à l'ouest du fleuve dans la journée du 31 ; il ne lui était pas loisible de quitter ses troupes, en présence de l'ennemi, soit dans leur marche sur Carignan, soit dans leur retraite sur Sedan, pour aller de sa personne voir ce qui se passait du côté de Donchery et de Mézières ; ce n'était pas là son affaire, il serait sorti de ses attributions.

On peut à ce sujet adresser les reproches les plus fondés au maréchal commandant en chef, mais nullement au commandant du 1er corps d'armée.

---

1. A ce sujet, nous regrettons que M. Alfred Duquet ait reproduit, et même en caractères italiques, dans sa dernière brochure, ce qu'il avait avancé dans *Frœschwiller-Châlons-Sedan*, à savoir que le général Ducrot, dans la marche de Carignan sur Sedan, aurait « *égaré l'artillerie de sa 3e division* ». Mais, cette marche, qui avait Illy pour objectif, se fit sur deux colonnes. Colonne de droite (avec laquelle marchait le commandant du corps d'armée) : 2e division (Pellé) et 4e (de Lartigue) ; cette colonne partit de Carignan et *n'égara rien du tout*. Colonne de gauche : 1re division (Wolff) et 3e (L'Hériller). Cette colonne, sous les ordres du général Wolff, partit de Douzy, mais marcha sur Sedan, sur l'ordre direct du maréchal qui négligea d'informer le commandant du 1er corps qu'il avait modifié sa destination. Dans ce mouvement, l'artillerie de la 3e division (L'Hériller) continua sa marche au delà de la ville. Que vient faire là-dedans le général Ducrot qui marchait avec la colonne de droite par Pourru-aux-Bois, Francheval, Villers-Cernay ?

Voilà pourquoi le blâme que lui infligent certains écrivains de n'avoir pas eu « connaissance des mouvements des Ve et XIe corps prussiens », ne saurait, à notre avis, être pris au sérieux.

Mais ce qu'il n'avait ni vu ni appris, le général Ducrot l'avait deviné, pressenti ; il avait compris que l'ennemi manœuvrait pour nous acculer avec ses masses à la frontière belge, et même pour nous cerner entièrement :

Il ne savait pas au juste ce que nous rencontrerions à l'ouest de Sedan, pas plus que le degré exact d'avancement des mouvements de l'adversaire de ce côté ; mais tout en admettant la probabilité de la rencontre, il jugeait avec raison que vers Mézières il serait moins en forces que vers Carignan, toutes les masses qu'il avait vues lui-même, ou qu'il avait su par ses renseignements occuper les deux rives de la Meuse au sud-est et au sud de Sedan, n'ayant pu, de toute évidence, s'être transportées en une nuit au nord-ouest de la place. Et, de toute évidence aussi, ces masses étaient la partie la plus forte de l'armée allemande.

Avons-nous besoin d'ajouter qu'au moment où le général Ducrot prit le commandement en chef, il n'avait pas le loisir de suppléer par des reconnaissances vers l'ouest à celles que le maréchal de Mac-Mahon avait négligé d'ordonner la veille et le matin même, et d'attendre leur retour pour aviser. Le temps pressait : le général devait agir sans perdre une minute en prenant pour base de ses décisions la situation telle qu'elle se présentait à son esprit.

La preuve de ce pressentiment qu'il avait de la possibilité d'être menacé au nord de Donchery résulte des témoignages et des faits qui suivent :

« Notre quartier général fut établi ce soir-là (31 août) dans une petite maison de paysan, à peu près au centre du corps d'armée ; une bonne femme nous y fait une soupe maigre et une salade au lard ; du pain datant d'au moins huit jours et de la bière aigre complétèrent notre maigre festin pendant lequel les aides de camp et les officiers d'ordonnance sont envoyés successivement en mission.

« Ducrot envoie successivement tous ses aides de camp porter ou chercher des ordres ; à un moment donné, je me trouve seul

avec lui, sa carte est déployée sur la table où nous avons dîné ;
il l'étudie ; il y fait des marques au crayon rouge, et à plusieurs
reprises de s'écrier : « N. d. D. ». Il n'a pas l'habitude de jurer ;
il faut qu'il soit bien ému.

« Jamais je ne l'ai vu aussi sombre, aussi mécontent. Cependant je me hasarde à dire, sans m'adresser à lui directement :
« L'armée est pleine d'entrain, la voilà réunie autour d'une grande
« ville bien fortifiée, demain nous battrons les Prussiens ! » Le
général ne me répond pas et n'a pas l'air de m'avoir entendu.
Je continue : « Ce n'est pas dommage ; enfin notre tour est venu. »
J'étais assis près du feu que je regardais attentivement, je sentis
une main sur mon épaule : « Mais, mon pauvre docteur, vous
« n'y entendez rien ! Nous sommes dans un pot de chambre et
« nous y serons em..... ! Tenez, voilà où nous sommes, voilà Sedan,
« voilà Givonne, Balan, Bazeilles » et il m'indique avec un crayon
les endroits qu'il me désigne ; « voilà les positions occupées par
« l'armée française, et voilà où est l'armée prussienne aujourd'hui ;
« demain elle sera là, là, là », et *il me montre un fer à cheval qu'il
a dessiné sur sa carte* [1].

« Comprenez-vous maintenant ? »

Autres preuves, que le général Ducrot avait deviné les mouvements de l'ennemi sur nos derrières, c'est-à-dire du côté de Donchery-Mézières.

Au général Lebrun, il dit : « Si je me suis trompé, *si l'ennemi
ne vient pas à nous sur nos derrières.* »

1. Docteur Sarazin, professeur agrégé à la faculté de Strasbourg. Chef de l'ambulance du 1er corps d'armée. *Récits de la dernière guerre.*
Nous avons eu sous les yeux la carte dont se servit à Sedan le général Ducrot, portant encore le fer à cheval tracé le 31 au soir par le général, un peu effacé, mais assez facile à suivre. C'était à très peu de choses près les positions occupées le lendemain par l'ennemi.
M. Alfred Duquet déclare n'attacher « aucune valeur » à l'ouvrage du docteur Sarazin, « écrit trop légèrement et plein d'erreurs ». Ces erreurs, nous serions fort heureux qu'on voulût bien nous les signaler. Le docteur Sarazin, homme de grand mérite, a cherché à étudier les événements « avec la méthode qu'on emploie dans les sciences naturelles » ; il ne s'est occupé que de l'observation rigoureuse des faits et a eu le soin d'éviter « les prétentions stratégiques ». Il raconte ce qu'il a vu et entendu ; son ouvrage est un journal *d'une sincérité absolue* et il ne suffit pas de quelques lignes, si affirmatives soient-elles, pour infirmer la portée d'un document de cette valeur. On peut discuter certaines de ses appréciations, mais on ne saurait rejeter, en bloc, la déposition *d'un témoin oculaire* comme Sarazin, quelque gênante qu'elle puisse être.

A ses officiers, qui lui demandent d'attendre, il réplique : « Attendre quoi ? *que nous soyons complètement enveloppés ?* »

Au général Lebrun, il dit encore : « Mon cher ami, il n'y a pas à hésiter ; pendant que l'ennemi nous amuse de ce côté, il est en train de *manœuvrer pour nous envelopper :* ce qui se passe ici n'est pas sérieux ; la véritable bataille sera bientôt *derrière nous.....* »

Au général de Wimpffen : « ... Il est évident pour moi que l'ennemi est *en train de manœuvrer pour nous envelopper.* »

Et le 1er septembre au matin, même avant d'avoir pris le commandement en chef, « ayant aperçu de l'infanterie *sur les coteaux de Floing,* il envoya aussitôt un officier de son état-major dans cette direction, *et ne se montra rassuré que quand il sut positivement que cette infanterie était celle du 7e corps qui n'avait encore aperçu aucun ennemi devant lui* ». (*Souvenirs du capitaine Achard,* attaché à l'état-major du 1er corps. *Note du général Ducrot sur la bataille de Sedan.* Voir aussi appendice VI.)

Rappelons enfin les renseignements qu'il prend près du capitaine Debord sur la région forestière le long de la frontière, *qui eussent été inutiles s'il n'avait pensé que la route directe pouvait être coupée.*

Donc, pour nous résumer, au moment où le général Ducrot prit le commandement, il savait :

1° Que l'écoulement de l'armée sur Mézières était assuré, quand bien même l'ennemi serait maître de la route de Vrigne-aux-Bois, et que la forêt, le long de la frontière, était praticable (Renseignements donnés par le capitaine Debord) ;

2° Que l'ennemi n'était pas encore au contact avec le 7e corps vers Saint-Menges (reconnaissance envoyée vers Floing) ;

3° Que les Allemands, depuis le matin, passaient en grand nombre à Francheval et à Villers-Cernay, se dirigeant vers Illy (Billet du maire de Villers-Cernay, apporté par un paysan. — Observations faites directement par le général des hauteurs de Givonne[1]) ;

---

1. Voir à ce sujet les longs développements que nous avons renvoyés à l'appendice III pour ne pas surcharger outre mesure notre exposé. On y trouvera une démonstration de plus de la prise de possession de commandement par le général Ducrot un peu avant 7 heures.

4° Que des masses allemandes considérables nous barraient la direction de l'Est.

D'après ces données, *les seules qu'il lui fût possible d'avoir,* et non sur la connaissance exacte de l'emplacement des divers corps allemands telle qu'on l'a aujourd'hui, il envisagea la situation de la manière suivante :

1° L'ennemi continue à manœuvrer pour nous envelopper ;

2° L'attaque sur Bazeilles et la Moncelle n'est qu'une diversion destinée à nous retenir sur nos positions ;

3° Rester sur les emplacements choisis par le maréchal, c'est l'investissement et la perte de l'armée [1] ;

4° L'offensive vers l'est, dans une direction où l'ennemi montre des masses considérables depuis la veille, abstraction faite des difficultés de terrain, ne saurait mener à rien ;

5° On ne peut songer sérieusement à faire déboucher l'armée par Bazeilles sur la rive gauche de la Meuse ;

6° *Sous peine d'être pris,* il faut filer au plus vite, dans la direction qui *restera forcément libre la dernière,* quitte à refouler les fractions ennemies qui voudraient tenter de nous barrer le passage. Ce qui pourra arriver de pis, c'est qu'une partie de l'armée soit rejetée sur le territoire belge. Mais le terrain est pour nous, *dans l'hypothèse d'une retraite,* aux abords de Sedan ; nos arrière-gardes, flanquées par le feu de la place démasquée, pourront contenir les corps ennemis venant du sud et de l'est, pendant que le gros de l'armée, ayant gagné du terrain, s'en prendra à ceux qui voudraient nous couper la retraite, ou s'écoulera vers Mézières.

C'était la logique même, et la décision que prit Ducrot était la seule que comportât la situation critique dans laquelle le maréchal de Mac-Mahon lui avait laissé l'armée de Châlons.

Il faut bien remarquer aussi que le mouvement de la garde prussienne sur Illy justifiait à lui seul cette détermination ; car, une fois l'ennemi maître des hauteurs qui commandent

---

1. Quand le général Ducrot apprit que le maréchal, blessé, lui remettait le commandement, il s'écria : « Que voulait-il faire ici, grand Dieu ! » (Docteur Sarazin, témoin oculaire.)

l'étranglement entre la Meuse et la frontière, nous n'avions plus de retraite, bien *avant le débouché de la IIIe armée sur Saint-Menges.*

C'est pour cela qu'il importait, *avant tout,* comme l'ordonna le général Ducrot, de retirer au plus vite pour les reporter sur la ligne Fleigneux-Saint-Menges, après un temps d'arrêt sur celle Grand-Camp-bois de la Garenne, les troupes compromises à l'est et au sud de Sedan ; il fallait sortir de la circonférence décrite par l'ennemi avant qu'elle se fermât.

Établissons que les Allemands auraient été dans l'impossibilité, le 1er septembre 1870, de nous barrer entièrement la direction Mézières-Rocroy.

Notre méthode sera simple.

Nous ferons de la manœuvre sur la carte, à double action, en prenant les mouvements des corps allemands tels qu'ils ont eu lieu, et en supputant ceux qu'auraient exécutés les corps français, si le général de Wimpffen n'était pas venu arrêter leur retraite.

C'est ce procédé, rigoureusement exact, autrement concluant que toutes les discussions et toutes les citations, qui nous a déjà permis d'établir dans notre étude sur la marche de l'armée de Châlons[1] que l'application intégrale du plan Palikao nous eût tout simplement amené à éprouver vers Verdun, le 25 ou le 26 août, le désastre que nous valurent, le 1er septembre, à Sedan, les hésitations du maréchal de Mac-Mahon[2].

Le 31 août, à part quelques groupes ou détachements sans importance, aucun élément des Ve et XIe corps n'a franchi la Meuse au nord de Donchery, contrairement à ce que n'a pas craint d'affirmer, pour les besoins de sa cause, le général de Wimpffen qui parle *des masses allemandes qu'il savait depuis la veille au soir* (31 août) *intercepter la route de Mézières,* et qui prétend avoir

---

1. *Wissembourg-Frœswchiller-Châlons-Sedan,* par J. K. Paris, Baudoin, 1895.

2. Tous les auteurs qui ont défendu la conception fatale du Ministre de la guerre sont partis de cette base fausse *que l'état-major allemand n'a appris que le 25 août le mouvement du maréchal de Mac-Mahon vers Reims,* tandis que *nous avons prouvé* qu'il eût connu, *dès le 23,* une marche exécutée vers l'est, dans la direction des lignes de marche de l'ennemi, dont le mouvement vers Reims nous éloignait.

envoyé « un maire » (*sic*) des environs au maréchal de Mac-Mahon
pour le prévenir que 80 000 Allemands passaient la Meuse à Donchery et à Dom-le-Mesnil [1] (le 31 août) !

Rappelons succinctement les faits, d'après le récit officiel de
l'état-major allemand lui-même :

A la suite de la conférence tenue à Chémery, le prince royal de
Prusse avait rédigé, dans la soirée du 31 août, un ordre aux termes duquel l'aile gauche de la IIIe armée devait franchir la Meuse,
le lendemain, en aval de Sedan, pour intercepter la route de Mézières.

Déjà, dans l'après-midi du 31, l'avant-garde du XIe corps avait
atteint Donchery ; à 3 heures, le village était occupé par trois
bataillons et demi, un escadron, une batterie, et un pont jeté
par les pionniers, près de l'auberge de Condé ; quelques détachements, envoyés par le groupe occupant Donchery, s'étaient
un peu avancés sur la rive droite, occupant *Vrigne-sur-Meuse*
(3 kilomètres ouest de Donchery) qu'il ne faut pas confondre
avec *Vrigne-aux-Bois,* sur la route de Mézières, et le Moulin-
Rigas, tout près de Vrigne-sur-Meuse (*État-major allemand,*
p. 1076). La relation allemande ajoute ensuite que l'avant-garde
jeta aussi du monde au nord et à l'est de Donchery, mais sans
préciser. Voilà les 80 000 Allemands du général de Wimpffen
qui se résument en quelques compagnies *qui s'éloignent à peine
de la Meuse* [2].

D'après l'ordre du prince royal, les Ve et XIe corps devaient

1. Il est vrai qu'il l'a sans doute oublié pendant la bataille, puisque dans sa discussion avec le général Ducrot, il dit : « *Nous n'avons que de la cavalerie derrière nous,*
nous n'avons pas à nous en inquiéter. Le général Douay la maintiendra. » Il l'a oublié
également *quand il écrit* au général Douay dans l'après-midi : « *Je crois à une démonstration sur votre corps d'armée,* mais surtout pour vous empêcher de porter
secours aux 12e et 1er corps. » (*La Journée de Sedan,* par le général Ducrot ; *Sedan,*
par le général de Wimpffen.) 80 000 Allemands faisant une démonstration sur le
7e corps !!!

2. Nous pouvons déjà, *abstraction faite des preuves que nous allons fournir,* établir que les détachements allemands les plus avancés étaient fort peu éloignés de Donchery, ou que, en tout cas, il n'y en avait aucun sur la route Sedan-Vrigne-Mé-
zières : « Le 31 août, à 1 heure de l'après-midi, le capitaine de Sesmaisons quittait
Sedan, prenait par la route Vrigne-aux-Bois-Mézières, et arrivait dans cette ville à
2 heures et demie. » (Général Vinoy, p. 39 et 41.) *Et il y arrivait sans aucun
incident !*

rompre dès l'aube pour se porter par Donchery sur Vrigne-aux-Bois, la division wurtembergeoise devant passer à Dom-le-Mesnil (*État-major allemand,* p. 1082).

Vers 8 heures du soir, M. de Moltke craignant de la part des Français la seule chose qu'il leur restait à faire, une retraite sur Mézières, écrit au général de Blumenthal et insiste pour que des troupes passent pendant la nuit même au nord de la Meuse (*État-major allemand,* p. 1083).

La dépêche de M. de Moltke arriva vers 10 heures du soir, et les ordres que donna le prince royal en exécution parvinrent vers minuit aux Ve et XIe corps (*État-major allemand,* p. 1083-1146).

Le Ve corps prend les armes par alerte à 2 heures et demie du matin ; *à 4 heures son avant-garde* atteint la Meuse ; le XIe corps rompt ses bivouacs à 3 heures et gagne le pont de Donchery (*État-major allemand,* p. 1147).

La division wurtembergeoise commence l'établissement d'un pont à Dom-le-Mesnil à *5 heures et demie;* la 2e division de cavalerie la suit ; quant à la 4e, elle reste massée à Frénois (*État-major allemand,* p. 1077 et 1147).

Avant d'aller plus loin, constatons encore combien sont fausses, après les relevés que nous venons de faire, les affirmations si pleines d'assurance du général de Wimpffen quant au passage des masses allemandes sur la rive droite de la Meuse pendant la journée du 31 août.

Ces affirmations « *catégoriques, partant troublantes,* » ont été prises au sérieux par bon nombre d'écrivains et ont déterminé leur opinion sur la bataille de Sedan.

Ils n'ont même pas eu l'idée de se demander comment le général de Wimpffen, lors de son colloque avec le général Ducrot, n'avait pas songé à lui annoncer « ce qu'il savait depuis la veille », ce passage de 80 000 Allemands au nord de Donchery, afin de le convaincre de l'impossibilité de se retirer vers l'ouest. Ils ont simplement emboîté le pas, et voilà !

Nous allons citer plusieurs de ces écrivains que M. Duquet invoque à l'appui de sa thèse :

Dans la *Revue historique,* le baron A. D... explique que, le

31 août, le général de Wimpffen eût dû prévenir lui-même le maréchal de Mac-Mahon *que des masses considérables franchissaient la Meuse à Dom-le-Mesnil et à Donchery, fait de la dernière importance, puisqu'en franchissant la Meuse sur ces points, les Allemands coupaient la route de Mézières.*

C'est maintenant M. Véron :

« Le 31, à midi, les troupes allemandes *marchaient déjà sur Mézières* [1]. »

Il veut bien ajouter :

« Cependant, il est probable que les Allemands n'étaient pas encore en grandes forces de ce côté....., les Ve et XIe corps [2]. n'avaient pas encore passé (**fini de passer** [*sic*]) la Meuse. (*La Troisième invasion*, par Eugène Véron.)

Voici maintenant, après les civils, l'armée qui donne :

« Le général Ducrot, nous aimons à le croire, ignorait ce que le général de Wimpffen savait parfaitement (!), c'est que, *dans la soirée* et dans la nuit du 31 août au 1er septembre, 80 000 hommes des Ve et XIe corps prussiens, soutenus par les Wurtembergeois et par la 4e division de cavalerie, avaient franchi la Meuse à Dom-le-Mesnil[3] et à Donchery. » (Le général de Wimpffen. Réponse au général Ducrot, par un officier supérieur.)

Bien documenté, l'officier supérieur ! Ce qu'il y a de piquant, c'est qu'il reproche au général Ducrot d'avoir « ignoré » le 31 août ce que faisaient les Allemands dans la soirée, et que lui-même, bien qu'il écrive doctoralement, n'en sait absolument rien longtemps après les événements !

Mais revenons sur la déclaration de M. Véron à laquelle M. Duquet doit attacher de l'importance, puisqu'il la trouve absolument « décisive ».

---

1. On a vu que ce n'est qu'à *3 heures* que l'avant-garde du XIe corps atteint la Meuse, et elle ne pousse pas plus loin que Donchery, en attendant le passage du reste du corps d'armée le lendemain.

2. Le XIe corps, pendant la nuit du 31 au 1er, était aux abords de Cheveuges, rive gauche de la Meuse. Le Ve à Omicourt-Connage et Bulson (10 kilomètres au sud de la Meuse), par la grande route. (Relation officielle, p. 1077.)

3. Le passage à Dom-le-Mesnil n'a commencé que le 1er septembre, à 6 heures du matin. (Relation officielle, p. 1147.)

M. Véron s'est évertué à tirer d'un rapport du commandant Hervé des conclusions qu'il ne comportait guère :

« Le 31 août, à midi, a écrit le commandant, on aperçut des colonnes prussiennes qui, traversant les *coteaux de l'autre côté de la Meuse,* marchaient sur Mézières. »

Le commandant Hervé du 3e zouaves appartenait à la division de Lartigue (4e du 1er corps). Cette division, précédée par la 1re, quitta Carignan, en queue de colonne, vers 10 heures du matin, le 31 août, et prit la route de Pouru-aux-Bois[1]. A midi, le 3e zouaves, en admettant qu'il fût en tête de la division, ne pouvait que dépasser Messincourt. Or, d'aucun point de la route suivie de Carignan à Messincourt et même à Pouru-aux-Bois et Villers-Cernay, *il n'y a possibilité d'apercevoir la région au nord de Donchery.*

Et quand le commandant Hervé, posté sur la rive droite de la Meuse, parle des « coteaux de l'autre côté » de la rivière, cela signifie jusqu'à l'évidence qu'il s'agit des coteaux de la rive gauche. (Et la route Donchery-Mézières est sur la rive droite.) Cela est si vrai qu'il ajoute : « En même temps que nous descendons le fleuve par la rive droite, ils (les Prussiens) le descendent par la rive gauche. »

Rien n'autorisait donc M. Véron à se baser sur son récit pour dire que le 31, à midi, « les troupes allemandes *marchaient déjà sur Mézières* », alors qu'elles marchaient simplement sur Donchery, et raconter qu'elles n'avaient pas encore « *fini de passer* la Meuse ».

Les colonnes qu'a vues et que signale le commandant Hervé étaient celles des Ve et XIe corps, marchant sur Chémery et Cheveuges. (*État-major allemand,* supplément XLII, pages 269-270. Ordre de la IIIe armée du 31 août 1870, 3 heures du matin.) C'était peut-être aussi les corps bavarois marchant sur Raucourt et Rémilly. En vérité, il faut une certaine bonne volonté à M. Véron pour tirer du fait que le commandant Hervé a aperçu les Ve et XIe corps en marche vers Chémery et Cheveuges, la conclusion que ces deux corps avaient franchi la Meuse et marchaient de Donchery sur Mézières !

---

1. *La Journée de Sedan, Journal du général d'Andigné,* chef d'état-major de la division de Lartigue, alors colonel d'état-major. (*Historique du 3e zouaves.*)

Et quand cet officier supérieur ajoute : « La marche de la colonne que nous apercevions avait de plus pour effet de nous couper de Mézières », il voulait de toute évidence parler de la grand'-route par Belle-Vue, Dom-le-Mesnil et les Ayrelles (rive gauche de la Meuse), d'autant plus que sa carte, s'il en avait une, ne portait pas, *nous le savons*, l'indication du chemin de communication par Vrigne-aux-Bois, sur la rive droite.

Il ajoute, il est vrai, « qu'on devait le savoir bientôt » ; naturellement, puisqu'il a appris comme tout le monde que c'étaient ces mêmes corps qui, ayant franchi la Meuse *plus de seize heures* après la constatation qu'il avait été à même de faire, ont coupé la direction de Mézières !

Les développements dans lesquels nous venons d'entrer expliquent assez pourquoi nous ne sommes nullement troublé par la remarque dont M. Duquet appuie la citation du commandant Hervé :

« Il est bon de noter que ce rapport, écrit le 2 septembre, est antérieur à la querelle des généraux de Wimpffen et Ducrot, et ne peut, par conséquent, être suspect de partialité pour l'un ou pour l'autre. »

Et désolé que nous sommes de soutenir une lutte aussi âpre contre un ami, il nous faut encore faire remarquer que notre contradicteur ajoute, après avoir mentionné l'ordre adressé le 31, à 8 heures du soir, par M. de Moltke au prince royal, ordre insistant sur la nécessité de jeter des troupes dans la nuit même au nord de la Meuse (preuve que cela n'avait pas été fait même dans la soirée) :

« Et ces ordres furent exécutés, comme il résulte des constatations du grand Etat-major prussien : « Conformément aux dispo-
« sitifs des deux commandants en chef, les masses allemandes
« s'ébranlèrent de toutes parts dans la nuit même ou dès l'aube
« de la journée du 1er septembre ; à l'aile droite de cette ligne
« d'attaque, trois corps d'armée marchaient de l'est et du sud-est
« vers les hauteurs de Givonne pour immobiliser les forces fran-
« çaises en position sur ce point[1] ; au sud, un corps faisait face à

---

1. C'était donc faire le jeu des Allemands que de maintenir nos 1er et 12e corps sur leurs positions.

« Sedan ; à l'aile gauche, trois corps [1] gagnaient la route de Sedan
« à Mézières, afin de prendre en flanc l'ennemi que l'on croyait
« en retraite dans cette direction ; enfin, trois divisions d'infan-
« terie et une nombreuse cavalerie demeuraient encore dispo-
« nibles..... »

Et en note M. Duquet renvoie au croquis [2] de la page 1078 de
l'ouvrage officiel : « On y voit, dit-il, que le 31 au soir, *une grosse
partie* du XIe corps avait franchi la Meuse à Donchery et se
tenait au nord-est de cette commune. » Eh bien, non, mille fois
non, l'ordre de M. de Moltke, concernant l'aile gauche, n'avait
pas été exécuté.

Cet ordre, on s'en souvient, prescrivait « de franchir la Meuse,
pendant la nuit, *de manière à se trouver à cheval sur la route de
Sedan-Mézières* et *prêt à agir offensivement, dès le point du jour* ».
Le 1er septembre, à 3 heures et demie du matin, toute l'aile gauche allemande était encore au sud de la Meuse. (*État-major allemand*, p. 1147.)

Dès le point du jour, il n'y avait personne à cheval sur la route
de Sedan-Mézières ; on ne faisait que passer la Meuse, dans la
plus grande confusion, et l'on n'était nullement prêt à agir offensivement. Ce n'est qu'à 7 heures et demie que les avant-gardes
atteignaient la fameuse route *à intercepter dès le point du jour.*
(*État-major allemand*, p. 1147, 1148.)

Quant à *la grosse partie* du XIe corps dont parle M. Duquet,
loin d'avoir franchi la Meuse le 31 au soir, elle faisait le café
autour de Cheveuges, à 3 heures du matin. (*État-major allemand*, p. 1147.)

Enfin, que signifie jusqu'à la dernière évidence la note du récit
officiel allemand dont M. Duquet nous donne un extrait :

« *Contre les positions de la Givonne* : Garde, XIIe corps, 1er bavarois, et les divisions de cavalerie afférentes à ces corps. *Au sud,*

---

1. Non ; deux corps et la division wurtembergeoise ; encore cette dernière devait-elle
agir face à Mézières où était la division Blanchard, du corps Vinoy.

2. Quand il y a désaccord entre des textes formels, ordres de mouvement, comptes
rendus officiels, rapports, et un croquis, le doute n'est pas permis, et le croquis ne
saurait faire foi. Ces désaccords sont fréquents d'ailleurs dans la relation du grand
État-major prussien, et dans bien d'autres ouvrages.

contre Sedan, 2ᵉ bavarois. *Contre la route Sedan-Mézières,* Vᵉ et XIᵉ corps. *Disponibles en arrière de la première ligne :* Deux divisions d'infanterie du IVᵉ corps, la division wurtembergeoise et les 2ᵉ et 6ᵉ divisions de cavalerie » ?

Elle signifie que du côté de l'est et du sud-est, la route est barrée par cinq corps : Garde, corps saxon, 1ᵉʳ bavarois, IVᵉ corps (qui appuya dès le début de la journée les troupes chargées de l'attaque du front de la Givonne) et 2ᵉ bavarois, en mesure d'appuyer le 1ᵉʳ (avec une partie de ses forces) ; que du côté de l'ouest sont deux corps et demi (Vᵉ, XIᵉ et division wurtembergeoise). Et, du côté de l'est, les unités allemandes sont en liaison, en relations parfaites ; vers l'ouest, elles auront à effectuer un passage de rivière, se dirigeront difficilement (Rapport de Hahnke : Récit officiel allemand, p. 1146, 1147), auront une longue marche à faire, un défilé à franchir, et, de plus, la division wurtembergeoise opérera vers Mézières !

Donc la conclusion à tirer de cette note, *citée dans son intégralité,* est que nous n'avions de chances de salut que par une action énergique vers l'ouest.

Mais on est impressionné tout différemment si on ne consulte que l'extrait donné par M. Duquet (p. 37), car il ne reproduit la note en question qu'à partir des mots : *Contre la route Sedan-Mézières,* de telle sorte qu'à première vue, ou si l'on n'est pas au courant de la question, on peut croire que toute l'énumération qui suit des *disponibles* en arrière de la première ligne ne s'applique qu'au front ouest ; d'autant plus que M. Duquet ajoute :

« C'était plus qu'il n'en fallait pour arrêter les malheureux corps d'armée français que le général Ducrot voulait jeter ainsi dans la gueule du loup. »

En réalité, le IVᵉ corps avec ses deux divisions était affecté comme réserve aux troupes devant agir contre les positions de la Givonne (ordre du prince royal de Saxe-Mouzon, 1ᵉʳ septembre 1870, 1 heure trois quarts du matin, et Relation officielle, suppl. XLVI, p. 277), et une partie du 2ᵉ corps bavarois fut immédiatement destinée à soutenir le 1ᵉʳ (Relation officielle, p. 1139 et 1140).

Nous n'aurions pas insisté sur cette citation incomplète [1], si elle n'était de nature à donner des impressions inexactes au lecteur, et nous nous permettons d'en signaler les inconvénients à M. Duquet, persuadé que certainement telle n'a pas été son intention, mais bien que l'omission de la première partie de la note a été involontaire de sa part.

Pour établir que les masses allemandes n'avaient pas franchi la Meuse le 31, nous avons suivi les XIe et V[e] corps jusqu'au moment où ils atteignirent la rivière. Les voilà donc, opérant leur passage vers 4 heures du matin (Relation officielle allemande, p. 1147) puis se portant vers le nord. Voyons comment.

Le Ve corps, qui a rompu d'Omicourt à 2 heures et demie du matin et atteint la Meuse à 4 heures [2] (*État-major prussien*, p. 1147), passe sur un pont jeté à l'ouest de celui construit pour le XIe corps, puis s'achemine sur Viviers-au-Court que l'avant-

---

1. Texte allemand, page 1085.

« *Contre les positions de la Givonne :* Garde, XIIe corps, 1er bavarois, et les divisions de cavalerie afférentes à ces corps. *Au Sud*, contre Sedan : 2e corps bavarois. *Contre la route de Sedan à Mézières :* V[e] et XIe corps. *Disponibles en arrière de la première ligne :* deux divisions d'infanterie du IVe corps, la division wurtembergeoise et les 2e, 4e et 6e divisions de cavalerie. »

Texte de M. Duquet, page 37.

« *Contre la route de Sedan à Mézières :* V[e] et XIe corps. *Disponibles en arrière de la première ligne :* deux divisions d'infanterie du IVe corps, la division wurtembergeoise et les 2e, 4e et 6e divisions de cavalerie. Hélas, c'était plus qu'il n'en fallait pour arrêter les malheureux corps d'armée français que le général Ducrot voulait ainsi dans la gueule du loup. »

Dans le texte allemand, disponibles en arrière de la première ligne veut dire *en arrière de cette ligne tout entière*. En fait, le IVe corps était en effet disponible en arrière des troupes agissant contre les positions de la Givonne (Relation officielle, suppl. XLVI, p. 277), et appuya dès le début de la journée l'attaque de Bazeilles avec la 8e division (Relation officielle, p. 1111 et 1112), tandis que la 7e, venant de Mairy, arrivait à 10 heures à Lumécourt entre *Douzy* et *La Moncelle* (Relation officielle, p. 1112 et fin de la note de la page 1113).

Dans la citation, telle que la fait M. Duquet, disponibles en arrière de la première ligne ne peut s'appliquer qu'à des troupes en arrière des Ve et XIe corps opérant contre la route de Sedan à Mézières, ce qui donne par conséquent à entendre que le IVe corps était destiné à soutenir ces deux corps d'armée et en mesure de les appuyer.

2. Cette marche, la nuit, nous semble extraordinaire. (Voir *infra*, Appendice IV.)

garde atteint à 7 heures et demie [1] (*État-major allemand,*
p. 1147).

Le XIe corps, rassemblé à 5 heures un quart au nord de Donchery (si nous en avions cru certains auteurs, c'eût été chose
faite, en grande partie, du moins dès la veille), s'était mis en
marche vers la route Sedan-Mézières en trois colonnes : *colonne
de droite,* par Montimont ; *colonne du centre,* par Briancourt ;
colonne de gauche, par Vrigne-aux-Bois. Les têtes de colonnes
atteignent ces trois points vers 7 heures et demie, en même temps
que l'avant-garde du Ve corps arrive à Viviers (*État-major allemand,* p. 1147, et supplément XLVII). Ne parlons que pour
mémoire de la division wurtembergeoise qui commence le passage à 6 heures seulement, à Dom-le-Mesnil, se porte aussi
sur Viviers-au-Court et prend position face à Mézières (*État-
major allemand,* p. 1147). Admettons ces heures et ces emplacements.

Il faut bien convenir alors qu'à 7 heures, au moment où le
général Ducrot donnait ses ordres pour la retraite, l'avant-
garde du Ve corps était encore à une demi-heure de marche de
Viviers-au-Court ; les têtes de colonne du XIe corps également
à trente minutes de Montimont, de Briancourt et de Vrigne-aux-
Bois.

Donc, à 7 heures, toute la zone forestière au nord de la route
de Mézières était libre d'ennemis, à part quelques patrouilles de
cavalerie. A 7 heures et demie, les avant-gardes interceptent la
route Sedan, Vrigne-aux-Bois, Mézières.

Le récit officiel allemand fait arriver à cette même heure,
7 heures et demie, le major de Hahnke, porteur de l'ordre du
prince royal prescrivant aux Ve et XIe corps d'exécuter un mouvement à droite sur Saint-Menges (Relation officielle allemande,
p. 1148).

Allons-nous accepter cette heure-là ?

---

1. La lenteur de la seconde partie de la marche compense l'invraisemblable rapidité
de la première. Elle donne, pour la tête de colonne qui a atteint la Meuse à 4 heures
et Viviers à 7 heures et demie, 7 kilomètres en trois heures et demie. Pour des gens
« *prêts à agir offensivement* » c'est peu, ou bien il faut croire que le passage du
fleuve n'a pas été facile ou qu'*il a eu lieu plus tard que ne le dit le grand État-
major.*

« Vers 7 heures, dit le récit de l'État-major allemand (p. 1138 et 1139), du point où se trouvait le prince (royal) on embrassait parfaitement toute la région au nord et à l'ouest de Sedan..... En conséquence, à 7 heures et demie, le prince royal prescrivait aux deux corps prussiens de la IIIᵉ armée de contourner la boucle de la Meuse, de manière à prendre l'adversaire à dos. »

Il a donc fallu que le major de Hahnke, porteur de l'ordre, se trouvât transporté instantanément des hauteurs au nord-est de Piaux (Croix), observatoire du prince royal (*État-major allemand*, p. 1138), à Viviers-au-Court et à Vrigne-aux-Bois, Briancourt, Montimont! Et notez qu'il n'y a pas doute possible; on ne peut prétendre que la phrase du grand État-major veut dire que l'ordre est arrivé à 7 heures et demie, qu'elle n'est qu'une locution impropre, *ce qui d'ailleurs est inadmissible en soi*[1].

« *Ce n'est que vers 7 heures* que la brume était tombée et que l'on avait pu apercevoir toute la région au nord et à l'ouest de Sedan.....

« Les XIᵉ et Vᵉ corps étaient en marche vers la route Sedan-Mézières et déjà même se trouvaient en partie fort en avant de Donchery. A gauche, les Wurtembergeois traversaient le pont de Dom-le-Mesnil[2], pour se jeter avec leur avant-garde sur Viviers-au-Court..... *Mais tandis que ces mouvements s'exécutaient sous les yeux du prince*..... En conséquence, à 7 heures et demie, le prince royal prescrivait aux deux corps prussiens de la IIIᵉ armée de contourner la boucle de la Meuse..... » (*État-major allemand*, p. 1139.)

Or, les Wurtembergeois (*État-major allemand*, p. 1147) ont commencé à établir le pont de Dom-le-Mesnil à 5 heures et demie; leur tête de colonne a passé la Meuse à 6 heures[3] et a marché sur

---

1. A qui soutiendrait cette interprétation il nous serait aisé de répondre qu'en aucun cas l'ordre n'aurait pu partir avant 7 heures, heure à laquelle, comme on va le voir, la brume s'est dissipée, ce qui a permis au prince royal de se rendre compte de la situation avant d'envoyer ses instructions. Et, même dans cette hypothèse injustifiable, on verra tout à l'heure que, parti après 7 heures, l'ordre ne pouvait être transmis qu'après 8 heures.

2. Le passage avait commencé à 6 heures (Relation officielle, p. 1147).

3. Voilà un personnel bien rapide : un pont sur la Meuse en une demi-heure !

Viviers-au-Court, où elle n'a pu être que vers 7 heures et demie,
car du point où fut jeté le pont, près de Dom-le-Mesnil, à Viviers
il y a à vol d'oiseau plus de 4 kilomètres et par les chemins près
de 6, par de mauvaises communications en terrain accidenté ;
puis il a bien fallu mettre quelques formes dans la marche, s'é-
clairer, et il convient de ne pas oublier que, dans une situation
analogue, la tête de colonne du Vᵉ corps a mis trois heures et
demie pour parcourir un peu plus de 7 kilomètres, de Donchery
à Viviers !

C'est donc bien ainsi — cela ressort surabondamment du récit
officiel — à 7 heures et demie que le prince royal a donné ses
ordres au major de Hahnke [1]...

Or, celui-ci, pour les porter à destination à Viviers-au-Court [2]
où était le général de Kirchbach avec son avant-garde (Relation allemande, p. 1148), avait 8 kilomètres à faire, le pont
sur la Meuse et le village de Donchery également encombrés à
traverser, de longues colonnes en marche sur des chemins
étroits à longer ; il a dù mettre une heure pour arriver à destination ; puis il lui a fallu se rendre près du commandant du
XIᵉ corps, à Briancourt ; il n'a sans doute pas trouvé du premier coup et sans se renseigner les deux commandants de
corps d'armée, ce qui a pris du temps, et celui du XIᵉ corps a eu
à faire parvenir ses ordres aux deux colonnes qui étaient séparées
de lui.

Mais, ne chicanons pas ; admettons que tout s'est passé avec la
même rapidité que le lancement du pont wurtembergeois et la
marche du Vᵉ corps d'Omicourt sur Donchery ; admettons, par
conséquent, *qu'à 8 heures et demie, une heure après avoir quitté
le prince royal, le major de Hahnke s'était acquitté de sa mission
près des deux commandants de corps d'armée.* Le major von

1. Le rapport allemand dit de son côté : « A 7 heures et demie, *l'ordre fut immédiatement* envoyé par le prince royal. »

2. De la cote 276, où se tenait le prince royal, à la sortie nord de Viviers-au-Court
où était l'avant-garde, il y a exactement à vol d'oiseau 6ᵏ,400 ; mais, en quittant Donchery, la route de Viviers s'écarte beaucoup de la ligne droite et fait un coude en allant
passer à Vrigne-sur-Meuse. De plus, de la cote 276 il ne doit certainement pas être
possible pour un cavalier de piquer droit sur Donchery, dont les rues ont aussi imposé
des détours au major de Hahnke.

Hahnke, dans son livre : *Opérations de la IIIe armée allemande,* laisse dans l'ombre l'heure de son arrivée aux Ve et XIe corps. Il glisse « comme un simple mortel » ; ceci est suggestif.

Il est donc certain, *si toutefois l'heure d'arrivée des têtes de colonnes donnée par le grand État-major est exacte,* que de 7 heures et demie à 8 heures et demie ces têtes de colonnes allemandes se sont arrêtées sur la ligne Viviers-Vrigne-Montimont, où l'ordre du prince royal les a trouvées, ce qui ne fait pas grand honneur à l'activité et à l'initiative de leurs chefs.

Nous comprenons sans peine que, fidèles à leur constante habitude en pareil cas, les rédacteurs officiels allemands, plutôt que d'avoir à expliquer semblable inertie ou pareil retard, après l'ordre envoyé par M. de Molkte le 31 au soir, aient eu recours à leur truc ordinaire qui consiste à fausser les heures sans plus de façons, et à laisser les choses dans le vague. Le plus souvent, il est vrai, cela glisse inaperçu ! Quoi qu'il en soit, voilà donc la situation de l'aile gauche allemande bien établie [1].

---

1. M. Duquet a cru pouvoir invoquer le témoignage de l'abbé Lanusse qui, dans *L'Heure suprême à Sedan,* dit « qu'entre 7 et 8 heures du matin, le mamelon et les hauteurs entre Fleigneux, Saint-Menges et Illy se couvrent de canons ». (Nous verrons plus loin que si le mouvement du général Ducrot se fût continué, ces canons ne fussent jamais allés jusque-là.) Mais, est-ce sérieux ? Des canons du XIe corps à Illy et Fleigneux, entre 7 et 8 heures du matin ! Mais, *même en prenant pour exact le récit officiel allemand qui avance, pour les besoins de la cause, tous les événements d'une heure,* il est constant qu'à 7 heures et demie toutes les têtes de colonnes des Ve et XIe corps étaient sur la ligne Viviers-Vrigne-Montimont. Comment donc les canons eussent-ils été avant 8 heures à Fleigneux, Saint-Menges, Illy, dont les séparait le défilé de la Falizette ?

En fait, *d'après l'État-major allemand lui-même,* il est facile de voir que les premières pièces qui débouchèrent (deux batteries légères de la 22e division qui avaient devancé la colonne du centre avec deux escadrons pour escorte) se trouvaient néanmoins derrière la colonne de droite, la première engagée dans le défilé ; elles durent la longer et arrivèrent devant Saint-Menges en même temps qu'elle, c'est-à-dire *très peu avant 9 heures;* encore furent-elles très éprouvées; trois pièces furent mises hors de combat, *et les autres durent même se retirer momentanément.* (*État-major allemand,* p. 1149, 1150.)

Enfin, toujours d'après la relation officielle, c'est après s'être porté, *à 9 heures,* avec son état-major, au nord de Floing, *et avoir reconnu les positions de l'adversaire* — ce qui demanda quelques instants sans doute — que le général de Gersdorff prescrivit d'amener toute l'artillerie en première ligne ; cela n'alla pas tout seul. Le premier renfort n'arriva aux trois premières batteries qu'à *10 heures,* et le débouché, pour l'artillerie du XIe corps, ne se termina qu'à *11 heures,* mais le débouché du défilé, pas la mise en batterie (*État-major allemand,* p. 1151, 1152).

Au Ve corps, ce n'est qu'*après 10 heures* que les premières pièces, celles de l'avant-

Elle a, à 8 heures et demie, ses têtes de colonnes à Viviers-au-Court (V^e corps), Vrigne-aux-Bois, Briancourt et Montimont (XIe corps), et la division wurtembergeoise face à Mézières, où va bientôt l'appeler la présence des régiments de la division Blanchard.

Ces points précisés, admettons que le mouvement de retraite ordonné à 7 heures du matin par le général Ducrot s'est continué.

Voyons les conséquences de cette hypothèse.

Les premiers ordres ont été donnés par Ducrot à 7 heures ; les premiers mouvements ont commencé à 8 heures [1] (Voir *supra*).

S'ils n'avaient pas été arrêtés, ils ne seraient devenus appréciables, pour le grand État-major et pour le prince royal, postés sur les hauteurs de Wadelincourt et de Cheveuges, *que postérieurement à l'heure d'envoi* (7 heures et demie) *des ordres portés par le major de Hahnke aux Ve et XIe corps ;* il faut donc bien admettre, de toutes façons, *que ces deux corps se seraient engagés comme ils l'ont fait vers Saint-Menges, vu qu'un contre-ordre n'aurait pu parvenir aux têtes de colonnes*

---

garde, ouvrent le feu, des hauteurs où l'abbé Lanusse les place entre 7 et 8 heures ! (*État-major allemand*, p. 1157.)

Et, la même citation ne nous apprend-elle pas (de plus en plus fort) « que, *lorsque le jour commença à poindre,* l'avant-garde du XIe corps a traversé le hameau de Saint-Albert » (!!)

Nous ne faisons nullement le procès de l'abbé Lanusse pour qui nous avons conservé la plus grande vénération. Certes, quand il a écrit *L'Heure suprême à Sedan,* il n'a pas eu la prétention d'écrire un ouvrage de tactique, mais bien de donner ses impressions, de payer un tribut à la mémoire des morts, et il n'a guère attaché d'importance à la supputation des heures ! Chercher chez lui des données précises à ce sujet, c'est, comme on a pu s'en convaincre, faire fausse route.

Ce que nous voulons faire ressortir, c'est le peu de valeur qu'il faut attacher à certains témoignages, *sous certains rapports ;* mieux vaut apporter un fait précis, un raisonnement juste *basé sur une réalité bien établie.* En veut-on un autre exemple : M. Alfred Duquet s'appuie encore sur le témoignage du prince Bibesco, qui rapporte qu'à 7 heures et demie le 7e corps en venait aux mains, du côté de Saint-Menges, avec le XIe corps prussien. Or, on l'a vu (*Récit officiel*, p. 1148), à 7 heures et demie les têtes de colonnes de ce corps d'armée sont à Vrigne-aux-Bois, Briancourt, Montimont ! Et, si on tient compte des heures diminuées de la relation du grand État-major, elles y sont en réalité à 8 heures et demie !

1. Quand le général Lebrun, dont le témoignage doit, paraît-il, faire autorité en certains cas, déclare qu'à « 8 heures ou 8 heures un quart » (il n'a donc pas consulté sa montre, qui aurait marqué une heure déterminée) il a reçu les ordres pour la retraite, M. Duquet rejette son affirmation et déclare « qu'il a commis une erreur matérielle ».

*que vers 9 heures et demie ou 9 heures trois quarts, c'est-à-dire
trop tard.* ·

Voyons alors, d'après le récit officiel allemand, *mais en mettant
l'arrivée de l'ordre du changement de direction à son heure véritable, 8 heures et demie, et non à son heure fictive, 7 heures et
demie* (voir *supra*), ce qui nous amènera logiquement à reculer
d'une heure tous les incidents de la version du grand État-major,
voyons quelle a été en réalité cette marche vers Saint-Menges.

A 8 heures et demie le général de Kirchbach indique Fleigneux
comme objectif à l'avant-garde du Ve corps.

Celle-ci quitte Viviers-au-Court et appuie sur Vrigne-aux-Bois
(*État-major allemand,* p. 1148). Le reste du corps d'armée suit
à distance.

Au XIe corps, la colonne du centre (Briancourt) se porte à 8 heures et demie dans la direction indiquée; à 8 h. 40 m.[1] la colonne de droite (Montimont) se met en marche également vers le
défilé.

La colonne de gauche s'égare et va déboucher à Montimont.
A midi elle arrive à la Maison-Rouge et trouve le défilé de la Falizette encombré par le Ve corps arrivé de Viviers-au-Court et
qui s'est glissé après la colonne de droite du XIe corps. Elle doit
attendre que le défilé soit un peu dégagé (Relation officielle,
p. 1148 et 1149).

Une parenthèse : quoi de plus consolant que cette affreuse confusion dans laquelle les généraux allemands tant vantés, du com-

---

1. Et il est certain qu'il était plus de 8 h. 40 m.; le major de Hahnke avait débuté
par porter ses ordres au Ve corps, à Viviers-au-Court (Relation allemande, p. 1148); il y
était à 8 heures et demie : cinq minutes au moins pour s'acquitter de sa mission, puis
vingt minutes pour gagner Briancourt où est la colonne du centre du XIe corps (deux brigades d'infanterie et l'artillerie de corps) avec laquelle marche le général de Gœrsdorff, commandant du corps d'armée (*État-major allemand,* supplément XLVII, p. 291); cinq minutes pour donner les ordres après avoir reçu les instructions, cinq minutes pour les porter
à Montimont où est la colonne de droite, celle-ci n'a donc pu rompre qu'à 8 heures et
demie + 35 minutes, c'est-à-dire à 9 h. 5 m. Mais, comme il est possible, *bien que la
relation officielle soit muette à ce sujet,* que les ordres aient été transmis simultanément aux Ve et XIe corps par plusieurs officiers accompagnant le major Hahnke, nous
nous en tiendrons à 8 h. 40 m. Et c'est là l'hypothèse la plus favorable à nos contra-
dicteurs, celle où un officier a remis directement les ordres à Briancourt à 8 heures et
demie, puisque, tout comme dans l'exposé qui précède, il a toujours bien fallu cinq minutes au général de Gœrsdorff pour donner ses instructions et cinq minutes pour les
faire parvenir à Montimont.

mandant de la IIIe armée aux chefs des XIe et V^e corps, jettent leurs troupes comme à plaisir ! Qui empêchait le Ve corps de s'élever de Viviers-au-Court, par Vrigne, vers la Claire et de déboucher face à Fleigneux et Saint-Menges par les bois qu'on n'a même pas fait reconnaître ? Tous les récits allemands sont muets à ce sujet ; *ces bois étaient très praticables, nous le savons.*

Remarquons que si le Ve corps prenait par les bois après Vrigne, le défilé de la Falizette restait au XIe.

Mais non, voilà les deux corps d'armée qui s'entassent pêle-mêle dans ce boyau, enchevêtrant leurs unités ; une de leurs colonnes, en plein jour, pour aller de Vrigne-aux-Bois à Saint-Menges par le défilé Saint-Albert, disposant d'une route, trouve le moyen d'aller aboutir à Montimont ! C'est un tour de force ! Oui, avec de tels adversaires, il n'était pas difficile d'échapper à l'étreinte !

Mais continuons notre examen.

En avant-garde de la colonne de droite du XIe corps marche le régiment n° 87, Nassau. Il quitte Montimont à 8 h. 40 m. [1] ; il s'engage dans le défilé où il sera bientôt suivi par trois brigades, et débouche enfin à Saint-Albert ? (*État-major allemand,* p. 1149.)

Quelle heure peut-il être ? -

De Montimont à Saint-Albert, il y a 4 kilomètres, le défilé est étroit, difficile ; il faut donc bien compter entre trois quarts d'heure et une heure de marche ; 8 h. 40 m. plus une heure donnent 9 h. 40 m. ; concédons 9 heures et demie !

Voici ce que dit de cette marche le major von Hahnke, qui l'avait accompagnée [2] :

« La route de Montimont à Saint-Menges suit la boucle de la Meuse et passe dans un étroit défilé.

« Un ruisseau, qui descend du bois de la Falizette dans un profond ravin, coupe ce défilé presque perpendiculairement, de sorte que les troupes, l'infanterie même, ne *peuvent guère le franchir que sur la route.*

« *On ne pouvait se dissimuler les dangers auxquels s'exposaient*

---

1. Probablement plus tard, voir ci-dessus.
2. *État-major allemand,* p. 1148.

les XIe et V^e corps, en laissant derrière eux un défilé[1] aussi dif-
ficile pour marcher à la rencontre d'un ennemi dont on ne savait
pas la force.

« *Une retraite aurait été désastreuse,* puisque le seul pont sur
lequel il fallait passer pouvait être enfilé par une batterie française établie au sud de Floing. »

Enregistrons cet aveu, nous l'utiliserons quand le moment en
sera venu, et allons un peu au-devant de l'armée française non
arrêtée dans sa retraite par le général de Wimpffen.

Pendant que les 12e et 1er corps se replient sur la ligne Grand-
Camp — Bois de la Garenne — Calvaire d'Illy, conformément
aux ordres du général en chef, et dans des conditions que nous
examinerons plus loin, les 5e et 7e corps n'ont pas encore bougé
vers 9 heures, cela ressort de tous les documents.

A ce sujet, il nous a été impossible de retrouver les textes originaux des ordres envoyés en vue de la retraite aux chefs de ces
deux corps d'armée.

Cela n'a rien de surprenant.

Au 7e corps, la communication du général Ducrot est très certainement parvenue à destination (rapport du général Douay),
et sous forme d'un billet au crayon (déclaration du comte Bibesco,
aide de camp du général Douay, témoin oculaire).

Au 5e corps, même constatation. Le général de Wimpffen écrit
dans son rapport qu'il fut informé « une heure après la blessure
du maréchal que le général Ducrot lui succédait, alors que cet
officier général avait déjà donné certains ordres aux commandants
de corps d'armée ». Il est bien vraisemblable que les ordres ont
été adressés par écrit au général de Wimpffen, comme au général
Douay.

« D'une voix ferme et décidée, il (*le général Ducrot*) appelle
bientôt *ses aides de camp, et leur dicte ses ordres.* » (Dr Sarazin,
témoin oculaire, p. 120. — Souvenirs du capitaine d'état-major
Peloux, du commandant Faverot de Kerbrech, etc.)

Mais, en raison de la disparition des textes originaux restés

---

1. En s'engouffrant dans un défilé, devrait dire le major de Hahnke, car pour le
« laisser derrière soi » il faut l'avoir franchi : savait-on si l'ennemi le permettrait ?

forcément aux mains des destinataires *qui n'ont jamais indiqué
quelle en était la teneur*[1], et devant le fait que les ordres n'ont
été suivis d'aucun mouvement des 5ᵉ et 7ᵉ corps, alors que les
1ᵉʳ et 12ᵉ ont entamé leur retraite, il n'y a que trois hypothèses
à faire :

1° Ou les ordres prescrivaient aux généraux de Wimpffen et
Douay de rompre immédiatement, et ceux-ci ont cru devoir en
ajourner l'exécution ;

2° Ou ils étaient muets sur la retraite, se bornant à notifier la
prise de commandement ;

3° Ou bien encore ils spécifiaient que le mouvement en arrière
ne commencerait qu'ultérieurement, sur un ordre du général
en chef, quand les 12ᵉ et 1ᵉʳ corps seraient suffisamment rapprochés de leurs positions de repli.

Nous ne retiendrons pas la première hypothèse.

Serait-elle pourtant totalement invraisemblable ?

Qu'on se souvienne des objections faites au général Ducrot par
son état-major (il dut lui imposer silence), de celles du général
Lebrun qui osa d'abord prendre sur lui de différer la marche en
arrière du 12ᵉ corps.

Faudrait-il donc s'étonner que le général de Wimpffen ait cru
devoir attendre avant de commencer sa retraite, surtout si l'on
songe à la conduite qu'il allait tenir dans quelques instants ?

Nullement, et ce qui vient à l'appui de cette manière de voir,
c'est la longue discussion qu'il eut avec son chef d'état-major, le
général Besson[2], l'encourageant (le général de Wimpffen l'a déclaré du moins) à prendre le commandement.

Au 7ᵉ corps, le général Douay, il ne faut pas l'oublier, était
grandement sous le coup des événements désastreux des journées
précédentes ; il n'est pas impossible que, pour une raison ou
pour une autre, il ait d'abord hésité à se replier ; mais en tout

---

1. Faisons remarquer à ce propos que le général Ducrot n'a pas manqué de conserver
la communication au crayon du général de Wimpffen, et il a d'autant mieux fait que
celui-ci l'a altérée en la reproduisant, car il n'osait plus écrire, après la leçon des événements, qu'à Sedan l'ennemi était « *dans des conditions désavantageuses !* »

2. Le général Besson a été tué dans un des premiers engagements livrés par l'armée
de Versailles aux troupes de la commune. Il est regrettable que cet officier général n'ait
pu apporter son témoignage dans le débat !

cas, le caractère si honorable, la droiture et la loyauté de cet officier général excluent totalement de sa part l'idée d'une désobéissance [1] formelle, réfléchie, aux ordres du général en chef, si vraisemblable de la part du général de Wimpffen, bien que, tout comme ce dernier, il fût plus ancien de grade que le général Ducrot.

Mais, nous le répétons, nous écartons cette première hypothèse, parce qu'elle ne repose que sur des possibilités, sur des vraisemblances, surtout en ce qui concerne le commandant du 5e corps.

Voyons la deuxième. On ne peut admettre un seul instant que les ordres envoyés par le général Ducrot à 7 heures du matin aux 5e et 7e corps aient été muets sur la retraite déjà prescrite, cela est hors de doute, aux 1er et 12e.

Déjà le rapport du général de Wimpffen établit le contraire, en ce qui concerne les troupes placées sous son commandement.

Le général Douay et le comte Bibesco ne disent absolument rien à ce sujet, mais cette lacune ne saurait être considérée comme une déclaration établissant que seul le commandant du 7e corps n'a pas été informé de la retraite générale de toute l'armée.

Si l'on rejette la première et la deuxième hypothèse, il faut bien admettre la troisième.

Elle est d'autant plus vraisemblable qu'un peu avant sa prise de commandement le général Ducrot avait appris qu'il n'y avait personne devant le 7e corps (Voir *supra* et Appendice VI), et qu'une reconnaissance de la division Margueritte, qui avait exploré vers 6 heures la région au nord du champ de bataille, n'avait rien rencontré (*État-major allemand*, p. 1149).

À 7 heures, le général Ducrot était donc fondé à croire que

---

1. Hélas, les cas de désobéissance ne sont pas rares au cours de cette néfaste guerre : Le 16 août, le général Frossard ne tient aucun compte de l'ordre du maréchal Bazaine de faire éclairer la direction de Gorze par où débouchera l'ennemi qui surprendra son corps d'armée. Le 30 novembre, le général d'Exéa se refuse obstinément à passer la Marne, malgré les ordres réitérés du commandant de la 2e armée et du gouverneur. Chanzy, à l'armée de la Loire, se plaint continuellement, dans ses instructions, de l'inexécution « des ordres les plus formels ». Il en est de même à l'armée de l'Est (déposition des généraux Clinchant et Borel). Chez les Allemands aussi la chose n'est pas rare (Steinmetz, les généraux de Montbarry, von der Goltz.....); mais, en raison de la situation morale si différente des deux armées, la désobéissance chez nos ennemis se manifeste dans le sens de l'action, tandis que chez nous elle ne tend qu'à l'inertie.

l'ennemi n'était pas pressant sur ses derrières, et de fait, on s'en souvient, il en était bien ainsi, puisque les têtes de colonnes allemandes étaient encore au sud de Vrigne, Briancourt, etc..., à 2 ou 3 kilomètres.

Pouvait-il également penser que si les Prussiens eussent été à proximité de ce côté, le maréchal n'en aurait pas eu connaissance? Et dans ce cas, il n'aurait pas manqué de lui en donner avis !

On s'explique donc fort bien que le nouveau commandant en chef se soit porté vers le général Lebrun, le plus compromis puisqu'il était le plus enfourné vers le sud, et dont le corps d'armée ne paraissait pas entamer la retraite prescrite, et qu'il se soit réservé de donner lui-même, au moment voulu, le signal du mouvement en arrière aux commandants des 5e et 7e corps, afin d'éviter de séparer par des distances trop considérables les différentes unités de l'armée.

Or, c'est vers 7 heures et demie que le général Ducrot s'est porté près du général Lebrun.

Admettons qu'il soit resté près de lui un quart d'heure, ce que le récit de leur entretien rend très admissible, et qu'il ait employé trois quarts d'heure environ pour l'aller et le retour, puisqu'il fit le trajet au galop (*La Journée de Sedan.* Souvenirs du commandant Faverot de Kerbrech qui accompagnait le général Ducrot).

Il devait donc être revenu à 8 heures et demie sur les hauteurs vers la croisée de routes au sud du bois de la Garenne, où il se tint pour surveiller l'ensemble des mouvements et où il reçut le billet du général de Wimpffen. (Voir Appendice VI. Souvenirs du général Robert, etc...)

La retraite commença au 1er corps vers 8 heures. Les divisions de deuxième ligne (Pellé et l'Hériller, 2e et 3e) *se retirèrent seules,* celles de première ligne (Wolff et de Lartigue, 1re et 4e) *continuant à maintenir l'ennemi sur la Givonne* [1] (Rapports des géné-

---

1. A 10 heures, la division de Lartigue défendait encore Daigny (Journal du général d'Andigné, chef d'état-major de cette division ; Relation officielle allemande, p. 1118). En face de la division Wolff, ce n'est que vers 11 heures et demie (Relation allemande, p. 1134) que la Garde nous chassa définitivement de la vallée même de la Givonne. Il

raux Pellé, l'Hériller, Wolff ; Journal du général d'Andigné, chef d'état-major de la 4ᵉ division ; Relation officielle allemande, p. 1118-1134, 1135 [1]). Les 2ᵉ et 3ᵉ divisions arrivèrent vers 8 heures et demie au bois de la Garenne, où elles firent front avant de reprendre leur mouvement vers Illy.

Le 12ᵉ corps, nous dit le général Lebrun, d'accord cette fois avec le général Ducrot et avec ses commandants de divisions, avait de son côté « repassé en partie le fond de Givonne *vers 8 heures et demie* ». C'était environ la moitié du corps d'armée, les échelons de deuxième ligne.

Donc, comme le dit le général Ducrot, *et dès avant 9 heures,* « il voyait avec satisfaction ses mouvements de retraite se dessiner ».

---

est donc hors de doute qu'au moment où le général de Wimpffen prit le commandement — 9 heures — nous étions encore maîtres, *et pour longtemps,* non seulement des hauteurs de la rive gauche de la Givonne, mais encore du fond de la vallée. Car, ce n'est qu'à 11 heures et demie (Relation officielle, p. 1134) que la Garde pénétra dans Haybes, village situé sur le ruisseau, d'où elle put enfin donner la main aux troupes saxonnes, maîtresses de Daigny. Vers midi, nous nous maintenions encore aux abords de Givonne même (Relation officielle, p. 1135). On voit ce qu'il faut penser de cette étrange affirmation que la retraite ordonnée par le général Ducrot nous a fait perdre les positions de la Givonne, *dont nous étions encore maîtres plusieurs heures après.*

1. M. Duquet dit, page 12, que les ordres de retraite n'ont pu arriver aux corps d'armée qu'à 9 heures, et, page 10, qu'à 9 heures « la retraite ne se dessinait pas parfaitement ». Mais alors pourquoi dit-il, page 85, que « *Ducrot nous fit abandonner nos positions de l'est et du nord-est* » ; il oublie donc qu'à 9 heures le général de Wimpffen a fait arrêter tous les mouvements, parce que, écrit-il, « il voyait le 1ᵉʳ corps opérer un mouvement de retraite assez prononcé et se diriger vers le milieu du bois de la Garenne ». Mais, remarquons bien que si, à 9 heures, Ducrot reçoit communication des instructions données dans le but d'arrêter la retraite, les mouvements du 1ᵉʳ corps dont la vue a décidé le général de Wimpffen à intervenir sont nécessairement antérieurs d'au moins un quart d'heure ; ils sont donc « *assez avancés* » dès 8 heures trois quarts. Donc, à 9 heures, « ils se dessinaient parfaitement ». *Et rien ne pouvait les contrarier sérieusement.* Le 12ᵉ corps, après l'échec des Bavarois occupés à brûler Bazeilles, avait toute facilité pour se dégager, et la note précédente a fait voir qu'au 1ᵉʳ nous étions loin d'être pressés sur la Givonne même, dont nous devions rester maîtres encore bien longtemps ; cela s'explique d'autant mieux que le 1ᵉʳ corps avait *une avance considérable* sur le gros des forces ennemies qui lui faisaient face. Ce n'est qu'à 8 heures un quart (Relation allemande, p. 1132) que la 2ᵉ division de la Garde commençait à se former à l'est de Villers-Cernay. A 9 heures seulement, la 1ʳᵉ division avait pris sa formation derrière le bois de Villers-Cernay (p. 1130). Les divisions Wolff et de Lartigue n'étaient donc au contact qu'avec l'avant-garde : un bataillon de chasseurs et trois du régiment de fusiliers, un régiment de hussards (qui ne s'engagea pas d'ailleurs) [*État-major allemand,* supplément XLVII, p. 279 et p. 1065 et 1129). Quant aux Saxons, vers 9 heures, la tête de colonne de la 23ᵉ division ne faisait qu'atteindre le Rulle, 2 kilomètres à vol d'oiseau de la Moncelle (p. 1108), où la 24ᵉ division venait d'être fort maltraitée.

C'est à ce moment qu'il reçut le billet au crayon du général de Wimpffen, l'informant que celui-ci revendiquait le commandement et modifiait tout.

De toute évidence, sans l'intervention de l'envoyé de Palikao [1], ce moment était très sensiblement celui où Ducrot allait *forcément* faire commencer la retraite des 5e et 7e corps, en raison même du rapprochement des 12e et 1er.

Or, du point où il se tenait (hauteurs près du bois de la Garenne) à celui où se trouvait le général Douay (centre des hauteurs entre Floing et la pointe nord du bois de la Garenne) il y a environ 1 kilomètre.

Supposons les ordres partis vers 9 heures, ils arriveront donc vers 9 heures un quart [2].

---

1. Le néfaste ministre de la guerre qui avait enfourné l'armée de Châlons dans cette déplorable aventure de la marche vers Metz ! (Lire à ce sujet notre publication *Frœschwiller-Châlons-Sedan*, par Y. K. Paris, Baudoin, 1896, p. 54 à 76.)

2. Nous avons admis 9 heures parce qu'il est évident que c'est vers cette heure-là que, sous peine de mélanger les corps 5 et 7 avec les corps 1 et 12, la retraite eût été ordonnée aux généraux de Wimpffen et Douay.

En admettant qu'elle l'eût été une demi-heure, ou une heure même plus tard, la situation restait tout à notre avantage, et nous prenions quand même l'offensive en masses contre un adversaire sortant avec peine d'un couloir où il avait maladroitement entassé toutes ses forces.

Il n'en déboucha que grâce à l'inertie absolue du 7e corps, qui était une des conséquences des décisions du général de Wimpffen, après sa prise de commandement, alors qu'il ne s'agissait pour lui « *que de soutenir Lebrun* ».

A ce sujet, faisons remarquer que si, au point de vue général, en ne considérant que le côté stratégique, il y avait avantage à commencer le plus tôt possible la retraite, *le cas particulier que créa à l'ouest la direction stupéfiante imprimée aux Ve et XIe corps prussiens* fit que l'opération, entamée par nous vers 9 ou 10 heures, présentait plus de chances favorables que si elle eût débuté quelques heures plus tôt.

La chose est facile à établir.

Si la retraite commence vers 6 heures du matin, nous trouverons sur notre flanc gauche les quatre têtes de colonnes des Ve et XIe corps, alors que nous sortons nous-mêmes du défilé, ne pouvant engager que peu de monde à la fois, sur un front restreint.

Dans ces conditions, il est probable que nous ne pourrons rouvrir la route directe par Vrigne ; il nous faudra nous écouler par la forêt pendant que nous tiendrons en forces la ligne défilé Saint-Albert—Moulin de la Claire—Bosséval, le 1er corps faisant de son côté tête à l'ennemi venu de l'est, successivement au bois de la Garenne, sur les hauteurs d'Illy, de Fleigneux et de Saint-Menges.

Mais, si nous ne nous mettons en retraite que vers 9 ou 10 heures, la situation tactique vers Saint-Menges *se trouve inversée à notre avantage*.

C'est nous qui avons toutes nos forces réunies, et c'est l'ennemi qui débouche sur un front restreint, qui sort du défilé, et ne peut engager que ses éléments de tête ; cela résulte expressément, comme nous l'avons montré, de la relation allemande elle-même. Évi-

Vers 9 heures et demie, le mouvement peut commencer, car le
7ᵉ corps a ses unités en formation de combat, sur un front de 2 kilomètres à 2 kilomètres et demi, sur deux lignes ; les communications partant du centre ne sauraient mettre longtemps pour arriver
sur toute la ligne, d'autant plus que le corps d'armée n'est pas engagé[1], *le régiment de Nassau ne faisant que sortir du défilé de
Saint-Albert.*

La marche en avant des unités du 7ᵉ corps sera simultanée, ou
à peu près.

Car, que vient-on nous parler de chemins ?

Le 7ᵉ corps se fût porté tout naturellement vers le nord en formation de marche tactique, deux divisions en première ligne, une
en deuxième, c'est-à-dire dans la formation même qu'il avait à

---

demment, une telle modification est toute fortuite ; *nul ne peut la prévoir dans le
camp français.* Mais, quand on fait des rapprochements pour voir ce qui serait advenu,
il faut en tenir compte, et elle nous fait sentir tout ce que les opérations de guerre pré-
sentent d'imprévu, *tout ce qu'elles offrent de facteurs échappant à toutes les prévisions.*

Il ne pouvait en être de même à l'est et au sud de Sedan, où la situation des Allemands, solidement assurée dès le point du jour, n'a fait que devenir plus formidable
d'heure en heure, à partir du début de la bataille.

Au contraire, à l'ouest, l'ennemi avait créé lui-même, par sa manière d'opérer, sur un
point essentiel, un état de choses qui nous donnait toutes les chances, et le hasard avait
voulu que le mouvement ordonné par le général Ducrot se produisît juste au moment
opportun pour en tirer parti !

1. Nous avons constaté qu'en rapprochant les données de la Relation officielle allemande, qui n'a évidemment aucun intérêt à reculer les heures qu'au contraire elle avance
d'une unité, des déclarations de l'aide de camp du général Douay, le commandant Bibesco, que cet officier place à 7 heures et demie les premiers engagements du XIᵉ corps
devant Saint-Menges contre les troupes du 7ᵉ corps, alors que l'État-major allemand relate
(p. 1148), qu'à cette même heure, les têtes de colonnes du XIᵉ corps étaient à Montimont, Briancourt, Viviers-au-Court, c'est-à-dire respectivement à 4, 5 et 6 kilomètres
de Saint-Menges. Le rapport du général Douay, dont s'est vraisemblablement inspiré le
commandant Bibesco, est naturellement entaché d'erreurs analogues, bien qu'il ne précise
pas les heures qu'il faut reconstituer d'après la suite de son exposé.

Une de ces erreurs, à laquelle nous avons déjà fait allusion, c'est la déclaration du
commandant du 7ᵉ corps, qu'au moment « où le général de Wimpffen vint lui apprendre qu'il était investi du commandement en chef (c'est-à-dire à 9 heures et demie,
d'après les données du second rapport du général Wimpffen), la lutte inégale de son
artillerie durait depuis *plus de quatre heures.* A ce compte, elle aurait donc commencé
à 5 heures. Mais, à 5 heures, les canons qui devaient accabler l'artillerie du général
Douay ne faisaient que passer la Meuse à Donchery (*État-major allemand*, p. 1147), et
le feu de l'artillerie du XIᵉ corps ne devenait sérieux qu'après 10 heures (*Idem*, p. 1151).
Nous sommes donc largement autorisé à ne tenir aucun compte des heures que le général
Douay *semble indiquer* (car il n'en précise aucune), pour le début et les diverses phases
du combat.

9 heures et demie, entraînant avec lui la brigade de l'Abadie du 5ᵉ, mise par le maréchal à la disposition du général Douay (rapport du général Douay) [1].

La chose s'imposait ; le terrain s'y prêtait ; les Allemands l'ont parcouru ainsi quelques heures après pour aborder le 7ᵉ corps, mais en marchant du nord au sud ; rien n'empêchait donc le corps Douay d'en faire autant, pour se porter vers eux, du sud au nord, avec cette différence essentielle que la marche des bataillons allemands se fit sous un feu violent et fut contrariée par de furieuses charges de cavalerie, tandis que la nôtre n'eût pu être, à cette heure de la journée, sérieusement entravée.

Et la constatation du débouché de l'avant-garde du régiment n° 87 à Saint-Albert n'eût pu qu'engager le général Douay à porter en avant ses troupes « *formées en bataille* », comme on disait à cette époque ; car, quand on voit l'ennemi devant soi, si faible qu'il puisse être, on ne quitte pas, s'il faut marcher à lui, son ordre de combat pour s'engager en colonne de route sur des chemins. C'est élémentaire, et il est inutile d'insister davantage.

Donc, vers 9 heures et demie, les divisions Liebert et Dumont s'ébranlent vers Saint-Menges, suivies de la deuxième ligne, et bientôt du 5ᵉ corps.

Que fût devenu, devant cette marche offensive de nos masses, le régiment de Nassau débouchant du défilé Saint-Albert ?

Pour mettre les choses au point, rappelons quelle était entre 9 heures et demie et 9 heures trois quarts la situation exacte du XIᵉ corps.

A 9 heures et demie, la pointe d'avant-garde du régiment n° 87 de Nassau arrive à Saint-Albert (Voir *supra*, et se rappeler que nous avons fait une concession en mettant 9 heures et demie ; *il était plus vraisemblablement 9 h. 40 m.*).

---

[1]. Quand bien même le 7ᵉ corps eût voulu utiliser les chemins, la division Liebert eût rompu, la gauche en tête, par celui de Floing à Saint-Menges ; son avant-garde se fût heurtée contre celle du régiment allemand n° 87. Laquelle des deux eût été la plus forte, la mieux appuyée ? Là aussi, les conditions de la rencontre eussent été tellement en notre faveur que le moral de nos troupes s'en fût avantageusement ressenti.

Une partie du régiment fait face à l'est, trois compagnies font face au sud, vers Floing (Relation officielle, p. 1149).

L'État-major allemand nous dit qu'à 9 heures deux compagnies s'emparent des premières habitations de Floing.

Mais, comme toujours, *en raison du point de départ faux de la relation allemande, il nous faut reculer les heures d'une unité,* et placer la prise de ces maisons à 10 heures ; et c'est encore là une grosse concession, puisque de Saint-Albert aux premières maisons de Floing, il y a 2 500 mètres et qu'il y a eu engagement (Relation officielle, p. 1149).

Et déjà, au lieu d'aller prendre Floing, ces deux compagnies auront été violemment refoulées vers Saint-Albert par la brigade de gauche de la division Liébert ; les fractions du régiment 87, Nassau, qui ont fait face à l'est, seront accablées par la brigade de droite de cette même division et par la division Dumont tout entière, car partant à la même heure, l'un de Saint-Albert, l'autre des hauteurs de Floing, les deux adversaires se rencontreront à peu près à mi-chemin de ces deux localités.

Ne parlons que pour mémoire des deux batteries légères qui, vers 10 heures, entrèrent en action pour appuyer le régiment n° 87, car elles furent si maltraitées par le feu de notre artillerie qu'elles durent se retirer (Relation officielle, p. 1159).

Observons aussi que les détachements que nous avions à Saint-Menges, se voyant appuyés par tout le corps d'armée, y eussent tenu plus longtemps qu'ils ne l'ont fait (Relation officielle, p. 1149), rendant aussi la situation du régiment de Nassau plus précaire encore.

Notre supériorité eût été tellement écrasante que, sous peine d'être anéanti, le malheureux régiment n° 87 (*nous voulons dire ses débris*) n'eût eu d'autre ressource que de fuir à toutes jambes là d'où il venait, vers le défilé, y refoulant les têtes de colonnes affolées, pêle-mêle avec leurs canons follement jetés en avant, le tout entassé sur la route sans pouvoir en sortir, *sous le feu de nos batteries occupant en partie les hauteurs entre Floing et Saint-Menges.*

Oui, comme le dit le major de Hahnke, « *la retraite eût été dé-*

sastreuse », et l'ennemi cruellement puni de sa témérité, de sa maladresse [1].

D'autant plus que nous ne mettons pas en doute un seul instant que le général Ducrot, au bruit de cet engagement, ne s'y fût porté au galop, pour imprimer à l'action la plus énergique impulsion.

Il n'eût certes pas manqué de jeter une partie des bataillons du 5ᵉ corps par le plateau du champ de la Grange dans le bois de la Falizette ; ceux-ci, par les trois routes forestières, seraient venus déboucher sur la ligne Bosséval—Foulerie—Moulin de la Brèche—ferme de Vaubois, sur le flanc gauche du Vᵉ corps ; plus tard, le 7ᵉ, poussant devant lui les débris du XIᵉ, eût débouché à son tour du défilé, face à Vrigne, à la Maison Rouge.

Après un tel succès, qui eût relevé grandement le moral de nos troupes, on pouvait se rendre maître de Vrigne et rouvrir la route de Mézières.

On eût pu aussi se borner à tenir en forces la ligne Bosséval—Foulerie, cote 184, afin de couvrir la région forestière par laquelle l'armée allait pouvoir gagner Mézières et Rocroi.

Les forces allemandes venues de l'est et du sud auraient-elles pu intervenir ?

Il suffit de regarder sur la carte les emplacements qu'elles occupaient, les distances à parcourir, pour affirmer que non, sans crainte d'erreur. (Revoir les notes 1 des pages 53 et 54.)

D'ailleurs, n'eussent-elles pas eu devant elles, pour les contenir, les 1ᵉʳ et 12ᵉ corps, se retirant eux-mêmes en échelons, sous la protection d'arrière-gardes flanquées par le feu de la place de Sedan démasquée ?

« Bien que celle-ci fût imparfaitement armée, les pièces avaient un approvisionnement variant de six à trente coups par pièce, ce qui était suffisant, le calibre aidant, pour le rôle temporaire qu'elles avaient à jouer [2], en couvrant notre droite et notre centre, empê-

---

1. Nous voilà loin de la sortie vers Carignan, vers l'est, où nous attendaient plus de quatre corps d'armée allemands, en parfaites relations entre eux, occupant des positions formidables !

2. Les pièces des remparts, du côté où elles n'étaient pas masquées, ont ouvert le feu contre l'artillerie allemande (*État-major allemand*, p. 1141).

chant ainsi, par une action de flanc, les Allemands, maintenus de front par le feu de nos arrière-gardes, de progresser du fond de Givonne vers le bois de la Garenne.

« Dès lors, les corps de la IVᵉ armée et les Bavarois, forcés de déboucher par le ravin de Givonne lui-même, eussent été privés de l'appui de leur artillerie ; celle-ci, en effet, ne pouvait guère songer à s'installer ni sur les hauteurs avoisinant le bois de la Garenne, où elle eût été battue à revers (à moins de 2 500 mètres) par le feu des remparts, ni dans les bois à l'est de la partie supérieure du ravin de la Givonne, à hauteur d'Illy et de Fleigneux, où elle se fût trouvée annihilée. » (*Le Correspondant* du 25 août 1901.)

Après la première ligne de repli Grand-Camp—bois de la Garenne—calvaire d'Illy, on se fût reporté sur celle cotes 260-264—Fleigneux, et enfin sur la dernière : Saint-Menges—cote 269—lisière du bois d'Iges, sur laquelle le 1ᵉʳ corps eût suffi largement, pendant que le 12ᵉ se serait rapproché des 7ᵉ et 5ᵉ, soit pour appuyer leur succès, soit pour s'écouler par les bois du Grand Canton et de Condé.

Tous ces mouvements n'avaient rien que de très praticable [1], quoi qu'on en ait écrit [2], en raison de la situation particulière de ce

---

1. Les pitoyables arguments du général Lebrun contre la possibilité d'une retraite du 12ᵉ corps ont été victorieusement rétorqués dans l'article anonyme du colonel Gillon. Nous n'avons rien à y ajouter. Est-ce que le 12ᵉ corps ne s'est pas retiré par la suite dans des conditions autrement difficiles ?

La première armée de la Loire, battue, a pu repasser le fleuve à Orléans devant Frédéric-Charles, pendant que deux de ses corps, à l'aile gauche, se retiraient méthodiquement sur Josnes !

La deuxième armée a fait sa retraite de Josnes sur Vendôme, de Vendôme sur le Mans, et du Mans à Laval ! L'armée de l'Est épuisée, après son insuccès à Héricourt, a pu, devant Manteuffel et Werder acharnés à sa poursuite, gagner la Suisse, malgré les retards provenant de l'inqualifiable oubli de M. Jules Favre ! A Paris, la deuxième armée de la Défense, après trois journées de luttes terribles, épuisée elle aussi et décimée, a pu repasser la Marne à la barbe des Allemands !

Et ce qu'ont fait les mobiles et les recrues qui composaient ces armées, l'armée de Châlons, parce qu'atteinte dans sa solidité, en eût été incapable !

2. Rien n'est moins démontré que la soi-disant impossibilité de rompre le combat dès 1870, à cause des nouvelles armes ! La chose est demeurée parfaitement possible, aujourd'hui encore. Cela dépend de l'instant choisi pour le rompre, voilà tout. Qu'on nous déclare tout de suite qu'il faut renoncer à manœuvrer. Le plus curieux, c'est que ces mêmes auteurs qui préconisent cette doctrine à l'appui de leur opinion sur la bataille de Sedan, sont les premiers à reprocher au maréchal de Mac-Mahon de n'avoir pas rompu l'engagement à Frœschwiller le 6 août, à midi. Et cette fois, ils ont raison.

champ de bataille, détestable si l'on eût voulu y accepter la lutte, mais très favorable à une retraite exécutée au moment où les attaques allemandes ne faisaient que commencer sur le front est, nos troupes n'étant pas encore accrochées ; du côté sud, l'échec des Bavarois contre Bazeilles, s'il ne constituait pas une victoire pour le 12e corps, lui permettait de se dégager facilement.

Sans aucun doute nous aurions enregistré un « succès relatif » dont les conséquences eussent été déterminantes.

Car, après avoir échappé à l'étreinte qui devait bientôt nous enserrer, l'armée se fût repliée vers les places du nord où elle eût été renforcée des 13e et 14e corps et par de nouvelles levées ; Metz tenant toujours, les Allemands ne pouvaient, devant l'armée de Châlons reconstituée, songer à l'investissement de Paris ; la défense nationale avait alors les plus grandes chances de succès.

Et pour en terminer, disons notre étonnement de voir certains auteurs envisager la question comme si le général Ducrot avait prétendu s'en aller tout tranquillement par la route Vrigne—Mézières, *sans combattre*.

Faut-il être surpris si une discussion entamée sur une base aussi fausse n'a pu aboutir qu'à des conclusions contraires à la réalité ?

L'inanité de la résistance sur place à Sedan avait rarement été contestée.

D'après M. Alfred Duquet, on en eût pu espérer quelque chose : « La retraite sur Mézières était une absurdité stratégique ; il était préférable de rester sur place. Et de fait, si nous avions conservé les positions que nous occupions aux alentours de Sedan au début de la journée, si Mac-Mahon n'avait pas follement fait évacuer le défilé de Saint-Albert et surtout le mamelon de Hattoy [1], au sud de Saint-Menges, mamelon quasi imprenable, si Ducrot n'avait pas, comme un ahuri (*sic*), abandonné nos emplacements de l'est

---

1. En admettant que la chose soit exacte, le général Ducrot n'a rien à y voir. Il nous faut bien faire remarquer que lorsqu'il ordonna d'évacuer le champ de bataille de Sedan, celui-ci était déjà privé des avantages de l'occupation du défilé de Saint-Albert et du mamelon de Hattoy ; les chances de faire durer la résistance étaient donc déjà diminuées.

et du nord-est, il aurait fallu deux jours aux Allemands pour en déloger les Français; car, si la ville de Sedan est dans une plaine basse, on voit qu'il est faux de dire, comme on l'a répété tant de fois, que l'armée se trouvait dans un entonnoir le 1er septembre à 6 heures du matin, puisque ses emplacements étaient non à Sedan mais sur les collines environnant la place à une ou deux lieues, car nos ennemis auraient eu bientôt épuisé leurs munitions d'artillerie et de mousqueterie; car les Bavarois étaient battus par Lebrun[1]; car à l'ouest et au sud de Sedan, l'armée française était protégée sur ses derrières par une large inondation de la Meuse.

« Si Mac-Mahon n'avait pas été blessé, il se fût battu sur les positions occupées par nous le matin (?), se serait défendu quarante-huit heures au moins (?) et les Allemands n'auraient pu les enlever qu'au prix de pertes effroyables (?).

« Enfin, au moment de la capitulation, si elle était devenue inévitable, ce qui n'est pas démontré en l'espèce, après deux journées de bataille, après les pertes subies par nos adversaires, est-ce que les évasions de troupes en armes n'auraient pas été d'autant plus nombreuses que les points à investir par l'ennemi étaient plus larges, moins ramassés. Mais l'étonnante stratégie de Ducrot avait changé tout cela en 1870, et mis le cœur à droite. »

Voilà ma foi un éloge bien inattendu du champ de bataille de Sedan, dont le général Ducrot fait tous les frais !

Mais affirmer est une chose, prouver en est une autre, et nous ne sommes obligé de croire personne sur parole.

La thèse de M. Duquet serait *peut-être* soutenable si nous avions eu sur les Allemands *la supériorité en artillerie*; mais, bien au contraire, nos pièces, inférieures en nombre, en calibre, en portée, en justesse et en vitesse de tir, furent bientôt réduites à l'impuissance; le champ de bataille, par suite de la position concentrique des batteries ennemies, fut labouré d'obus dans tous les sens, de front, d'écharpe et à revers : ainsi, par exemple, les batteries de Frénois « prenaient dans un feu d'enfilade et à revers l'artillerie de campagne française postée entre Floing et Illy » (*État-major*

---

1. Repoussés juste assez pour permettre à celui-ci de se dégager, mais pas battus, on devait bien le voir par la suite.

allemand, page 1141) « et en flanc nos batteries de Balan » (*idem*);
de même les batteries de la Garde, sur les hauteurs à l'ouest de
Villers-Cernay, battaient de front notre 1er corps, tout en prenant,
les batteries de droite du moins, à revers les positions de notre
7e corps; nos malheureuses pièces furent vite écrasées, pulvéri-
sées, et tous les coups de l'artillerie allemande se reportèrent sur
notre infanterie et sur notre cavalerie, leur rendant le champ de
bataille intenable.

C'est un fait que, du côté des Allemands, la bataille de Sedan
fut surtout une action d'artillerie. « Dans la bataille de Sedan,
l'artillerie intervint en grand et d'*une manière décisive*.....

« En général, l'infanterie différait ses attaques jusqu'à ce que
l'artillerie eût produit *tout son effet*..... *C'est le canon presque seul*
qui déloge l'adversaire du calvaire d'Illy, et il suffit ensuite de
quelques compagnies pour *occuper sans combat* cette importante
position. La grêle d'obus sous laquelle l'artillerie écrase le bois de
la Garenne prépare l'attaque des bataillons de la Garde et *épargne
les pertes énormes...* » (*État-major allemand,* p. 1235. Voir aussi,
p. 1195.) Tous les rapports et documents français donnent la même
note, et font voir que, ne pouvant rester sur ce champ de bataille
littéralement inhabitable, nos malheureuses troupes subissaient
inévitablement l'attrait de la forteresse, où elles s'imaginaient
trouver un abri et vers laquelle elles commencèrent à refluer de
bonne heure[1]; car, de toutes les manières de disposer une armée
aux abords d'une place forte, la plus détestable est celle qui
consiste à la ranger autour, parce qu'il se produit chez les troupes
une tendance à s'y réfugier; c'est là une considération morale
essentielle qui ne fut que trop vérifiée à Sedan, et nous sommes
étonnés que M. Duquet n'ait pas cru devoir en tenir compte.

Quant à l'évacuation du défilé Saint-Albert et du mamelon de
Hatton, nous pourrions ne pas nous en occuper, n'ayant jamais
eu l'intention, loin de là, de justifier les dispositions prises par le

---

1. « Vers 2 heures et demie, une notable partie de l'armée française était allée chercher
un abri sous les murs de Sedan. » (Relation officielle, p. 1194.) Les documents français
confirment le fait. On lit dans l'*Historique du 3e tirailleurs* : « Le 2e bataillon reçut
du général de brigade (général de Bellemare) l'ordre de le suivre dans la direction de
Sedan où il arriva vers 2 heures. » Il ne s'agit pas là de fuyards, de débandés, c'est un
bataillon entier emmené vers la place par un officier général !

maréchal de Mac-Mahon aux abords de Sedan ; toutefois, l'évacuation de la hauteur de Hattoy a été ordonnée, si nous ne nous trompons-pas, par le général Douay et non par le maréchal de Mac-Mahon.

Quoi qu'il en soit de ces deux mesures, évidemment regrettables, elles n'ont pu avoir sur la marche des événements une influence aussi considérable que le pense M. Duquet ; car, si les Prussiens avaient éprouvé des difficultés considérables pour déboucher du défilé Saint-Albert, ils auraient été conduits, *par la force des choses,* à le déborder par le bois de la Falizette et Bellevue ; de là, ils se seraient portés sur Saint-Menges.

Nous aurions ainsi gagné de ce côté une ou deux heures, mais pas un jour ; et l'armée, au lieu d'être refoulée dès 3 heures dans l'entonnoir, dans la souricière, l'eût été entre 4 et 5 heures !

A ce propos, il nous faut bien observer aussi que la prise du calvaire d'Illy par la garde qui n'avait, venant de l'est, à se préoccuper ni de Saint-Albert ni du mamelon de Hattoy, aurait eu lieu à la même heure, et que cet événement rendait toute la partie nord et est du champ de bataille intenable pour nos troupes.

En ce qui concerne le mamelon de Hattoy, nous ne voyons pas bien pourquoi il eût été imprenable et, en tout cas, à quoi eût-il pu servir une fois la Garde maîtresse du calvaire d'Illy, et après le débouché du XIe corps du bois de la Falizette sur Saint-Menges et Fleigneux ? il tombait du coup, en même temps que le défilé Saint-Albert, par où le Ve corps eût dès lors pu déboucher.

Mais, voilà, le général Ducrot a fait évacuer nos positions de la Givonne ! on n'a pu les reprendre, sans quoi on eût pu se maintenir sur le champ de bataille ! Après ce que l'on sait du rôle de l'artillerie allemande en face de la nôtre réduite à néant, après la preuve que nous venons de donner que les XIe et Ve corps auraient fatalement débouché un peu plus tard sur nos derrières en dépit de la conservation du mamelon de Hattoy et du défilé Saint-Albert, après la constatation qu'au moment où l'infanterie de la Garde a abordé le calvaire d'Illy, clef du champ de bataille, l'artillerie en avait délogé à elle seule notre infanterie, qui pourrait soutenir que nous aurions pu conserver indéfiniment les hauteurs de Givonne ? Pourquoi celles-là plutôt que d'autres ?

Que signifie le reproche adressé à Ducrot d'avoir fait évacuer les hauteurs de Givonne ? Mais, il l'a fait dans la plénitude de ses droits de commandant en chef, *en vue d'une retraite qu'il n'était que temps d'entamer,* ne pouvant deviner le revirement qui devait se produire par suite du coup de tête, de l'acte de démence du général de Wimpffen « espérant une victoire » sur un ennemi qu'il considérait comme placé « dans des conditions désavantageuses »[1]. Mais rappelons que la division Wolff est restée en dernier échelon sur les hauteurs de Givonne, et qu'elle tint jusqu'après 11 heures le fond même de la vallée, tandis que la division de Lartigue luttait à Daigny jusqu'à 10 heures du matin, les divisions Pellé et l'Hériller qui étaient en seconde ligne s'étant reportées seules en arrière[2].

En admettant même, contre toute évidence, qu'on ait échoué en voulant reprendre les positions évacuées, en admettant que cet échec ne soit pas entièrement imaginaire ainsi qu'il résulte du rapprochement des documents allemands et français, le seul responsable serait le général de Wimpffen qui vint modifier la direction de la bataille, et jeter partout le trouble, la confusion et le doute. Non, mille fois non, le champ de bataille de Sedan n'était pas tenable ! L'armée française développée en demi-cercle autour de la place, combattant avec ses divers corps adossés les uns aux autres, *rivée* à une défensive passive, était perdue d'avance, et quand bien même le maréchal n'eût pas été blessé, le résultat eût été identique devant l'action prépondérante des canons allemands et l'effrayante disproportion numérique des deux armées en présence.

L'auteur de *La Retraite à Sedan* croit que si le maréchal n'avait pas été mis hors de combat « il se fût battu sur les positions occupées par nous le matin ».

Mais, le duc de Magenta a déclaré *catégoriquement* le contraire

---

1. Billet du général de Wimpffen au général Ducrot. En le reproduisant dans son ouvrage, le général de Wimpffen en a altéré le texte. Nous répétons que nous avons eu sous les yeux l'original qui est entre les mains des enfants du général Ducrot, et que celui-ci l'a fidèlement retranscrit dans *La Journée de Sedan.*

2. Il n'y a donc pas un mot de vrai dans l'affirmation de M. Véron citée par M. Duquet, que « le mouvement de retraite ordonné par le général Ducrot nous avait fait perdre une de nos meilleures positions ». Toujours les affirmations de M. Véron !

devant la commission d'enquête : « Permettez-moi de dire que la blessure qui mettait le général en chef dans l'obligation de céder le commandement était un événement fâcheux [1].

« J'affirme que, *sachant qu'il était forcé de s'éloigner de Sedan*, il aurait pris sur les 6 heures, environ [2], une décision qui aurait amené l'armée à combattre tout entière *pour marcher dans l'est ou dans l'ouest, sur Carignan ou sur Mézières.* »

Oui, le maréchal savait qu'il ne pouvait rester à Sedan où il n'y avait *ni vivres ni munitions* (Réunion des commandants de corps d'armée et des généraux de division le 2 septembre au matin. — Déclaration du chef d'état-major général [3]. — Rapport du général de Wimpffen [4]).

Ce qui fait qu'en admettant même l'hypothèse de la résistance sur place, émise par M. Duquet, l'ennemi n'aurait eu, le 2 septembre, qu'à nous investir et à nous bombarder, sans se donner la peine d'emporter la position d'assaut, *au prix de pertes énormes,* pour nous réduire à merci par la famine.

Et quand notre contradicteur pense que l'ennemi eût, lui aussi, manqué de munitions, nous estimons qu'il s'abuse sur la portée des deux phrases de l'État-major allemand sur lesquelles il base son opinion :

P. 1107 : « Les munitions commençaient déjà à manquer aux troupes allemandes engagées plus au nord. »

P. 1111 : « Il (le commandant Schultheim) lance deux compagnies pour relever le bataillon du régiment du corps dont les munitions commencent à s'épuiser. »

Il n'est pas d'action de guerre où l'on n'ait à relever l'épuisement des munitions dans quelques unités, surtout chez celles engagées les premières.

---

1. Oui certes, en raison de l'intervention du général de Wimpffen.

2. Il n'a donc pas été blessé à 7 heures.

3. Voici cette déclaration : « Il n'y a pas dans toute la ville une journée de vivres. »

4. *Déclaration du général de Wimpffen à la réunion du 2 septembre :* « Dès les premiers mots de notre entretien, j'ai reconnu que le comte de Moltke avait malheureusement une connaissance parfaite de notre situation, *et qu'il savait très bien que l'armée manquait absolument de vivres et de munitions.* » — « La défense de la place était impossible parce que *les vivres et les munitions manquaient absolument.* » (Rapport du général de Wimpffen.)

Mais si les régiments allemands épuisaient leurs cartouches, si les batteries usaient leurs gargousses, il leur restait la ressource de se *réapprovisionner ;* l'ennemi avait ses derrières libres ; il était en relation avec les divers échelons de ses sections de munitions.

Nous, nous étions entourés, sans aucune relation extérieure, limités aux seules ressources de l'armée elle-même, très restreintes après les combats des jours précédents et la perte, après Beaumont, d'une bonne partie de nos voitures de munitions [1]. Et au moment d'une capitulation inévitable, l'état moral de l'armée acculée à Sedan, ayant le sentiment de son impuissance, n'aurait certainement pas permis de compter sur beaucoup d'évasions en armes !

Oui, l'armée du maréchal de Mac-Mahon, nous ne l'ignorons pas, nous l'avons même exposé en grand détail dans le *Correspondant,* était largement atteinte dans son moral dès le départ de Châlons [2] ; les marches et contre-marches résultant des hésitations du commandement en chef, que le général Ducrot qualifiait de « désolantes », dans une lettre intime en date du 27 août 1870, les débâcles de Beaumont et de Mouzon, n'avaient pas contribué à lui rendre l'équilibre, la confiance et la discipline !

Ce n'eût donc pas été une heureuse inspiration que de lui demander ce qu'elle pouvait le moins donner et de la soumettre à l'épreuve qu'elle pouvait le moins supporter, celle de rester immobile, inerte, sur des positions, écrasée sous une pluie d'obus, sans pouvoir même riposter le plus souvent !

Pour lui rendre l'élan et l'énergie, il fallait d'abord la sortir de ce cercle de feu, et, par une manœuvre hardie, lui procurer un succès dans la seule direction où elle pouvait le rencontrer, celle de Mézières.

L'inondation que l'on relève à l'ouest de Sedan eût été aussi favorable aux Allemands qu'à nous ; si elle les empêchait d'approcher de certains points, elle nous empêchait de même de nous en

---

1. Des parcs entiers, on l'a vu, avaient disparu !

2. C'est une des très nombreuses raisons sur lesquelles nous nous sommes appuyé, dans notre étude sur la marche de l'armée de Châlons, pour établir que la conception du ministre Palikao péchait par la base (*Frœschwiller-Châlons-Sedan,* par Y. K. Paris, Baudoin, 1895).

éloigner ; *elle permettait donc à l'ennemi, de ce côté, les mêmes économies de forces qu'à nous ;* et bien que la relation de l'État-major ne le mentionne pas, elle a certainement pesé sur l'appréciation fort exacte du prince royal « qu'une seule division suffirait pour assurer les fortes positions comprises entre Frénois et Vadelincourt contre toute tentative de l'adversaire pour déboucher de ce côté ». (*État-major allemand*, p. 1139.)

Non, on n'a pas le « cœur à droite » parce qu'on prend le parti de se retirer, quand la nécessité l'impose ! A ce compte, que le maréchal de Mac-Mahon ne l'a-t-il eu le matin de Frœschwiller !

Il n'est pas de meilleur juge en pareille matière que le maréchal Bugeaud qui disait qu'il est des circonstances « où il est d'un brave homme de savoir f..... le camp à propos » !

Et puisque à bon droit M. Duquet se range à l'avis du colonel de Contencin « qu'une fois dans Sedan, la catastrophe était inévitable et que ce qu'il faut reprocher aux généraux c'est de s'être laissé acculer dans ce cul-de-sac, pourquoi s'en prend-il du désastre que nous avons éprouvé au seul de nos généraux qui avait compris la chose dès la veille de la bataille, et qui, le 1er septembre, n'avait qu'une idée : empêcher l'armée d'être acculée dans ce « cul-de-sac » de Sedan ?

La sortie par Carignan ? Mais nous avons si péremptoirement démontré son impossibilité dans le *Correspondant* que nous ne voulons pas y insister longtemps.

De ce côté, tout était contre nous : le terrain, les plus grosses masses de l'adversaire, la liaison de ses corps ! C'était trop en vérité.

On croirait, en lisant certains exposés, que nos troupes, que l'on déclare bonnes à rien quand il s'agit de combattre vers l'ouest deux corps prussiens, Ve et XIe (plan Ducrot), deviennent excellentes pour attaquer vers l'est cinq autres corps, Garde, XIIe, IVe, 1er et 2e bavarois [1] (plan Wimpffen).

Il paraîtrait « que les Allemands qui venaient de faire depuis

---

1. Une division seulement de ce dernier. (Voir *supra*.)

plusieurs jours, et avaient fait la veille et pendant la nuit des étapes de quatorze lieues [1], n'étaient pas en état de poursuivre, avant de s'être reposés une demi-journée, nos soldats filant sur Carignan. »

Mais il nous semble que, avant de « filer sur Carignan », il aurait fallu au préalable que nos soldats, qui avaient aussi quelque peu marché les jours précédents, on sait dans quelles conditions, eussent commencé par passer sur le ventre des masses ennemies qui leur barraient si fortement cette direction et qui occupaient toutes les hauteurs dominant la route. Autrement, c'est, comme en géométrie, « supposer le problème résolu ».

On nous dit bien « que les deux masses principales de l'armée ennemie se hâtaient vers le nord, pour nous couper la retraite sur Mézières et la Belgique, et se trouvaient loin de Carignan [2] ».

« Loin de Carignan, si l'on veut, mais malheureusement tout près de Sedan et la masse principale sur les directions menant à Carignan. »

Marcher sur Carignan au début de la journée, quand Wimpffen prit le commandement, c'est-à-dire au moment où la muraille ennemie n'était pas encore soudée dans toutes les parties, *au moment le plus favorable,* c'était se heurter de front à un corps bavarois appuyé par le IVe corps prussien, en ayant sur son flanc gauche la garde et le XIIe corps (Saxon). Il n'y a pour s'en assurer qu'à examiner, dans la relation allemande (Supplément XLVI, p. 275, 276 et 277), les ordres donnés le 31 août au soir aux IIIe et IVe armées, et à lire, de la page 1088 à la page 1138, le récit de la première période de la bataille relative aux engagements des Bavarois et de l'armée de la Meuse sur le ruisseau de la Givonne.

---

1. Il y a quelque exagération. Il est facile de s'en assurer en suivant, dans le récit officiel allemand, les étapes parcourues dans les journées qui ont précédé Sedan.

2. On croirait véritablement que les Allemands n'ont jamais eu l'intention d'empêcher notre marche vers l'Est ! Mais c'était leur but essentiel ; il n'y a qu'à lire l'exposé du grand État-major pour voir que l'idée de nous couper de Paris, puis de nous envelopper, ne lui est venue qu'après, en présence de la situation particulière de notre armée dans les derniers jours d'août.

Donner à entendre que les masses ennemies avaient à peu près dégagé la direction de Carignan, c'est *émettre une opinion manifestement contraire à la réalité.*

A qui fera-t-on croire que, si l'armée française avait pris l'offensive en forces vers l'est (c'est ce que l'on entend par l'offensive, la percée sur Carignan), la garde prussienne aurait continué à s'élever vers le nord-ouest ?

Hélas ! les généraux prussiens pratiquaient la solidarité de combat, et ils savaient que la guerre a pour but non pas l'occupation de points géographiques, mais bien la destruction des forces organisées de l'adversaire !

Nous ne voulons pas faire à l'hypothèse d'une sortie dans la direction du sud sur Balan, Bazeilles, pour franchir la Meuse sur un seul pont placé sous le canon de l'ennemi, l'honneur de l'examiner.

Mais voici une nouvelle hypothèse qui jusqu'ici n'avait jamais été produite :

« Et de fait le salut pouvait être dans cette direction (celle de Dom-le-Mesnil). Rien n'empêchait que l'armée française ne s'échappât par le faubourg de Torcy, par Frénois et par la rive gauche de la Meuse. De ce côté, il n'y avait que des canons et le roi de Prusse, gardé par une brigade de ulans et quelques compagnies d'infanterie.

« L'infanterie pouvait sortir de Torcy : d'abord par les routes de Glaire et de Wadelincourt, non enfilées par les batteries adverses ; ensuite, quand les artilleurs ennemis auraient été aux prises avec nos premiers assaillants, par la route de Donchery. De plus, si l'on voulait réserver ces routes à la cavalerie et à l'artillerie, *il était facile* d'établir des descentes permettant aux fantassins de franchir les remparts là où ne se trouvaient pas de portes. » (Alfred Duquet, *La Retraite à Sedan,* p. 80 et 81.)

N'y avait-il, sur les hauteurs de Frénois-Wadelincourt, que des canons, le roi de Prusse, une brigade de ulans *et quelques compagnies ?*

Combien y avait-il de canons ?

Il y avait en réalité, au début de l'action : 1° la réserve d'artillerie du IIe corps bavarois, toute une division d'infanterie de ce corps d'armée, une brigade de cavalerie, l'artillerie de corps du IVe corps, soit, en dehors de la cavalerie, 12 batteries (72 pièces) et 48 compagnies d'infanterie. (*État-major allemand*, p. 1139 à 1142. Supp. XLVI, p. 275, 276 et p. 1112.)

Les routes de Glaire et de Wadelincourt, pour n'être pas enfilées, *n'en étaient pas moins placées sous le feu des canons ennemis.*

Et l'on n'improvise pas *facilement* des passages dans les remparts du relief de ceux qui entouraient la place de Sedan ; quand bien même, il eût fallu en improviser aussi pour entrer en ville, *sans quoi ceux de la sortie n'auraient pas accéléré les affaires.* Mais nous pensons qu'il n'eût pas été sage de compter beaucoup sur ces débouchés supplémentaires.

Il nous faut encore faire remarquer que, comme du côté de Carignan, avant de prendre les routes, il eût fallu battre l'adversaire qui en interdisait l'accès.

Nous n'aurons, pour démontrer que c'était impossible, qu'à citer la lettre que nous avons adressée à ce sujet à M. Duquet, qui nous avait fait l'honneur de nous écrire pour nous demander ce que nous pensions de cette sortie par Torcy.

Dans sa brochure, il reproduit la deuxième partie de notre lettre, où nous expliquons que, *dans le cas où l'Empereur se serait rangé à la proposition du général Ducrot*, d'essayer *une sortie à la nuit*, nous estimons que Torcy eût été la direction à prendre, et qu'on eût pu réussir avec un groupe d'officiers et d'hommes de bonne volonté, à se frayer un chemin *dans l'obscurité ;* nous admettions aussi une diversion de ce côté pour faciliter un effort vers le nord-ouest, mais en constatant que l'armée française n'avait pas assez de troupes pour l'entreprendre. « M. Duquet veut bien s'appuyer sur cette opinion pour déclarer que la sortie par Torcy n'était pas une chimère », il veut dire la sortie *en plein jour, pour toute l'armée.*

Telle n'est pas, telle n'a jamais été notre pensée.

C'est pourquoi nous allons reproduire la première partie de la lettre que nous adressions à M. Alfred Duquet :

« Il y a bien longtemps que, dans mes études sur la bataille de Sedan, l'idée d'un effort dirigé de Torcy sur la rive gauche de la Meuse m'était venue ; ce qui avait provoqué chez moi cette idée, c'était le fait que l'ennemi avait sur cette direction moins de forces qu'ailleurs.

« Mais, après mûr examen, je ne m'y suis pas arrêté, *et j'ai même rejeté complètement cette hypothèse* dans mes travaux, et cela pour les raisons suivantes :

« 1° En admettant, afin de toujours respecter les situations initiales, ce qui est indispensable, à mon avis, pour raisonner juste en pareille matière, en admettant, dis-je, que le successeur du maréchal ait eu cette idée, elle n'eût pu lui venir *avant 7 heures du matin* [1], au plus tôt.

« J'observe en passant que cette pensée nous paraît naturelle aujourd'hui que nous connaissons exactement quelle était la répartition des forces allemandes autour de Sedan. Or, le successeur du maréchal, qui ne pouvait être sorcier, ne pouvait non plus, de toute évidence, être renseigné comme nous le sommes actuellement.

« En fait, il lui était permis de constater qu'il y avait des masses allemandes à l'est et au sud de Sedan, voilà tout.

« Mais que se passait-il à l'ouest ? Il ne pouvait le savoir instantanément, puisque le maréchal, par son heureuse blessure, le faisait héritier d'une situation des plus compromises, et ne lui donnait aucun renseignement sur les mouvements des forces adverses, par la bonne raison qu'il n'avait lui-même aucune notion sur ce point important.

« Ceci dit, et cette parenthèse fermée, j'admets néanmoins que cette idée de filer par Torcy vers Dom-le-Mesnil lui soit venue comme une inspiration fortuite, et qu'il s'y soit rangé immédiatement, vers 7 heures du matin, comme le fit le général Ducrot pour la direction de Mézières.

« Avant qu'il eût donné et fait parvenir sur toute la ligne les ordres qui en étaient la conséquence et qui eussent comporté de fortes arrière-gardes vers Balan, La Moncelle, Dargny, Givonne et Illy [2], il convient d'observer qu'il eût été au moins 8 heures quand le mouvement se fût dessiné.

« Quel eût été ce mouvement ?

---

1. En mettant 7 heures, nous concédons l'heure la plus favorable, car plus on aurait attendu, moins on aurait eu de chances de succès.

2. Nous voudrions bien qu'on nous expliquât comment le jeu de ces arrière-gardes, dont on nie la possibilité en cas de retraite vers Mézières, et qui était indispensable dans

« Il fallait que toute l'armée, *passant par de rares ponts-levis* (voir *supra*), vînt s'engouffrer dans la petite place de Sedan, aux rues étroites, affreusement encombrées, puisqu'elle n'avait pour franchir la Meuse que deux ponts à l'intérieur même des ouvrages, savoir : celui qui se trouvait à l'embranchement du canal latéral qui ferme la petite boucle de la Meuse, entre Sedan et Torcy, et celui qui était dans la ville même (carte d'état-major de 1870).

« Pour cette armée en désarroi, deux ponts c'était peu, et observons que la colonne de gauche aurait eu à franchir un deuxième pont sur le canal latéral.

« Il est facile, dans ces conditions, de calculer la durée d'écoulement d'après les effectifs, et il va sans dire qu'il y aurait lieu de la majorer très notablement, à cause de l'improvisation de l'opération, et de nos arrière-gardes, forcément accrochées par les masses prussiennes attaquant les hauteurs de Givonne, parce qu'elles n'auraient reçu aucun appui du front est de la place de Sedan qu'elles n'auraient cessé de masquer.

« La garde n'aurait pas tardé à tourner l'obstacle par Illy et Fleigneux, et serait venue mettre ses pièces en batterie au nord de Floing, prenant d'écharpe et à revers le débouché de nos troupes de Torcy, battu de front par l'artillerie de Noyers et de Wadelincourt.

« Mais on pouvait jeter d'autres ponts, me direz-vous ?

« Je ne le pense pas : vous savez l'extrême confusion dans laquelle le 7e corps avait franchi la Meuse le 31 août, en même temps que la division de cavalerie Bonnemains à Remilly, sur une passerelle en bois établie par le génie, qui fut réservée à l'infanterie, et sur un pont, de 2 mètres de large à peine, jeté pour l'artillerie et la cavalerie, lequel s'affaissa d'ailleurs. Vous savez aussi que le général Doutrelaine, commandant le génie du 7e corps, fut chargé de faire détruire ces ponts, aussitôt le passage effectué.

---

le cas de sortie par Torcy comme dans l'hypothèse de l'offensive vers le nord-ouest, aurait pu se produire dans l'une des tentatives et pas dans l'autre. Dans le projet de percée par Torcy, les arrière-gardes auraient même eu un rôle plus difficile, puisqu'elles n'auraient cessé de masquer les remparts, au lieu de les démasquer et de bénéficier ainsi d'un solide flanquement.

« On n'avait donc plus de matériel de pontonnerie [1].

« On eût peut-être pu chercher à improviser quelque chose avec les ressources locales [2] ; mais cela demandait du temps, facteur prépondérant ici, et n'eût pas donné grand'chose.

« En tout cas, le reflux de l'armée française dans Sedan ne pouvait échapper au grand État-major allemand posté sur l'observatoire que lui fournissaient les hauteurs de Frénois et de Wadelincourt.

« Or, celui-ci disposait immédiatement, sur lesdites hauteurs, d'une division bavaroise, de l'artillerie de réserve du IIe bavarois, de l'artillerie de corps du IVe corps prussien et d'une division de cavalerie [3] (avec ses batteries).

« C'était largement suffisant pour nous arrêter longtemps à notre débouché des rues de Torcy et empêcher notre déploiement, d'autant plus qu'il n'aurait pu être appuyé en rien par notre artillerie de campagne. Ses pièces n'avaient pas assez de portée pour agir des hauteurs de la rive droite, et elles ne pouvaient venir se mettre en batterie successivement dans la vallée, où elles eussent été dominées et écrasées au fur et à mesure de leur arrivée.

« *A mon sens, nous n'aurions même pas pu déboucher. C'est là une conviction intime pour moi,* et cette conviction sera partagée par tous ceux qui connaissent la presque impossibilité de faire déboucher une troupe *même solide,* et ce n'était pas le cas des nôtres à Sedan, de la lisière d'un bois, d'un défilé ou d'un village, battus par les feux d'un adversaire en position. Le feu des défenseurs se concentre sur les premiers assaillants qui se montrent ; ceux-ci sont littéralement grêlés de projectiles, font demi-tour et regagnent l'abri. C'est un fait d'expérience.

1. Voir, à ce sujet, la très curieuse lettre qui figure à l'Appendice I. Elle donne une idée du désordre qui régnait en France, et fait voir que l'équipage de ponts destiné au maréchal de Mac-Mahon ne put jamais le rejoindre. Cette lettre est du commandant de cet équipage de ponts.

2. Multiplier les ponts pour passer la Meuse n'eût en fin de compte servi de rien, quand bien même on y serait arrivé, *puisqu'il fallait que toute la masse passât d'abord dans Sedan,* et qu'il était impossible de créer pour franchir les remparts, *à l'entrée et à la sortie,* des passages solides en quantité suffisante.

3. Nous faisions erreur en écrivant de mémoire. Il n'y avait qu'une brigade. Toutefois, la 4e division de cavalerie n'a quitté Frénois qu'assez tard.

« Mais eussions-nous débouché quand même, vers 9 heures ou 9 heures et demie, au prix de pertes considérables et de peines infinies (et ce n'eût été qu'une tête de colonne), que les forces que je viens de citer auraient été appuyées en temps voulu :

« 1° Par une fraction de la division wurtembergeoise (dont les 48 pièces sont venues effectivement s'établir dans la journée sur les hauteurs de Wadelincourt (*État-major allemand,* p. 1215) et prirent part au bombardement ;

« 2° Par une autre division bavaroise, deux étant plus que suffisantes en face de nos arrière-gardes de Balan et de Bazeilles ;

« 3° Par tout ou partie des Ve et XIe corps rappelés de la rive droite de la Meuse, où il n'y eût eu personne devant eux [1]. Vis-à-vis de toutes ces forces [2], les nôtres, s'avançant criblées de feux d'artillerie et d'infanterie, n'auraient pu songer à s'engager dans le couloir formé par la Meuse et les hauteurs de Frénois, couloir où passe la route de Dom-le-Mesnil, sans être maîtresses de ces hauteurs, du bois de la Marfée, etc.

« Pour moi, j'affirme qu'une telle tâche dépassait de beaucoup les moyens matériels et moraux de l'armée de Châlons, après Beaumont et Mouzon, surtout qu'elle n'eût pu, *il importe d'y insister,* engager qu'une faible partie de ses forces, sortant de débouchés étroits, sans appui de l'artillerie, et dans des conditions de terrain absolument défavorables. »

Telle était toute notre opinion au sujet de la sortie par Torcy, et nous avouons qu'elle ne s'est modifiée en rien, malgré toute l'habileté, tout le talent avec lesquels M. Duquet a exposé sa conviction sur sa possibilité.

Nous sommes arrivés au bout de la tâche que nous nous étions assignée.

Nous avons la conviction d'avoir justifié pleinement l'initia-

---

1. D'après l'hypothèse même de M. Duquet, sur laquelle il insiste, en note page 83, en disant que la sortie par Torcy excluait toute action de notre part sur la rive droite de la Meuse, au nord de Donchery.

2. Voir (Relation officielle allemande, p. 1140 à 1142) le détail des mesures prises par les Allemands pour couvrir les hauteurs de Wadelincourt, poste du roi, contre toute tentative venant par Torcy. Il ne laisse aucun doute.

tive hardie, la détermination si opportune du général Ducrot le 1ᵉʳ septembre 1870.

Nous avons établi que, investi inopinément du commandement suprême, héritant d'une situation à peu près perdue par suite des fautes de son prédécesseur, il n'avait pas eu une minute d'hésitation, et avait pris le seul parti qui pût sauver l'armée, donnant instantanément des ordres clairs, précis, qui dénotaient le véritable chef.

Et terminons en disant que ce grand soldat fut aussi un grand patriote, et que, redevenu subordonné, après avoir été quelques instants général en chef, il fit sur le plateau d'Illy, pour conjurer le plus longtemps possible le désastre que la présomption de son successeur allait nous valoir, des efforts sublimes, « comparables à ceux de Ney et de Murat au temps des succès du premier Empire ». Son rôle fut, comme le dit un témoin oculaire, « splendidement multiple ».

Artilleurs, cavaliers, fantassins, reçurent successivement son énergique impulsion. « Lui seul », dit le capitaine d'artillerie Achard, autre témoin oculaire, « avait assez d'ascendant pour maintenir nos fantassins démoralisés, défaillants, qui lâchaient pied devant l'ouragan d'obus dès qu'il n'était plus là et portait ses soins ailleurs. »

Forgeot, par ses ordres, amena tous les canons disponibles ; Galliffet, Margueritte furent guidés, lancés par lui. Il fut l'âme de cette suprême résistance qui marqua la fin de la lutte, et, le dernier, regrettant de n'avoir pas trouvé la mort, désespéré, il rentra dans la place ! C'est pourquoi, nous aurions été heureux de voir M. Alfred Duquet, en raison même de l'estime et de l'affection que nous lui portons, ne pas passer son nom sous silence quand il parle des efforts héroïques de Margueritte et de Galliffet ! Les noms de ces trois hommes apparaîtront inséparables dans l'histoire, chaque fois qu'il y sera question du plateau d'Illy !

Et nous protestons de toute la force de nos convictions quand nous voyons qualifier le général Ducrot de « mauvais génie de l'Empereur, du maréchal de Mac-Mahon et du général Trochu ».

« Mauvais génie » de l'Empereur, celui qui, pendant cinq ans, dans des lettres, dans des rapports d'une admirable perspicacité, ne cessa de mettre Napoléon III en garde contre la faiblesse de notre organisation militaire et la supériorité de l'Allemagne :

« Cette quiétude dangereuse..... n'était cependant pas universellement partagée. Un des meilleurs généraux de l'armée française, en particulier, *un homme dont la clairvoyance semble confiner parfois à l'esprit prophétique,* et qui se rendait parfaitement compte alors de notre infériorité militaire vis-à-vis de la Prusse, faisait retentir courageusement et sans se lasser la cloche d'alarme. C'était le général Ducrot, qui commandait la 6e division militaire à Strasbourg, où il se trouvait d'ailleurs admirablement placé pour savoir ce qui se passait outre-Rhin, et suivre attentivement ce qui s'y préparait contre la France. Les preuves de cette clairvoyance, de cette prescience, abondent dans les lettres du général Ducrot. » (*Revue militaire* rédigée à l'état-major de l'armée, n° 16, juillet 1900, p. 521.)

Napoléon III l'a reconnu en disant au général, le soir même de Sedan : « Vos pressentiments sur les intentions de la Prusse, ce que vous m'aviez dit de ses forces militaires et du peu de moyens que nous aurions à leur opposer, n'étaient que trop vrai. *J'aurais dû* tenir plus compte de vos avertissements et de vos conseils. »

« Mauvais génie » du maréchal de Mac-Mahon, le général qui lui demanda le 5 août, dans l'après-midi, et le 6 au matin, *avec la dernière insistance,* de ne pas s'engager avant de s'être réuni à de Failly[1], de se replier sur les Vosges ; qui s'efforça d'obtenir de lui qu'il se retirât sur Mézières dans la soirée du 31 août !

« Mauvais génie » du général Trochu, le collaborateur dévoué qui supporta tout le poids de la défense active dont il fut « l'âme »; qui organisa et dirigea le gigantesque effort de la Marne[2], et resta sur la brèche jusqu'à la fin, sans illusion, mais sans défaillance ! Nous voulons croire que l'expression a dépassé la pensée.

1. *Correspondance du général Ducrot* (p. 360 à 365, t. II).
2. Voir, à ce sujet, notre étude : *La Sortie de la Marne,* par Y. K. Paris, Chapelot, 1901.

APPENDICES

APPENDICE I

Lettre d'un chef d'escadron d'artillerie commandant
d'équipage de ponts en 1870.

« La 7ᵉ compagnie de pontonniers, partant de Lyon, où elle était détachée, prit son équipage (divisible), treize bateaux, à Auxonne ; elle était destinée au 7ᵉ corps de l'armée du Rhin.

« A Vesoul, nous recevons l'ordre de rétrograder sur Besançon. De Langres, où l'on nous expédie par chemin de fer, et en passant par Paris, *à l'armée de Châlons. Arrêtés à Soissons* par le commandant de place, pour achever l'armement de Soissons (!), *nous sommes appelés par dépêche du maréchal de Mac-Mahon,* le 1ᵉʳ septembre, à Sedan. Le 3 au soir, nous rencontrons près de Maubert-Fontaine la cavalerie du colonel Thornton qui avait pû s'échapper vers l'ouest du champ de bataille de Sedan [1] ; nous apprenons le désastre. Derrière cette cavalerie nous filons sur Avesnes par Hirson. A Avesnes, le 5 au matin, nous apprenons la proclamation de la République. Expédiés à Rouen, puis à l'armée de la Loire en formation à Salbris... »

La suite de la lettre, qui ne se rapporte plus à la période impériale, nous montre ce malheureux équipage continuant ses promenades, se dédoublant entre la 2ᵉ armée de la Loire et l'armée de l'Est, les pontonniers de ce dernier élément finissant la campagne comme artilleurs au fort de Joux !

APPENDICE II

Dans l'avant-propos de notre *Étude sur le combat de Châtillon,* nous écrivions, en 1892, à propos de la relation du grand État-major prussien : « La relation de la section historique du grand État-major prus-

---

[1]. Tout ce qui s'échappe s'échappe par l'ouest.

sien peut, à coup sûr, satisfaire les Allemands. Pour nous, Français, elle ne saurait y réussir.

« Dans son ensemble, elle présente évidemment le tableau assez exact de ce qui s'est passé chez nos adversaires, *tant que les rédacteurs n'ont pas eu intérêt à altérer la vérité pour masquer des défaillances ou des erreurs, que, dans leur orgueil de vainqueurs, il leur coûtait d'avouer de la part de leurs troupes ou de leur haut commandement.*

« C'est ce que M. le lieutenant-colonel Bonnal, de l'École supérieure de guerre, a mis si magistralement en lumière dans sa remarquable étude sur l'*Invasion de l'Alsace et la bataille de Frœschwiller.* »

Et nous avons relevé nous-même, avec preuves à l'appui, toutes les inexactitudes voulues de la relation allemande au sujet de la soi-disant « prise d'assaut » de la redoute de Châtillon, tout comme le général Bonnal avait fait voir les artifices des rédacteurs du grand État-major, pour donner le change sur la fuite des Bavarois devant la division Ducrot, et sur la honteuse reculade des masses allemandes devant le retour offensif du 1er tirailleurs, le jour de la bataille de Frœschwiller.

A propos de Sedan, nous relevons les mêmes procédés qui s'expliquent d'autant plus qu'en 1875, à l'époque où parut la relation de cette bataille, la Prusse voulait nous attaquer à nouveau, et que l'État-major allemand, escomptant l'effet moral, voulait nous imposer l'idée de sa supériorité, de son impeccabilité.

Dans le volume qu'il a consacré à Sedan, quand il relate et commente les actes du haut commandement, cette préoccupation apparaît constante, tangible. Il s'efforce d'établir que toutes les mesures étaient si bien prises, le 31 août au soir, que l'armée française était irrémédiablement vouée à la capitulation. Pour donner cette impression, il n'ose pas toutefois aller jusqu'à modifier les emplacements des Ve et XIe corps, trop éloignés pourtant, le 31 au soir, du but à atteindre, pour nous couper entièrement de Mézières.

La supercherie eût été trop évidente, la ficelle trop grossière. Car on n'eût pas manqué d'établir en France, après une enquête facile à mener sur place, que les Allemands, très avant dans la nuit du 31 août au 1er septembre, étaient encore au sud de Donchery.

Alors on emploie le « truc » qui a réussi pour Frœschwiller, qu'on emploiera pour Châtillon : on modifie les heures, on les avance d'une unité, et l'on arrive ainsi à attribuer aux mouvements de l'aile gauche allemande des conséquences qu'ils n'auraient pu avoir dans la réalité.

Par malheur, en donnant ce « coup de pouce », page 1148, on n'a pas songé qu'on se mettait en *contradiction flagrante* avec les indications formelles de la page 1139, *qui sont déterminantes,* et qu'on s'exposait un jour ou l'autre à « être pris la main dans le sac ».

APPENDICE III

Il résulte de la relation officielle allemande (p. 1128), qu'à 4 heures et demie du matin, l'ordre fut expédié de Carignan à la 1re division de la garde de se porter par Pouru-aux-Bois (et Francheval) sur Villers-Cernay. Cette division était à Pouru-Saint-Remy—Escombres. Son avant-garde (1er régiment de fusiliers — un régiment de hussards) avait fait occuper la veille Francheval et Pouru-aux-Bois (*État-major allemand*, p. 1065). A quelle heure celle-ci a-t-elle été à Villers-Cernay ? De Carignan à Pouru-Saint-Remy (*route nationale non encombrée* puisque aucune troupe n'est encore en mouvement — terrain plat, 9 kilomètres — allure vive pour un ordre de cette nature), le porteur a dû mettre *au plus* 40 minutes (car, au trot de route le plus lent, la cavalerie parcourt le kilomètre en 4 minutes 10 secondes, soit 9 kilomètres en 37 minutes et demie). Il était donc à Pouru-Saint-Remy à 5 heures 10 minutes.

L'avant-garde, occupant Francheval et Pouru-aux-Bois, a pu être prévenue vers 5 heures et demie (de Pouru-Saint-Remy à Francheval il y a, par le chemin direct, *absolument libre à ce moment*, 3 kilomètres et demi ; même distance à peu près de Pouru-Saint-Remy à Pouru-aux-Bois, et mêmes conditions de marche). « Le départ s'est fait par *alerte* » et l'avant-garde s'est formée *immédiatement* près de Villers-Cernay (p. 1128 de la relation officielle).

Quelle heure pouvait-il être ?

De Francheval à Villers-Cernay, il y a environ 2 kilomètres. De Pouru-aux-Bois au même village, il y a à peu près 5 kilomètres 500 mètres. La marche a été rapide, car « *le grondement du canon qui retentit du côté de Bazeilles venait encore hâter la marche* » (relation allemande, p. 1128 [1]). Une première fraction de l'avant-garde a donc dû arriver à Villers-Cernay avant 6 heures ; l'autre, vers 6 heures et demie.

Pour couvrir le rassemblement du côté des Français, l'avant-garde a dû immédiatement porter du monde à l'ouest du village (on verra plus loin qu'il en fut bien ainsi, d'après la relation officielle) et occuper les abords, dès l'arrivée du premier échelon, pour laquelle nous admettons 6 heures un quart au lieu de 6 heures, à cause du temps nécessaire aux rassemblements, bien qu'on soit parti par alerte. De même

---

1. Un peu après 6 heures, dit la relation officielle allemande, l'artillerie bavaroise entrait en action contre Bazeilles (p. 1095). Mais le XIIe corps avait déjà engagé la sienne, et l'artillerie française, appuyant les défenseurs de Bazeilles, avait elle-même ouvert le feu la première (relation officielle, p. 1099 et 1100).

nous admettrons que l'échelon venant de Pouru-aux-Bois n'est arrivé qu'à 6 heures 45 minutes.

C'est évidemment avant l'installation des fractions arrivées les premières qu'est parti le paysan envoyé au général Ducrot ; sans cela, il se fût exposé à être arrêté par les Prussiens tenant les débouchés ouest du village, d'autant plus qu'un maire qui agit comme le fit celui de Villers-Cernay n'attend pas, sous peine de perdre toute liberté d'allures, d'être entouré de masses ennemies pour annoncer leur présence.

Ici, il était infiniment probable que, *voyant* arriver les Allemands de Francheval, direction que les habitants devaient observer ce jour-là avec anxiété, le maire a immédiatement expédié son message vers Sedan-Givonne, où il savait les Français.

Le paysan porteur du billet a donc dû partir entre 6 heures et 6 heures un quart, mettons 6 h. 10 m.[1]. Cherchant à se dissimuler, il a évidemment marché à bonne allure, préoccupé de n'être pas rattrapé par les Allemands, et il a pris par le chemin le plus court, c'est-à-dire par le chemin de terre allant de Villers-Cernay à Givonne, par la cote 288, le bois et la cote 293. Il avait ainsi 3 kilomètres à faire pour arriver à Givonne, où il a été vers 6 heures 40 minutes au plus tard.

Le général Ducrot se tenait en dessus du village, occupé en ce moment par nos troupes (relation allemande, p. 1129 ; *La Journée de Sedan*).

« Le paysan l'a donc rejoint un peu avant 7 heures, vers 6 heures trois quarts. » Que lisons-nous dans *La Journée de Sedan* ? « *Quelques* « *minutes avant de recevoir l'ordre du maréchal*, apporté par le com- « mandant Riff, il (le général Ducrot) avait aperçu, des hauteurs de « Givonne, *à travers la brume*, de grosses masses noires passant à « près de 2 kilomètres, et allant par rapport à lui de droite à « gauche. Il leur avait fait envoyer quelques paquets de mitraille. « Les groupes s'étaient dispersés et avaient pris le pas de course en « avant.

« *Dans le même moment*, un paysan était venu lui remettre un billet « du maire de Villers-Cernay, annonçant que depuis le matin de nom- « breuses troupes prussiennes passaient à Villers-Cernay et à Franche- « val. »

L'heure infiniment probable, certaine même, de l'arrivée de ce paysan, qui précéda de peu celle du commandant Riff, est donc là

[1]. Si l'envoyé du maire de Villers-Cernay n'était parti qu'au moment où les masses de la garde arrivèrent au village, c'est-à-dire à 7 heures trois quarts, il lui aurait fallu (voir *infra*) traverser toute l'avant-garde de la 1re division de la garde, aux prises avec nos troupes de Givonne, puis la dépasser et continuer entre deux feux. Est-ce vraisemblable ? Est-ce possible ?

pour établir aussi que ce dernier fit la communication du maréchal un peu avant 7 heures du matin.

Il n'y a pas à arguer de l'expression : « *troupes nombreuses... passant à Francheval et à Villers-Cernay.* »

Toujours, pour un paysan, habitant d'un petit village, quelques bataillons, quelques escadrons ont été une « troupe nombreuse ». Le maire de Villers-Cernay, *voyant arriver* l'ennemi par la route de Francheval, a tout naturellement supposé qu'il y était « passé » ; le voyant se diriger sur son village, il en a non moins naturellement conclu qu'il allait « y passer » et, dans sa rédaction, faite d'une manière hâtive, il a résumé d'instinct ses impressions. Tous ceux qui ont reçu des rapports de patrouilles, de reconnaissances, savent, à moins qu'ils ne soient l'œuvre d'officiers sachant voir et rédiger, à quoi s'en tenir là-dessus.

Et notez que notre brave maire, en observation à l'est de Villers-Cernay, comme c'était bien naturel de sa part, sa conduite ultérieure l'a prouvé, en même temps qu'il voyait arriver sur lui de Francheval une colonne, devait certainement voir au delà, sur le plateau dénudé entre Pouru-Saint-Remy et Francheval, au nord de la cote 233, la 1re division de la garde, couvrant la route ; de même, sur sa gauche, il apercevait des troupes, venant de Pouru-aux-Bois, également en marche [1]. Dès lors, l'expression « troupes nombreuses » correspondait à une réalité.

Et « ces grosses masses noires » que le général Ducrot voyait, comme on voit « à travers la brume », à 2 kilomètres de lui, allant de l'est à l'ouest ?

C'était l'avant-garde de la 1re division que le général de Pape « avait pris sur lui » de rejoindre ; après avoir chassé du village (de Villers-Cernay) quelques groupes français (des traînards et des isolés), il avait contraint deux de nos compagnies, se montrant à l'ouest, à rétrograder sur Givonne, puis il avait lancé un bataillon dans le bois situé en avant (en partie au nord-ouest) et en avait poussé deux autres vers l'ouest (Relation allemande, p. 1129-1065-1066).

Étant donné que deux bataillons marchaient à l'ouest, le 3e qui a gagné le bois a dû forcément obliquer fortement à droite au nord-ouest, vers le saillant du bois au sud de la cote 321, et, pour un observateur placé au-dessus de Givonne, les compagnies allemandes de droite se présentaient comme allant de droite à gauche ; le débouché des trois bataillons était visible, à travers une brume qui se dissipait, pour les Fran-

---

1. Le brouillard s'est dissipé vers 7 heures (relation allemande, p. 1138), mais dans les fonds mêmes des vallées (*idem*, 1139). Il est certain qu'il a disparu beaucoup plus tôt sur les hauteurs ; la brume est d'ailleurs toujours moins intense sur les sommets, et n'est que bien rarement également répartie sur toute une région.

çais postés de l'autre côté du ruisseau sur les hauteurs [1], à 2 kilomètres.

Ici il faut serrer de près le texte allemand :

P. 1128, il est dit qu'après l'ordre venu de Carignan et la prise d'armes par alerte, l'avant-garde se forma *immédiatement* près de Villers-Cernay (c'est elle que rejoint le général de Pape).

Même page. — Le commandant de la garde prescrit à la 1re division de s'avancer de Villers-Cernay sur Givonne, avec l'artillerie de corps ; à la 2e division d'infanterie de se déployer provisoirement à Villers-Cernay.

C'est après cet exposé que la relation officielle dit qu' « à 7 heures « trois quarts, un rapport fut envoyé au commandant en chef pour l'in- « former que la garde avait sa tête de colonne à Villers-Cernay, et « qu'elle allait entrer en ligne pour intercepter la route de Bouillon ».

Et, *immédiatement après*, p. 1129, nous lisons : « Sur ces entrefaites, « le commandant de la 1re division, général-major de Pape... » (suit l'exposé que nous avons résumé plus haut du débouché de l'avant-garde de la 1re division, *à l'ouest de Villers-Cernay* [prise du village, etc.]).

Il faut bien reconnaître que la rédaction du grand État-major est loin d'être claire, coordonnée, et que l'expression « *sur ces entrefaites* » ainsi que l'exposé qu'elle précède ne sauraient se rapporter qu'à des incidents *antérieurs* à l'arrivée de « la tête de colonne de la garde à Villers-Cernay, à 7 heures trois quarts », car, que signifierait l'ordre donné à la 1re division de « *s'avancer de Villers-Cernay sur Givonne*, si Villers-Cernay était encore au pouvoir de l'ennemi ? On lui aurait alors ordonné d'enlever le village.

De même, quel sens aurait eu la prescription envoyée à la 2e division de « se déployer provisoirement à Villers-Cernay », si le village eût encore été entre nos mains ? Et comme cette division était en deuxième ligne, il fallait bien que la première eût dépassé Villers-Cernay.

Comment le commandant de la garde pouvait-il prévenir, à 7 heures trois quarts, le commandant en chef que son corps d'armée « avait sa tête de colonne à Villers-Cernay », si l'avant-garde *qui l'avait de beau-*

---

1. L'expression « grosses masses noires » se rapporte à une impression du général Ducrot, qui s'explique tout naturellement : Le général redoute un mouvement des Alle- mands par Villers-Cernay et Illy, où il aurait voulu camper la veille. A travers le brouillard, il aperçoit, sortant de Villers-Cernay, 3 bataillons (12 compagnies), dont une partie oblique vers le nord-ouest. Dans l'état d'esprit où il se trouve, il est évidemment porté à penser qu'il y en a d'autres que la brume et le terrain lui dérobent. Au même moment, arrive le paysan avec le billet mentionnant « des troupes nombreuses », ce qui fortifie encore cette appréciation. Et quand le général Ducrot écrira, un an après, *La Journée de Sedan,* il saura que les masses de la garde sont bel et bien arrivées de Villers-Cernay pour marcher sur Illy ; il ne changea donc rien à ses estimations du 1er septembre au matin. D'ailleurs, dans la note *manuscrite* du général, dont nous don- nons des extraits à l'appendice VI, il se sert de l'expression « des groupes ennemis ».

coup précédée [Relation allemande, p. 1127] n'avait été elle-même bien au delà ?

. Les faits ne sont donc pas exposés dans l'ordre de leur succession réelle.

. Nous profitons de ce rapprochement pour montrer le danger des citations faites sans une comparaison minutieuse des passages cités avec ceux qui suivent ou précèdent dans le même ouvrage :

Je suppose qu'on se borne à lire, dans le texte allemand, les deux dernières lignes de la page 1128 et les treize premières de la page 1129, sans les rapprocher de celles qui précèdent (page 1128), c'est-à-dire seulement ce qui a trait à l'envoi du rapport, et à la prise de Villers-Cernay *qui est racontée immédiatement après*.

Il résultera de cette lecture que l'avant-garde de la 1re division de la garde, avec le général de Pape, n'est arrivée à Villers-Cernay qu'après l'envoi du rapport expédié à 7 heures trois quarts, alors qu'il ressort du texte intégral, attentivement étudié, que c'est le contraire qui a eu lieu.

Et si l'on fait une citation basée sur cet examen superficiel, après s'être trompé soi-même, on induira en erreur, de si bonne foi qu'on puisse être, le lecteur, à moins qu'il ne soit assez scrupuleux pour faire lui-même des vérifications toujours longues, quelquefois difficiles, ce qui est le fait de bien peu. Mais, que dire de la rédaction que nous donne parfois la section historique du grand État-major ?

APPENDICE IV

A propos des dires d'un des admirateurs du général de Wimpffen, l'officier supérieur qui prétend que 80 000 Allemands ont passé la Meuse le 31 août, et qui accuse le général Ducrot d'avoir altéré, sur un des croquis de sa brochure, la position du Ve corps allemand, M. Duquet formule la même opinion, ce qui lui fait écrire : « Ces défaillances morales sont désolantes. »

En effet, dans l'ouvrage du général, sur le deuxième croquis du champ de bataille de Sedan, on voit le Ve corps marqué à Cheveuges le 1er septembre à 8 heures du matin.

Si l'on se reporte au texte correspondant au croquis, et qui y fait renvoi, on lit : « ... Le Ve corps allemand qui, plus tard, devait se joindre au XIe, avait quitté Chémery dans la journée et se trouvait encore loin du champ de bataille. . . . .

« Deux jours après (la bataille), le général Ducrot devait apprendre de la bouche même de ses adversaires. . . . . »

Qu'on veuille bien se rappeler que la brochure du général Ducrot (*La Journée de Sedan*) a été écrite en 1871, au mois d'août, à une époque où les documents officiels allemands n'avaient pas paru. (La publication du major de Hahnke, d'après les documents de la IIIe armée, est de 1873. — La 7e livraison du récit de l'*État-major allemand,* qui contient la bataille de Sedan, n'a paru qu'en 1875.)

De toute évidence, le général Ducrot a écrit en 1871 avec les renseignements qu'il pouvait avoir à cette époque [1], entre autres ceux qu'il recueillit à Donchery le 3 septembre.

C'est d'après ces indications qu'il a relaté la position du Ve corps prussien ; nous examinerons longuement, tout à l'heure, les marches de ce corps d'armée, et *nous verrons que les allégations des documents officiels allemands laissent dans l'esprit les doutes les plus fondés, les plus légitimes.*

Mais, quoi qu'il en soit, en 1873, les documents du grand État-major (livre du major de Hahnke) ont paru.

Le général Ducrot publie à son tour une 2e édition de *La Journée de Sedan,* et, au chapitre III des pièces justificatives, figure toute une discussion dans laquelle *les emplacements des XIe et V^e corps sont exactement ceux indiqués par nos adversaires ;* on lit entre autres :

«Vers 5 heures, dit le major von Hahnke, les têtes de colonnes des Ve et XIe corps et de la division wurtembergeoise passaient sur la rive droite de la Meuse.....

« Vers 7 heures, les têtes de colonnes du XIe corps arrivaient sur les hauteurs de Sérifontaine.

« A 7 heures, *le Ve corps achevait de passer la Meuse ; son avant-garde approchait de Viviers-au-Court.* »

Le croquis n'a pas été modifié par l'éditeur ; mais il est admis que, lorsqu'il y a désaccord, et le fait est fréquent, entre un croquis et des textes formels ne permettant pas le doute à cause de l'agencement de leurs parties successives, on s'en réfère aux textes et non au croquis.

Est-ce que le général de Wimpffen, après avoir cité un rapport allemand où il est dit qu'à 8 heures trois quarts l'avant-garde du XIe corps se trouva en présence des troupes françaises qui occupaient Saint-Menges, ne porte pas sur sa carte Saint-Menges et Fleigneux comme occupés par ce même XIe corps à 5 heures du matin ?

Allons-nous donc aussi nous « désoler de cette défaillance morale » ?

En tout cas, tous ceux qui ont connu le général Ducrot savent combien de tels procédés étaient loin de son caractère.

Mais, puisque par le fait on nous y a convié, examinons donc avec

1. Voir à ce sujet *infra,* appendice VI, note manuscrite du général Ducrot.

quelque soin les marches du Ve corps prussien, le 31 août et le 1er septembre :

D'après la Relation officielle allemande (p. 1077), le 31 août, le Ve corps était cantonné à Omicourt-Connage-Bulson, avec son avant-garde à Chéchery.

Même page nous lisons : « Le Ve corps *s'était mis en marche par Omicourt* (le 1er septembre) à 2 heures et demie du matin. »

Si, pour aller à Donchery, le Ve corps prenait par Omicourt-Saint-Aignan et Villers-sur-Bar, c'est-à-dire par des chemins médiocres, c'était évidemment parce que la grand'route par Cheveuges était tenue par le XIe corps.

L'avant-garde à Chéchery cessant dès lors de se trouver l'élément le plus avancé dans le sens de la marche, elle a dû reprendre place dans la colonne comme les troupes de Connage et de Bulson, du moment qu'Omicourt devenait le point initial, sans quoi, pour lui faire rejoindre la route à suivre, en avant (au nord) d'Omicourt, il eût fallu la lancer de nuit par des sentiers dans le bois la Queue.

La nouvelle avant-garde, partie d'Omicourt à 2 heures et demie, débouche sur la Meuse, au pont jeté pour le Ve corps à cinquante pas en aval du pont du XIe, à 4 heures du matin (Relation officielle, p. 1146-1147, et major de Hahnke qui a traversé lui-même les ponts).

D'Omicourt à ce pont, il y a plus de 8 kilomètres par Saint-Aignan et Villers-sur-Bar (à vol d'oiseau 7 200 mètres). La route est médiocre. *Il fait nuit.* — On n'est pas incité par le bruit du combat. Pour arriver au pont, il faudra traverser environ 400 mètres de prairie, sans y voir [1]. Dans ces conditions, parcourir cette distance en une heure et demie est déjà bien surprenant, pour ne pas dire impossible !

Notons que la veille il s'est déjà produit, si l'on en croit la relation allemande, un incident qui met l'esprit en défiance.

Le Ve corps est arrivé à Chémery à 10 heures ; un ordre du Prince royal de Prusse l'a poussé jusqu'à Omicourt (Relation officielle, p. 1077).

Ce déplacement de la ligne de cantonnements Malmy-Chémery-Maisoncelle à celle Omicourt-Connage-Bulson, fait gagner au Ve corps trois à quatre kilomètres vers le nord !

Il est bien peu motivé, puisqu'il eût suffi de partir le lendemain trois quarts d'heure plus tôt pour atteindre la Meuse en temps voulu !

N'est-il pas étrange que le Ve corps aille lancer le pont de bateaux qui lui est affecté pour le passage de la rivière à cinquante pas seule-

---

1. « Un brouillard froid et intense couvrait la campagne, et empêchait de voir à un pas de distance. » (Major de Hahnke, Relation officielle, p. 1138.)

ment en aval de celui du XIe corps et que l'on décide que le pont fixe de Donchery pourra être utilisé par les deux corps d'armée (Relation officielle, p. 1147 — major de Hahnke — Opérations de la IIIe armée d'après les documents officiels de la IIIe armée — Plan 9-B de la Relation officielle).

On va donc bénévolement au-devant des croisements de colonnes qui se produiront le lendemain, nous dit le major de Hahnke, « dans un brouillard froid et intense, empêchant d'y voir à un pas de distance ». En vérité ce n'était pas la peine d'éviter d'engager le Ve corps sur la route directe par Cheveuges, de beaucoup la meilleure !

On tient donc aussi essentiellement à ce qu'une partie de ce V^e corps aille butter contre Donchery, qui pourtant sera bien assez encombré par le XIe ?

Que penser de la marche du Ve corps sur Viviers-au-Court, en une seule colonne, alors que le XIe s'attribue trois routes pour marcher sur Vrigne-Briancourt-Montimont ?

Et pourquoi cette direction de Viviers-au-Court, *qui sera aussi celle de la division wurtembergeoise venue de Dom-le-Mesnil ?*

On comprend que celle-ci appuie ainsi à l'ouest, puisqu'elle doit maîtriser la direction de Mézières où l'on sait des troupes françaises, tout en se tenant prête à servir de réserve aux Ve et XIe corps.

Mais, le Ve corps, que va-t-il faire à Viviers-au-Court ? C'est là une direction bien excentrique, s'il faut revenir sur Sedan. Or, le commandant du Ve corps ne peut ignorer longtemps que l'ennemi ne s'est pas montré sur la route de Mézières :

« Durant le mouvement du Ve corps sur Viviers-au-Court, la cavalerie de son avant-garde battait le pays dans la direction du nord. » (Relation officielle, p. 1156.) S'il eût su l'ennemi sur la route, le général de Kirchbach n'eût certainement pas marché avec une telle lenteur que sa tête de colonne ne fit que 7 kilomètres en trois heures et demie !

Mais si nous poursuivons l'examen de la narration officielle, les sujets d'étonnement augmentent.

Cette colonne de gauche du XIe corps qui se fourvoie et de Vrigne va aboutir à Montimont ! (Relation officielle, p. 1147.) Qu'on jette les yeux sur la carte, et l'on aura peine à y croire !

Mais voilà, il résulte du fait ainsi affirmé que des fractions du XIe corps, en voulant s'engager dans le défilé, le trouvent encombré par le Ve corps venu de Viviers-au-Court (Relation officielle, p. 1149) et dès lors on ne peut mettre en doute l'arrivée simultanée des XIe et V^e corps, *pas plus que la parfaite concordance de leurs mouvements !*

Mais malheureusement il y a là non seulement une invraisemblance, mais même une *impossibilité matériel'e,* nous allons le démontrer, en prenant pour base *toutes les données* du récit allemand [1], *y compris ses heures diminuées d'une unité* :

Colonne de droite (Montimont) : Deux escadrons, trois bataillons, une batterie (Supplément XLVI, p. 291, de la Relation officielle). Sa tête quitte Montimont à 7 heures et demie. Elle est à l'entrée du défilé à 7 heures 40 minutes (1 kilomètre). Nous admettons une marche accélérée, puisqu'on entend le canon.

Sa queue a donc dû y entrer à 8 heures. (En réalité, on a vu que cette colonne n'aurait pu rompre qu'à 7 heures 40 minutes au plus tôt, puisqu'il fallait au moins 10 minutes pour recevoir les ordres de Briancourt.

Colonne du centre (Briancourt) : Cinq escadrons, huit bataillons, dix batteries (Supplément XLVI, p. 291). Si la tête a rompu de Briancourt dès l'arrivée des ordres à 7 heures et demie, elle a dû être à 7 heures 45 minutes au débouché ouest du défilé !

Mais la queue de la colonne de droite n'a fini d'y entrer qu'à 8 heures. Donc la tête de la colonne du centre a dû faire un arrêt d'environ un quart d'heure, et n'a pu se remettre en marche pour se glisser dans le couloir qu'à 8 heures également.

Or, cette colonne avait une longueur de plus de 6 kilomètres ; elle était donc arrêtée jusqu'à 8 heures, et couvrait la route de Donchery bien au sud de Briancourt (il était impossible de doubler les unités vu le peu de largeur du chemin).

En admettant la reprise de la marche un peu après 8 heures, car elle a été évidemment successive de la tête à la queue, les derniers éléments n'ont pu dépasser Briancourt que vers 9 heures un quart, 9 heures et demie, et entrer dans le défilé qu'à 9 heures trois quarts.

Venons à la fameuse colonne égarée (?), celle venue de Vrigne-aux-Bois, la colonne de gauche.

Elle se perd, nous dit-on, et va aboutir à Montimont !

C'est bien fort, mais admettons.

En quittant Vrigne, pour se fourvoyer ainsi sur Montimont, elle n'a pu prendre, à moins d'être retournée franchement sur ses pas, ce qui

---

1. Dans toute la discussion qui va suivre, nous admettrons *les données laconiques* de la relation allemande et nous considérerons COMME A PEU PRÈS SIMULTANÉS les changements de direction vers l'Est des têtes de colonnes allemandes, bien que nous ayons fait nos réserves à ce sujet. Cette manière d'envisager la situation n'influera en rien sur le bien-fondé de nos conclusions ; au contraire, puisque évidemment la colonne de droite, à Montimont, n'a pu être informée et se mettre en marche qu'après celle du centre, à Briancourt, avec laquelle marchait le commandant du corps d'armée. De même le Ve corps, venant de Viviers-au-Court et ayant trois kilomètres à parcourir pour gagner le croisement du chemin de Briancourt avec la route de Vrigne, n'a pu arriver à ce croisement avant la colonne du centre du XIe corps qui n'avait qu'un kilomètre à faire pour s'y rendre.

ne saurait être admis, que le chemin Vrigne-Briancourt-Montimont ;
il n'y en avait pas d'autre. — Ce chemin est mauvais, et la marche
a dû, de ce fait, être plus lente dans cette colonne que dans les
autres.

Mettons le départ à 7 heures 40 minutes, son chef, le général de
Schkopp, n'ayant donné l'ordre de rompre vers Saint-Menges qu'après
avoir reçu l'avis, parti à 7 heures et demie au plus tôt de Briancourt,
d'avoir à y rejoindre le commandant du corps d'armée.

Et, d'abord, cette colonne va aller nécessairement donner, à Briancourt, dans la colonne du centre arrêtée sur la route, puisque sa queue
n'a pu dépasser le village qu'à 9 heures un quart, car de Vrigne à
Briancourt il n'y a que 2 kilomètres, soit vingt à vingt-cinq minutes
de marche.

Et à ce moment on n'a pas reconnu l'erreur ? De toutes façons, un tel
incident, un tel croisement eût dû être signalé dans la relation officielle ! Il n'en est rien.

Mais admettons encore que la colonne de gauche, traversant celle
du centre, ait continué sur Montimont. Sa tête y a été vers 8 heures 25
minutes, 8 heures 40 minutes par suite des retards si l'on veut, et elle
s'est trouvée à l'entrée du défilé vers 8 heures 35 minutes, 8 heures 50
au plus tard [1].

Comment alors a-t-elle pu trouver la route obstruée par le Vᵉ corps
qui, venu de Viviers-au-Court (2 kilomètres et demi à l'ouest de Vrigne),
n'a pu de toute évidence entrer dans le boyau de Saint-Albert qu'a-
près la colonne de Briancourt, ayant au bas mot 3 kilomètres de
moins à faire !

Or, la queue de cette dernière colonne n'a pu pénétrer dans la gorge
qu'à 9 heures trois quarts. Il est donc prouvé, *d'après les données
allemandes elles-mêmes,* qu'il est faux que la colonne de gauche du
XIᵉ corps (général de Schkopp) ait été arrêtée à la Maison-Rouge par
les bataillons du Vᵉ corps, comme le raconte la relation du grand État-
major.

Mais voici qui est plus fort !

Le rédacteur allemand a-t-il compris l'impossibilité d'une telle allégation ? Nous sommes tentés de le croire, car, pour donner le change,
il écrit, page 1149 : « Le Vᵉ corps, venu sur les entrefaites de Viviers-
au-Court, avait pris rang derrière l'ancienne colonne de droite du
XIᵉ corps », celle de Montimont.

---

1. Nous savons bien que le récit officiel allemand (p. 1149) fait arriver la colonne
de gauche à 11 heures seulement au défilé. Peut-on admettre un seul instant que, entendant
le canon, le général de Schkopp ait mis près de trois heures et demie pour aller de Vrigne
à Montimont (3 kilomètres environ) ? Si encore le récit officiel nous avait parlé de sa
rencontre avec la colonne du centre !

Donc, *avant la colonne du centre, celle de Briancourt !*

Comment! le Ve corps est à Viviers-au-Court; il a dû, avant d'arriver à l'intersection de la route Viviers-Vrigne-Saint-Albert avec le chemin qui vient de Briancourt, parcourir près de 4 kilomètres, mettre par conséquent près d'une heure. Il n'a donc pu l'atteindre qu'un peu avant 8 heures et demie, puisque sa tête a quitté Viviers à 7 heures et demie. Or, la tête de la colonne du centre qui a quitté Briancourt à 7 heures et demie est arrivée à cette même intersection vers 7 heures 40 minutes ou 7 heures trois quarts (1 kilomètre à parcourir), et à partir de ce moment, jusqu'à 9 heures et demie, la colonne elle-même n'a cessé de venir s'embrancher, sauf le temps d'arrêt que nous avons signalé, à ce même point, sur la route de Saint-Albert, et pendant ce temps d'arrêt, elle n'en couvrait pas moins cette route ! Voudrait-on nous expliquer alors comment le Ve corps, venant de Viviers, a pu prendre rang derrière la colonne de droite, celle de Montimont [1] ?

Mais il aurait fallu que les Allemands, de parti pris, cherchassent à mélanger leurs différentes unités ! Est-ce croyable ?

Notez qu'il aurait encore fallu ou retarder nécessairement le départ de la colonne du centre du XIe corps, la plus forte, avec laquelle marchait le commandant du corps d'armée, ou la doubler pendant sa marche, dans l'unique but d'intercaler le Ve corps entre les unités du XIe ! Et il n'en fut rien, puisque la relation officielle dit, page 1148 : « La colonne de droite et celle du centre s'ébranlent aussitôt (*aussitôt les ordres donnés*) dans la direction indiquée. »

Non, tout ceci est incohérent et porte la marque de l'invraisemblance, de la contradiction, de l'impossibilité. De toute évidence on est en présence d'une invention après coup, substituée à la réalité.

Il n'a pas suffi d'altérer les heures d'une unité, il a encore fallu avoir

---

1. Remarquons que le Ve corps a certainement trouvé Vrigne encore encombré par la colonne de gauche du XIe corps (deux escadrons, six bataillons, deux batteries, un détachement sanitaire). Cette colonne n'a en effet quitté Vrigne qu'après 7 heures et demie, puisque l'*État-major allemand* dit : « Le général de Schkopp avait été mandé du général de Gœrsdorff pour se concerter avec lui au sujet des nouvelles dispositions à prendre. En quittant Vrigne-aux-Bois, il avait donné l'ordre à la tête de la 22e division, qui s'y trouvait déjà, de prendre la direction de Saint-Menges. » (P. 1148.) L'ordre de se rendre à Briancourt, parti de cette localité à 7 heures et demie au plus tôt, n'avait pu arriver à Vrigne qu'à 7 h. 40 m. La colonne avait environ quarante minutes d'écoulement ; *elle n'a donc dégagé Vrigne qu'à 8 h. 25 m. au plus tôt*, car il faut bien admettre quelques minutes entre l'arrivée de l'ordre et la mise en marche de la colonne. Or, d'après les données de la relation allemande (p. 1148), *l'avant-garde du Ve corps a dû s'y présenter dès 8 h. 10 m.*

A propos de ce départ du général de Schkopp, mandé par son commandant de corps d'armée, il est bon d'observer l'absence « *par ordre* » de cet officier général au moment où la colonne sous ses ordres va commettre bévue sur bévue !

recours à de véritables « histoires de brigands ». Et toutes ces falsifications, toutes ces « ficelles », *n'ont pu tendre qu'à masquer le fait que le Vᵉ corps a dû être très en arrière du XIᵉ, qu'il n'aurait pu l'appuyer avant midi, 1 heure, et qu'au moment où celui-ci commençait à doubler la boucle d'Iges, il n'avait sans doute pas encore franchi la Meuse !*

Évidemment nous n'avons pu nous baser sur nos légitimes soupçons lorsque nous avons examiné les chances de la retraite vers Mézières, et pourtant ces soupçons sont presque une conviction !

Peut-être le général Ducrot était-il plus près de la vérité, dans la première édition de *La Journée de Sedan,* celle de 1871, quand il indiquait la position du Vᵉ corps d'après ce que nos adversaires lui avaient dit à Donchery, le 3 septembre 1870, que dans la deuxième, celle de 1873, quand il adoptait les données des documents officiels de la IIIᵉ armée allemande, d'après le major de Hahnke !

APPENDICE V

Après avoir établi que l'offensive prise à 9 heures et demie par le 7ᵉ corps vers Saint-Menges eût arrêté net le débouché des Allemands du défilé de la Falizette, il ne sera pas sans intérêt d'exposer ce que fut, *en réalité,* l'arrivée des Vᵉ et XIᵉ corps sur le champ de bataille *d'après la relation de l'État-major allemand lui-même, mais en reportant les événements aux heures vraies :*

A 9 heures et demie, débouché à Saint-Albert de la pointe d'avant-garde du régiment de Nassau (n° 87).

Une partie du régiment fait face à l'est, trois compagnies face au sud (Relation officielle, p. 1149). A 10 heures, deux de ces dernières compagnies s'emparent des premières habitations de Floing (Relation officielle, p. 1149).

A 10 heures également, deux batteries légères entrent en action et sont si maltraitées qu'elles se retirent momentanément (Relation officielle, p. 1150).

A 10 heures encore, le général de Gœrsdorf arrive sur les hauteurs au nord de Floing, d'où il reconnaît le terrain, et envoie ensuite l'ordre à toute l'artillerie de se porter en première ligne (Relation officielle, p. 1151). L'arrivée en ligne, la mise en batterie de cette artillerie, qui ne put donc se mettre en mouvement qu'après 10 heures, est difficile, lente, successive, et se développe entre *11 heures et midi* (Relation officielle, p. 1151-1152).

Quant à l'infanterie, en dehors du régiment n° 87, les premiers éléments (un bataillon du 83ᵉ) arrivent avec l'artillerie de corps, c'est-à-dire débouchent du défilé, vers 10 heures un quart.

De même de la 42ᵉ brigade d'infanterie, qui arrive aussi avec l'artillerie de corps, débouche également après 10 heures (Relation officielle, p. 1151, 1152, 1153).

Si nous venons au Vᵉ corps, ce n'est qu'à 10 heures et demie que son avant-garde entre en ligne (Relation officielle, p. 1157). On se rappelle l'enchevêtrement des colonnes des Vᵉ et XIᵉ corps.

Un peu après 11 heures, les pièces de cette avant-garde ouvrent le feu (Relation officielle, p. 1157).

L'artillerie de corps entre en action à 11 heures trois quarts (Relation officielle, p. 1157) ; à midi des batteries arrivent encore.

Mais l'infanterie n'a pu suivre (Relation officielle, p. 1158), et c'est l'infanterie du XIᵉ corps qui couvre les pièces du Vᵉ (*Id.*, p. 1158 [1]). Or, celle-ci a été pendant longtemps si peu en force, que les deux compagnies qui ont enlevé Floing sont restées deux heures (de 9 à 11) sans aucun renfort (Relation officielle, p. 1159).

Et ce n'est qu'à 1 heure de l'après-midi que débouchèrent du défilé les dernières colonnes des XIᵉ et Vᵉ corps (Relation officielle, p. 1161).

Tout ceci cadre admirablement avec ce que dit à Donchery le général de Blumenthal au général Ducrot :

« Pendant une grande partie de la journée, j'ai été fort inquiet, redoutant un effort désespéré de votre part du côté du nord, car, de ce côté, je n'avais, *jusqu'à 1 heure du soir,* que 200 bouches à feu soutenues par quelques escadrons de cavalerie. » (*La Journée de Sedan,* p. 27 et 28, édition de 1883.)

On vient de voir comment arrivèrent ces 200 pièces !

Oui, l'ennemi s'était mis dans un guêpier, et, grâce au général de Wimpffen, nous l'avons laissé s'en sortir tout à son aise.

---

1. « Il y a encore là une contradiction évidente de la part des rédacteurs officiels allemands. Ils nous ont raconté, page 1149, que le Vᵉ corps avait débouché *immédiatement* derrière la colonne de droite du XIᵉ corps, venue de Montimont. Or, cette colonne ne comptait que trois bataillons, une batterie, deux escadrons ; si donc le Vᵉ corps a emboîté le pas derrière elle, il a débouché rapidement sur Saint-Albert.

« Et voici que maintenant, page 1158, l'infanterie du Vᵉ corps n'a pu suivre ; c'est celle du XIᵉ qui doit protéger l'artillerie du Vᵉ, nous dit-on. Mais, quelle était donc cette infanterie du XIᵉ ? Ne nous a-t-on pas exposé que *seule* la petite colonne de Montimont avait précédé le Vᵉ corps ? Ses trois bataillons avaient dû s'engager immédiatement face à l'est et au sud.

« On le voit, tout ceci est contradictoire, obscur, incompréhensible. »

APPENDICE VI

Extraits d'une note manuscrite du général Ducrot.

« Dès le 3o au soir, c'est-à-dire à partir du moment où j'ai connu les désastres de Beaumont et de Mouzon, j'ai considéré la situation de l'armée, et particulièrement celle du 1ᵉʳ corps, comme très compromise.

« En effet, mon 1ᵉʳ corps était alors, partie à Carignan, partie à Douzy, c'est-à-dire en flèche dans la direction de l'est, et une marche hardie de l'ennemi dans la direction nord pouvait le séparer du gros de l'armée et lui couper toute retraite.

« Aussi, à partir de ce moment, je ne me suis préoccupé que d'une chose : assurer à mon corps d'armée sa retraite dans la direction ouest-nord-ouest, c'est-à-dire en cheminant entre la Meuse et la frontière belge. En étudiant la carte et en interrogeant les personnes du pays, j'avais été particulièrement frappé de l'étranglement que forme le coude de la Meuse à hauteur d'Iges, étranglement qui ne présente qu'une largeur de 4 à 5 kilomètres, *facile à barrer complètement si l'ennemi nous y devançait* [1]. Ces préoccupations me dominaient tellement, que je renonçai à suivre la grand'route de Carignan à Sedan qui longe la rive droite du Chiers et est complètement dominée à droite et à gauche par des hauteurs. Je préférais prendre la route de la montagne, beaucoup moins facile, mais à mon avis plus sûre, parce qu'elle tient toujours les hauteurs et je désignai le gros village d'Illy, à environ 24 kilomètres de Carignan, comme objectif de notre marche. Je prévins officieusement le général Margueritte [2] de mes intentions et l'engageai à se réunir à moi. . . . .

« . . . .

1. Extrait de la discussion qui eut lieu, le 1ᵉʳ septembre, entre les généraux Ducrot et Wimpffen, à 9 heures du matin : « . . . .

« *Ducrot* : Mais où voulez-vous qu'aille cette infanterie qui passe depuis ce matin à Francheval et à Villers-Cernay, si ce n'est à Illy ? »

« *De Wimpffen* : Illy, qu'est-ce que c'est qu'Illy ? »

« *Ducrot* : Ah ! vous ne savez pas ce que c'est qu'Illy ? Eh bien, regardez. » Et, étalant une carte sur l'arçon de sa selle, il ajouta : « Voyez ce coude de la Meuse qui se relève vers le nord, et ne laisse qu'un étroit passage entre la rivière et la frontière belge. Il n'y a qu'un unique point de passage, c'est Illy ! Si l'ennemi s'en empare, nous sommes perdus ! » (*La Journée de Sedan*, p. 33.)

2. La lettre du général Ducrot au général Margueritte commence ainsi : « Les événements qui se sont passés dans la journée à Mouzon rendent notre situation très grave. Je n'ai pas d'ordre à vous donner, mais un simple conseil. Je vous trouve bien en l'air sur la rive gauche du Chiers..... »

« J'étais tellement inquiet et préoccupé que je ne pus rester dans la maison où j'avais installé mon quartier général, et que, vers minuit, je remontai sur le plateau où était bivouaquée la première division : je m'établis près d'un feu du 1ᵉʳ zouaves, et j'y passai le reste de la nuit (la nuit du 31 août au 1ᵉʳ septembre). . . . .

« . . . .

« Quand je pris le commandement, il devait être environ 6 heures trois quarts. . . . .

« . . . .

« Au moment où je reçus le commandement, j'étais dans une anxiété terrible, parce que j'avais la certitude que l'ennemi manœuvrait pour nous envelopper. Pourquoi avais-je cette certitude ? Parce que c'est le genre d'attaque toujours pratiqué par les Prussiens dans les dernières guerres à Sadowa, à Wissembourg, à Frœschwiller . . . . .

« . . . .

« Cette idée me préoccupait tellement qu'au moment où le brouillard se dissipa, ayant aperçu des colonnes d'infanterie sur le plateau qui s'élève de Floing à Illy, je me demandais si ce n'était pas des colonnes ennemies ; je fis part de mes appréhensions à mon entourage, et je ne fus rassuré qu'au retour d'un de mes officiers envoyé en reconnaissance qui m'affirma que ces troupes appartenaient au 7ᵉ corps et n'avaient rien devant elles. De plus, je venais de recevoir l'avis des maires de Francheval et de Villers-Cernay, que de fortes colonnes ennemies passaient dans leurs villages depuis le matin, marchant par conséquent du sud-est au nord-ouest, c'est-à-dire dans la direction de la Chapelle.

« De mes yeux j'avais vu des *groupes ennemis* [1] passant rapidement d'un bouquet de bois à l'autre dans la même direction, j'avais fait tirer sur eux quelques coups de canon et de mitrailleuse ; au lieu de rentrer dans les bois d'où ils sortaient, ils avaient pris le pas de course et avaient traversé résolument la plaine, ils ne pouvaient avoir d'autre but que de déborder notre gauche et de nous fermer toute retraite vers l'ouest. Il ne pouvait donc y avoir aucun doute à ce sujet.

« N'ayant pas vu le maréchal depuis plusieurs jours, j'ignorais absolument ses projets ; j'ignorais également l'emplacement exact des différents corps [2] ; je n'avais reçu aucun ordre, aucune instruction pour la journée qui commençait. J'étais convaincu qu'il ne pouvait y avoir autre chose à faire que de retraiter dans la direction de l'ouest, et j'attendais impatiemment des ordres relatifs à ce mouvement.

---

1. Les bataillons de l'avant-garde de la 1ʳᵉ division de la garde.

2. Le général Ducrot, empêché par le maréchal d'aller à Illy, n'était arrivé la veille qu'à la nuit sur les hauteurs entre Givonne et la Moncelle. . . . .

« Lors donc que je reçus le commandement, je n'eus pas un instant d'hésitation.............................

« ....

« Oh! certes, je n'aurai pas la présomption d'affirmer que la retraite commencée à cette heure, c'est-à-dire entre 7 et 8, se serait effectuée facilement, que toute l'armée eût été sauvée, personnel et matériel. — Non, je crois au contraire que la lutte aurait été terrible, et que notre passage eût été payé par de cruels sacrifices : mais, ce que je puis dire sans crainte d'être contredit par aucun militaire sérieux, c'est que l'opération ordonnée par moi à 7 heures du matin était la seule qu'il fût permis de tenter, la seule qui offrît quelques chances de salut, sinon pour toute l'armée, du moins pour la majeure partie du personnel, et, ce que je puis affirmer, c'est que nous eussions alors certainement évité la capitulation, nous n'aurions pas eu la douleur de voir cette sombre tache de Sedan sur notre blason militaire ! Aujourd'hui, la discussion n'est même plus permise à cet égard, car les récits allemands, *les pièces officielles qui ont été publiées,* nous font connaître exactement quels étaient les plans de l'ennemi, l'emplacement des troupes au commencement de la journée, leur marche, leur rôle aux différentes heures du jour.

« Ainsi, nous savons que le général de Blumenthal, chef d'état-major du Prince royal, dans un ordre daté de Chémery 31 août, 10 heures du soir, prescrivait au général von der Thann de passer la Meuse dès le 1er à la pointe du jour, pour se porter sur Bazeilles, d'attaquer l'ennemi, et de retenir le plus longtemps possible l'ennemi, *ou du moins la queue de ses colonnes.* Donc, comme je l'avais deviné, l'attaque sur Bazeilles n'avait d'autre but que de retarder notre marche.

« En même temps, la garde se portait à la fois sur Francheval et sur Villers-Cernay pour déborder notre gauche.

« Le XIIe corps devait se porter de Douzy sur la Moncelle.

« Le IVe corps devait soutenir le Ier corps bavarois.

« Ainsi du côté sud-est-est, nous avions dès le matin dix divisions d'infanterie (en comptant le IIe bavarois) et une puissante artillerie qui tenaient toutes les hauteurs et barraient complètement la route dans cette direction.

« Le récit du major von Hahnke, de l'état-major du général de Blumenthal, dit que les têtes de colonnes des Ve et XIe corps et de la division wurtembergeoise commencèrent à passer la Meuse vers 5 heures du matin.

« Vers 7 heures, les têtes de colonnes du XIe corps arrivaient sur les hauteurs de Sérifontaine, à environ 3 kilomètres de Donchery. A la même heure, l'avant-garde du Ve corps s'approchait de Viviers-au-Court...........................

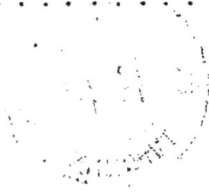

« L'avant-garde wurtembergeoise s'avançait également dans la même direction . . . .

. . . Au nord-ouest, l'ensemble des forces qui menaçaient notre ligne de retraite était de cinq divisions d'infanterie[1] . . . .

« . . . .

« . . . Si le mouvement ordonné par moi et commencé à 7 heures et demie du matin s'était continué, avant 10 heures du matin le gros de notre armée se fût trouvé concentré entre le Calvaire d'Illy et Floing-Fleigneux. . . . .

« . . . .

« Les 1re et 4e divisions du 1er corps disputaient encore les passages de la Givonne[2], appuyées par les feux de la place et du camp retranché.

« Voyant déboucher de Saint-Albert les colonnes ennemies et notamment l'artillerie qui formait tête de colonne, nous l'écrasions à la sortie du défilé et rendions son déploiement presque impossible.

« Dès lors, il suffisait de détachements d'infanterie à Floing, à Saint-Menges et Fleigneux pour contenir l'ennemi de ce côté : des batteries également sur les hauteurs d'Illy pour arrêter les colonnes de la garde qui s'avançaient par les fonds de Givonne ; et pendant ce temps, le gros de nos troupes s'écoulait sous bois dans la direction de Bosseval, Issancourt, où certainement il aurait donné la main aux troupes de Vinoy qui pouvaient prendre les Wurtembergeois à revers.

« Admettant les chances les plus funestes, *les faiblesses les plus grandes*, que pouvait-il advenir ?

« Notre infanterie et notre artillerie s'éparpillaient sous bois et fuyaient en désordre dans la direction du nord et du nord-ouest, nous perdions la majeure partie, la totalité même de nos bagages et de notre artillerie, mais en aucune façon nous n'étions réduits à cette épouvantable extrémité d'une capitulation sans précédents dans l'histoire ! . . . .

« Lorsque le général de Wimpffen m'a fait annoncer qu'il prenait le commandement, j'étais au-dessous du bois de la Garenne.

« Au moment où j'exprimais toutes mes craintes au général de Wimpffen au sujet des mouvements enveloppants de l'ennemi, il me dit que je m'exagérais les dangers de la situation, *que nous n'avions sur nos derrières que quelques coureurs* qu'il serait certainement facile de contenir . . . .

« . . . .

1. Pas plus ici que dans *La Journée de Sedan*, le général ne « donne à entendre que la présence des Allemands sur la route de Mézières est une invention de ses ennemis politiques ». Ses déclarations au procès Wimpffen-Cassagnac, déclarations publiques, sont identiques à celles ci-dessus.

2. Voir *supra*. Les Allemands ne furent entièrement maîtres que *vers midi* de la vallée même de la Givonne.

« A aucune heure dans la journée la trouée n'a été possible dans la direction de Carignan, surtout par la grand'route qui était constamment bordée à droite et à gauche par des hauteurs garnies d'artillerie et d'infanterie.

« Le 31, nos colonnes qui la suivaient avaient déjà été obligées de se jeter au nord vers Francheval et Villers-Cernay. Le 1er, on n'avait plus cette ressource, puisque les hauteurs de la rive droite du Chiers étaient occupées par la garde prussienne, le XIIe et le IVe corps. . . .

« . . . .

« Les ordres du général de Wimpffen, nous ne les avons que trop scrupuleusement exécutés ; lorsque je dis *nous,* je veux parler de mes camarades, de mes officiers, de nos soldats ; tous, nous avons exécuté les ordres reçus avec une obéissance entière, un dévouement absolu, une abnégation complète, d'autant plus complète que nous ne nous faisions aucune illusion sur le succès final. A partir du moment où M. de Wimpffen a pris le commandement, nous avons compris que tout était perdu, et nous avons continué à combattre pour accomplir notre devoir de soldat, pour l'honneur du drapeau ! »

APPENDICE VII

Nous voulons revenir avec quelques détails sur l'affirmation de M. Duquet (p. 37) d'après laquelle « les deux masses principales de l'armée ennemie se hâtaient vers le nord, pour nous couper la retraite sur Mézières et la Belgique, et se trouvaient loin de Carignan ».

Pour que l'opinion de l'auteur de *La Retraite à Sedan* fût plausible, il faudrait de toute nécessité que les Allemands eussent entièrement méconnu ce fait dont ils n'étaient que trop pénétrés, qu'avant d'entreprendre *des mouvements tournants* il faut au préalable assurer l'inviolabilité de son propre front et bloquer l'adversaire sur le sien.

Or, le jour de Sedan, ils eurent en face de la Givonne non seulement ce qu'il fallait pour nous y bloquer, mais même *à partir de 11 heures et demie*, tout ce qui était nécessaire pour nous en chasser, et cela au delà des besoins.

Conçoit-on l'État-major allemand s'évertuant à jeter presque tout son monde vers nos ailes pour nous couper de Mézières et de la Belgique, et nous laissant la libre disposition, ou à peu près, de la route de Carignan ?

Nous l'avons déjà dit maintes fois, avec preuves indiscutables à l'appui, la direction de Carignan ne cessa jamais de nous être barrée irrévocablement par quatre corps d'armée *en parfaites relations entre eux*, et cela dès le début même de la journée. Le récit de l'*État-major allemand*, qui relate (p. 1128-1131-1132, etc...) les nombreuses communications échangées dans ce but entre le commandant de la garde et celui du XIIe corps, ne permet aucun doute à ce sujet. On tourne une position, une forteresse, mais on ne tourne une armée *qu'après lui avoir enlevé la liberté de ses mouvements ;* voilà pourquoi l'ordre donné à 8 heures du matin par le commandant de la IVe armée prescrivait de ne faire le *mouvement tournant sur Illy qu'après avoir enlevé les positions de la Givonne (État-major allemand, p. 1127). Les XIIe et IVe corps de leur côté n'ont jamais marché vers le nord, pas plus que les Ier et IIe corps bavarois* [1].

Le mouvement tournant suppose soit une grande supériorité numérique, soit une grande supériorité morale qui permet d'immobiliser l'ennemi sur son front avec relativement peu de monde.

On a le plus souvent dans le public des idées absolument fausses sur les mouvements tournants, parce qu'on ignore les conditions indispensables à leur bonne exécution et à leur réussite.

Faut-il s'en étonner, quand on constate l'erreur fondamentale du général de Palikao, erreur qui dénote chez lui l'absence de toute idée sur la stratégie, quand il écrit au maréchal de Mac-Mahon « qu'il a quarante-huit heures d'avance sur le Prince royal » et quand il affirme après la guerre « que le Prince royal s'était cru un instant tourné » !

C'eût été, ma foi, un joli résultat, en admettant que nous eussions pu l'obtenir.

Dans cette hypothèse, le maréchal file vers Metz, avec 110 000 combattants ; mais il va trouver la Meuse barrée : 1° par la IVe armée (garde, IVe et XIIe corps), soit par 80 000 hommes ; 2° par deux corps venus de Metz qui porteront cette IVe armée à plus de 130 000 hommes.

Et qu'on n'aille pas dire que c'est là une hypothèse gratuite.

Le 26 août, quand le grand État-major pouvait craindre que la IVe armée ne fût isolée, *il fit partir de Metz pour l'appuyer les IIe et IIIe corps, qui dès le 27 étaient l'un à Briey, l'autre à Étain*, et qu'on renvoya le jour même au prince Frédéric-Charles dès qu'on eut la cer-

---

1. « Il y a quelques années, aux manœuvres, nous nous trouvions près d'un officier commandant un des partis. Au reçu de certaines nouvelles, il nous dit, non sans quelque émotion : « Nous sommes tournés ! » Nous le regardâmes avec quelque étonnement et nous lui répondimes : « L'ennemi et vous êtes d'égale force ; si le renseignement qu'on vous a transmis est exact, il en résulte que l'ennemi a tourné *le point géographique sur lequel vous êtes ;* mais votre détachement reste libre et il tourne à son tour celui qui croit l'avoir tourné. Celui-ci a eu tout le mal, toute la fatigue. Vérifiez le fait et allez à l'adversaire avec tout votre monde. Vous constaterez vite que vous n'avez qu'à vous féliciter de ce mouvement qui vous paraît si dangereux ! » Il en eût été tout autrement si nous eussions été maintenus sur notre front par des forces suffisantes.

titude que l'action combinée des IIIe et IVe armées était assurée ¹ ; d'après l'ordre de mouvement, ils auraient continué le 28 jusqu'à Damvillers et Mangiennes, si leur concours n'était pas devenu inutile (*État-major allemand*, p. 933-946-947 et 954).

Qu'on n'aille pas dire non plus que ce départ dégageait Bazaine ; l'ordre du 26 ne concernait « que les troupes qui n'étaient pas indispensables à l'armée de blocus ² « et, après le départ des IIe et IIIe corps, il restait sous Metz les Ier, VIIe, VIIIe, IXe et X^e corps, soit cinq corps d'armée, plus la division du général de Kummer, qui comptait à elle seule 18 bataillons, 16 escadrons et 18 bouches à feu ; nous ne parlons pas des divisions de cavalerie.

C'était plus qu'il n'en fallait pour maintenir Bazaine, d'autant plus que le prince Frédéric-Charles était autorisé à « abandonner temporairement, s'il le fallait, le blocus sur la rive droite de la Moselle » afin d'arrêter toute tentative des Français vers l'ouest (*État-major allemand*, p. 946).

Oui, l'éloignement de deux corps des lignes allemandes devant Metz ne compromettait en rien leur solidité ; d'ailleurs, ces deux corps ont été effectivement absents *deux jours,* et le fait n'a même pas été *connu* au grand quartier général de l'armée du Rhin !

Le jour où celle-ci sortit vers Sainte-Barbe, le 31 août et le 1er septembre, le général de Manteuffel soutint son effort pendant la première journée avec son seul Ier corps, renforcé d'une division du IXe, soit 36 000 combattants ; le deuxième jour, les Allemands se contentèrent, par l'envoi de renforts, d'amener en ligne environ 70 000 hommes.

Et dire qu'on a parlé de Mac-Mahon écrasant le prince royal de Saxe, puis broyant Frédéric-Charles entre son armée et celle de Bazaine !

Mais non, le duc de Magenta se fût heurté sur la Meuse, nous venons de le voir, à un ennemi supérieur en nombre et en moral, profitant des avantages que lui assuraient sa supériorité numérique *et une ligne d'opération intérieure ;* on peut même penser que la IVe armée renforcée eût pris l'offensive et marché au-devant du maréchal.

Et en même temps, le prince royal de Prusse, avec la IIIe armée, aurait progressé sur nos derrières, plaçant ainsi nos quatre corps de l'armée de Châlons entre deux masses de cinq corps d'armée chaque !

Tel eût été le résultat le plus clair *du mouvement tournant* de l'armée de Châlons, en admettant qu'il eût réussi en tant que mouvement tour-

---

1. C'est là sans doute ce que le général Lebrun appelle « les forces venues de Metz » et qu'il nous dit « avoir fait le 1er septembre, à 8 heures du matin, leur jonction avec le prince royal de Saxe » !

2. *État-major allemand,* p. 933.

nant, car, après les marches stratégiques, il faut toujours en venir au dénouement tactique : la bataille.

Comment qualifier alors des manœuvres stratégiques (?) tournantes qui arrivent à placer une armée dans des conditions tactiques lamentables au jour du choc final inéluctable ?

Le général de Palikao croyait, paraît-il, s'inspirer des manœuvres de Napoléon Iᵉʳ en 1814 !

Il faut croire alors qu'il les avait bien peu comprises.

D'abord, Napoléon manœuvrait sur la ligne intérieure, et cette fois c'étaient les Allemands qui en avaient l'avantage décuplé par la supériorité de leurs effectifs.

Et quand l'Empereur, après avoir maltraité, refoulé une des deux armées qui s'avançaient parallèlement par la vallée de la Seine et par celle de la Marne, se retournait *vainqueur* contre l'autre, il ne laissait jamais libre de ses mouvements celle qu'il venait de lâcher ; il lui opposait des fractions *capables de l'immobiliser quelques jours, afin de reconquérir lui-même toute sa liberté de manœuvre !* Et c'était essentiel, indispensable, car en agissant autrement, il eût été pris entre deux masses et étouffé !

Il avait aussi recours à la ruse, prescrivant que l'on criât fréquemment : Vive l'Empereur ! là où il n'était plus, de manière à faire croire à sa présence qui rendait toujours l'ennemi lent et circonspect.

Dans la combinaison Palikao, que fait-on pour ralentir la IIIᵉ armée ? Rien. — On la laisse libre ! !

Cette combinaison (la qualification d'expédient politique conviendrait mieux) en face des effectifs allemands, vu l'état inorganique et la démoralisation de l'armée de Châlons, était fausse de tous points et ne pouvait conduire qu'à un désastre.

Mais enfin, si le 13ᵉ corps, au lieu d'être expédié à Mézières, l'avait été à Châlons, et, après la prise de contact avec les coureurs et les avant-gardes du prince royal, s'était replié sur Paris sans s'engager à fond, il aurait pu donner le change à l'ennemi et l'attirer à sa suite pendant deux ou trois jours, ce qui eût permis au maréchal de gagner la fameuse « avance de quarante-huit heures » qu'on n'avait rien fait pour lui procurer.

Il fût allé quand même se briser contre les cinq corps réunis vers la Meuse par le prince de Saxe, mais il n'eût pas eu affaire aux IVᵉ et IIIᵉ armées réunies, le même jour et sur le même point.

Après un échec, il aurait bien été donner dans les colonnes de la IIIᵉ armée avançant sur ses derrières, toutefois il y aurait eu du large, et une partie de nos troupes aurait pu s'échapper, vers le nord-ouest surtout ; le résultat eût été déplorable, quoique moins désastreux que le sort qui nous attendait à Sedan !

Mais il reste acquis qu'on ne tourne pas des armées libres, supérieures en nombre, et le général de Palikao en imposant semblable tâche au duc de Magenta est le premier responsable de la lamentable fin de l'armée de Châlons. Pour réussir, il eût donc fallu, outre les conditions que nous venons d'indiquer, le secret qui ne fut pas gardé, et surtout 150 000 hommes *au moins de troupes solides!*

Pour être complet, disons que le maréchal de Mac-Mahon eut le tort d'accepter une opération dont il sentait le danger et de ne pas résilier net son commandement plutôt que de céder aux injonctions du ministre ; car, sollicité tantôt par ses appréhensions, tantôt par le désir d'obéir au gouvernement de la régence, il aggrava encore par ses hésitations les vices déjà si grands de la combinaison ministérielle.

Quant au général de Wimpffen, il eut le tort de venir changer, en pleine bataille, la direction des opérations, alors qu'il ne faisait qu'arriver à l'armée et qu'il ignorait tout des opérations en cours et de l'adversaire.

C'est ainsi que l'histoire impartiale répartira les responsabilités entre les trois auteurs de cette effroyable catastrophe qui ne pouvait manquer d'amener dans la capitale la révolution que la régente et son ministre de la guerre se flattaient d'éviter en empêchant le retour à Paris de l'empereur et de l'armée !

LA
RETRAITE SUR MÉZIÈRES

LE 1er SEPTEMBRE 1870

DEUXIÈME RÉPONSE

A M. ALFRED DUQUET

Confessons, dès les premiers mots, que notre émotion est grande! Nous avons encouru une excommunication majeure!

Parlant de ceux qui ont cru que le général Ducrot avait eu mille fois raison en voulant avant tout, le 1er septembre 1870, sortir l'armée de Châlons de l'étreinte qui devait infailliblement l'étouffer, M. Alfred Duquet s'écrie: « Persister dans pareille hérésie tactique, lorsque toutes les pièces de ce passionnant procès ont été placées sous les yeux du juge, c'est-à-dire du public *instruit* et *intelligent* [1], serait faire montre d'obstination regrettable, et nous ne saurions trop le déplorer pour notre chère armée, pour notre beau pays de France! »

Et voici que nous nous obstinons plus que jamais!

Nous nous résignons à faire partie du public ni instruit, ni intelligent.

Combien faible doit être notre mentalité, pour que le deuxième réquisitoire de notre distingué contradicteur n'ait réussi qu'à affermir nos convictions!

---

1. C'est nous qui soulignons.

Et quelle douleur pour nous d'écrire au rebours des intérêts de
« notre chère armée », de « notre beau pays de France », car nous
les aimons autant que qui que ce soit ; nous en avons même donné
quelques preuves à certain moment de notre carrière militaire.

Oh ! *les coups d'assommoir* nous ont été généreusement dis-
tribués ; mais, sans doute mal ajustés, ils ont porté dans le vide,
et malgré la vigueur de celui qui nous les assénait, nous n'en
sommes pas plus malade, au contraire.

« L'influence du général Ducrot » sur beaucoup de ses contemporains civils et militaires fait l'étonnement de M. Duquet !

Mais, de toute évidence, l'homme qui a exercé une telle influence ne pouvait pas être un homme ordinaire [1].

Que notre adversaire veuille bien ne pas oublier que dans les
circonstances critiques, au milieu du danger, sous le feu, le véritable chef s'affirme, s'impose à son entourage, à ses subordonnés ;
on ne s'y trompe pas ! « L'influence » ainsi acquise *échappe aux
critiques, aux discussions ;* elle résulte des faits, de la leçon des
événements.

Jamais les généraux médiocres, même ordinaires, n'ont pu
l'exercer ; *c'est un critérium infiniment plus sûr que toutes les
appréciations !* Il y a plus : même avant les événements, il s'é-
tablit comme un courant de confiance réciproque entre le vrai
chef et les troupes placées sous ses ordres.

Nous en trouvons la trace dans l'extrait qui suit des « Notes
d'un commandant du 1er zouaves » qui fut tué le 6 août à Frœschwiller : « *Ici, du moins, on se sent commandé.* Notre régiment est
placé dans la 1re division du 1er corps, commandée par le général
Ducrot. *Voilà un homme et un chef.* Rien qu'à le voir avec
son allure franche, sa mine un peu bourrue, son regard intelligent
et loyal, *on se sent rempli d'espoir.* » (*Annuaire de l'armée française pour 1902,* par Roger de Beauvoir.)

M. Duquet veut bien reconnaître « l'indiscutable prescience des
événements de 1870 » qu'a montrée le général Ducrot.

---

1. Nous approuvons, sans réserve, M. Duquet quand il qualifie la politique de « hideuse
mégère ». Avons-nous besoin de dire que dans aucun de nos travaux on ne saurait
trouver trace de préoccupations politiques qui nous ont toujours été absolument étrangères. L'écrivain militaire qui s'en inspirerait ne nous paraîtrait pas digne d'être lu.

Mais, c'est bien quelque chose !

Tout esprit non prévenu conviendra qu'apprécier exactement les tendances de la Prusse, ses ressources, la faiblesse des nôtres, indiquer avec précision les effectifs des armées ennemies, *la durée de leur mobilisation*[1], leurs points de concentration, leur projet d'opérations, proposer en même temps tout un ensemble de mesures qui nous eût mis *rapidement* en état de conjurer l'orage qui nous menaçait[2], tout esprit non prévenu conviendra, disons-nous, que tout cela ne pouvait sortir *d'une cervelle d'oiseau*[3] mais accuse au contraire un cerveau remarquablement équilibré, une intelligence militaire supérieure, et une indépendance absolue de caractère, si l'on songe aux prétentions à l'infaillibilité des hautes sphères gouvernementales de l'époque.

Aussi avons-nous éprouvé une pénible impression en voyant l'auteur de *La Retraite à Sedan* tirer de la prophétique correspondance du commandant de la 6e division militaire quelques extraits *laconiques* et s'en faire, *en les isolant,* une arme contre lui.

Il critique d'abord, dans une lettre du 28 juillet, la phrase suivante : « Les Prussiens nous attendent avec une certaine anxiété. »

Mais, n'était-ce pas la vérité même ?

« A partir du 14 juillet, écrit le colonel Stoffel, notre attaché militaire en Prusse, l'effervescence fut très vive à Berlin. Je rendis compte au ministre de la guerre, par dépêches chiffrées, des faits qui pouvaient l'intéresser. Mes renseignements se bornaient à lui apprendre qu'à Berlin *on se croyait surpris par les préparatifs de la France, qu'on s'attendait à voir une armée française se porter sur le Rhin, et le franchir, et que le trouble avait gagné les esprits* . . . .

« On se croyait surpris comme l'avait été l'Autriche en 1866 ; *on était loin de prévoir l'avenir et on avait une haute idée de la puissance militaire de la France ;* aussi les têtes les plus fortes de

---

1. Que le général Lebrun fixait à sept semaines ! Comme cette appréciation flattait les projets de l'empereur, elle prévalut malheureusement !

2. *Correspondance du général Ducrot.* t. II. Lettres et rapports de Strasbourg de 1865 à 1870.

3. Qualificatif appliqué par M. Duquet au général Ducrot.

Berlin (Moltke et Bismarck, comme le fait voir la suite du récit)
furent-elles quelque peu bouleversées pendant quelques jours. »

M. de Bismarck ne disait-il pas, trois ans après la guerre, à un
diplomate étranger qui le félicitait des victoires de la Prusse :

« Oui, nous avons eu de beaux succès dans cette campagne,
mais nous avons été *bien inquiets* au début. De Moltke me disait :
« Avec ces diables de Français, il faut s'attendre à tout. S'ils
« venaient à se jeter comme des fous au milieu de notre mobilisa-
« tion, je ne sais pas trop ce qui arriverait. » (*Metz, 26 juillet-
4 août,* par le général Faverot.)

Et cette appréhension, cette *anxiété,* ne devaient disparaître
qu'après les premières victoires ; qu'on se souvienne, entre autres,
de l'ordre du 23 juillet qui, en raison des craintes qu'avait le grand
État-major d'une offensive de notre part, modifiait les points de
concentration de la IIᵉ armée, primitivement fixés près de la frontière, et les reportait plus en arrière, sur la rive droite du Rhin,
aux environs de Mayence et de Manheim.

Pourquoi donc les Allemands firent-ils sauter le pont de Kehl ?

Nous nous étonnons d'autant plus que M. Duquet ait perdu de
vue cette *anxiété* de nos ennemis, en juillet 1870, qu'il a écrit lui-
même, dans « *Frœschwiller-Châlons-Sedan* », page 10, à propos
de l'hypothèse d'une offensive de l'armée française au début des
hostilités : « Ces considérations très naturelles ne vinrent pas à
l'idée des généraux français ¹, *bien qu'elles tourmentassent vivement leurs adversaires.* »

---

1. Rappelons au contraire que dans ses rapports à l'empereur, au ministre, au chef
du Grand commandement de Nancy, Ducrot avait toujours insisté pour une offensive
rapide sur la rive droite du Rhin. Le passage du fleuve avait été étudié par lui, et
avait fait l'objet d'un long mémoire qui est aux archives de la guerre ; il insistait aussi
sur la nécessité d'agir vite pour détacher l'Allemagne du Sud de la Prusse ! En juillet
1870, il revint à la charge, demandant l'exécution du projet d'opérations qu'il avait
présenté, disant qu'il ne fallait pas s'arrêter à des défectuosités d'organisation, qu'on
vivrait sur le pays, qu'on se compléterait en route, qu'il fallait absolument agir avant
la réunion de toutes les masses allemandes dont il fixait la concentration à environ
trois semaines.

L'empereur, confiant dans l'évaluation du général Lebrun (sept semaines), crut pouvoir attendre, sans même concentrer ses forces, que leur organisation fût achevée avant
d'entreprendre quoi que ce fût. On sait ce qui en résulta.

En tous cas, ces « considérations très naturelles » quand on discute après coup,
plus complexes quand on est à pied d'œuvre, « étaient venues à l'esprit » d'au moins
un général français.

Et nul ne sait mieux que l'auteur des « Grandes Batailles de Metz » que les craintes de nos ennemis devaient même résister à l'influence de leurs premiers succès. A propos de la journée du 8 août, il nous fait toucher la chose du doigt : « Nos adversaires devinrent dès lors entreprenants et aussi audacieux *qu'ils s'étaient d'abord montrés prudents*. Pourtant ils n'entrent à Saint-Avold que le soir, quand nous avons tranquillement quitté la ville.

« *Ils n'osent encore s'approcher trop près des vieux guerriers de Crimée et d'Italie !* »

Oui certes, il y avait beaucoup d'anxiété chez nos ennemis fin juillet 1870 !

Voici maintenant Ducrot accusé d'avoir écrit que la guerre, « inévitable à bref délai », était aussi « *très désirable* ».

On a dit qu'avec trois lignes de l'écriture d'un homme, on pouvait le faire pendre ; à plus forte raison *avec deux mots !*

Dans sa lettre, adressée le 8 mars 1870 au général Frossard, Ducrot écrit en effet : « Je reste toujours convaincu que la guerre avec la Prusse est inévitable dans un avenir rapproché, non seulement inévitable, mais encore très désirable ; *car, à mon avis, c'est le seul moyen de conjurer les dangers qui menacent la France. . . . .*

« *. . . . . Il y a un si grand trouble dans les esprits, au point de vue moral et religieux, les notions du bien et du mal sont tellement confondues, qu'en vérité nous sommes perdus si une crise violente ne vient réveiller dans le cœur des générations présentes les sentiments de dévouement, de généreuse abnégation, de patriotisme prêts à disparaître ainsi qu'il arrive toujours dans la vie des peuples, aux époques de véritable décadence.*

« Bien qu'en disent les rêveurs et les poètes, *la guerre est et sera toujours un mal nécessaire ;* elle seule permet aux âmes vraiment fortes de se manifester avec éclat, et quel qu'en soit le mobile, l'idée du sacrifice suprême qui est toujours la conséquence immédiate de la lutte, suffira pour l'ennoblir aux yeux des sociétés *qui comprennent autre chose que la satisfaction des appétits matériels et des jouissances physiques.* »

On sait maintenant pourquoi Ducrot trouvait la guerre *très désirable* [1].

Il n'y avait là que la protestation d'un soldat contre certaines idées alors très en vogue, et qui tendent d'ailleurs à reparaître aujourd'hui, en même temps qu'un exposé de vues générales sur la nécessité de la guerre, au point de vue moral, pour arracher le pays aux dangereuses et déprimantes utopies de la confraternité des peuples et de la paix universelle !

Mais ce n'est pas tout ! Pensez-donc ! Le commandant de la 1ʳᵉ division du 1ᵉʳ corps a écrit, *le 28 et le 29 juillet :* « Nous continuons à jouir d'un calme parfait, nos grandes et petites affaires s'organisent à merveille. Bientôt nous serons outillés de manière à faire de bonne besogne. »

Quelles aberrations, nous donne-t-on à entendre !

Mais en quoi l'ennemi est-il venu, *le 28 et le 29 juillet,* troubler notre calme que rien ne devait déranger jusqu'au 4 août ?

Et qu'on veuille bien relire la correspondance du général ; on verra que, *dès le 26 juillet,* il exprime sa satisfaction, par suite de l'arrivée à Strasbourg du maréchal de Mac-Mahon et du général Uhrich, de *n'avoir plus à s'occuper que de l'organisation de sa division qui est fort avancée.*

« *Tous mes hommes* sont pleins d'ardeur et de confiance », *écrit-il le 28,* en se louant particulièrement du 1ᵉʳ zouaves.

Et le 29, quand il parle « des grandes et petites affaires qui s'organisent à merveille », de l'outillage qui permettra bientôt « de faire de bonne besogne », *il ne s'agit pour lui que de sa division, puisque depuis le 26 il n'a plus à s'occuper que d'elle.*

Grâce à son activité, à son initiative, il était parvenu à surmonter tous les obstacles [2] ; il avait donc le droit d'être satisfait, en ce qui concernait les troupes placées sous son commandement, et de considérer la 1ʳᵉ division comme *apte à faire de bonne besogne.*

---

1. C'est parce qu'il trouvait la guerre « inévitable » et « très désirable » que le général insistait tant près du gouvernement impérial pour qu'il la préparât *sans perdre un instant.* Voir à ce sujet sa correspondance, t. II. (Lettres et rapports écrits de Strasbourg. Ces documents authentiques ont une autre valeur, pour juger l'homme, que toutes les appréciations imaginables !)

2. Voir à ce sujet *Journal du comte de Leusse,* maire de Reichshoffen. Récits du Dʳ Sarazin. *Historique de la 1ʳᵉ division du 1ᵉʳ corps.*

Le rôle qu'elle remplit si brillamment à Frœschwiller est là pour établir que son chef ne s'était pas trompé dans ses appréciations.

Se basant sur ces quelques mots, sur ces quelques phrases habilement isolées, M. Duquet conclut à « l'aveuglement de Ducrot sur le terrain de la lutte ».

Quant à nous, replaçant les citations écourtées dans leur cadre, nous arrivons à des conclusions diamétralement opposées.

Le lecteur appréciera.

Mais nous demanderons si le général était encore aveugle quand dans l'après-midi du 5 août, en présence du général Faure, il suppliait le duc de Magenta de ne pas s'engager avant de s'être réuni à de Failly, quand il demandait que les régiments du 5ᵉ corps fussent appelés à Reichshoffen par le chemin de fer, que nos positions fussent renforcées par des travaux de campagne, etc., etc. [1].

Était-il aveugle quand, le 5 août également, il « prophétisait » exactement le développement des attaques allemandes telles qu'elles devaient se produire le lendemain [2].

Était-il aveugle quand, le 6 août au matin, il faisait près du maréchal, en compagnie du général Raoult et du comte de Leusse, une dernière tentative pour obtenir que l'armée se repliât sur les Vosges et sur le 5ᵉ corps [3] ?

Ducrot, cela ressort jusqu'à la dernière évidence, restait donc rempli d'anxiété sur l'ensemble de la situation, sur la direction générale des opérations, *bien qu'ayant toute confiance, comme commandant de la 1ʳᵉ division du 1ᵉʳ corps, dans les troupes placées sous ses ordres.*

Il nous faut encore répondre sommairement à des allusions relatives aux événements des premières journées d'août en Alsace.

C'est d'abord la menace faite par une patrouille bavaroise, le *2 août*, qu'Altenstadt serait occupé le *lendemain 3* par la IIIᵉ armée allemande !

---

1. *Correspondance du général Ducrot*, t. II, p. 359, 360, 375, 376, 377, 378.

2. *Idem*, t. II, p. 361, 362.

3. *Idem*, t. II, p. 363, 364, 365. *Journal du comte de Leusse.*

Pensez-donc, quel aveugle que le général Ducrot ! Il n'a vu là qu'une « fanfaronnade » !

Eh bien oui, ce n'était pas autre chose, puisque le 3 août l'ennemi ne bougea pas ; nous l'avons trop péremptoirement établi dans notre étude sur Wissembourg [1] pour avoir à y revenir.

Et la lettre du 3 août au général Douay est à son tour incriminée par M. Duquet qui, cette fois encore, n'en cite qu'un membre de phrase :

« Je ne pense pas que l'ennemi soit en force dans nos environs. »

Rétablissons le texte : « Hier soir (2 août) j'étais au Pigeonnier, avec le colonel du 96e, *qui occupe cette position depuis quelques jours, et a poussé des reconnaissances dans toutes les directions. Je ne pense pas* que l'ennemi soit en forces dans nos environs, *du moins à une distance assez rapprochée pour entreprendre immédiatement* quelque chose de sérieux. *Toutefois, pour parer à toute éventualité, je pense qu'il est convenable de prendre les dispositions suivantes..... »*

Ici encore nous renvoyons à notre étude précitée sur Wissembourg, où nous avons établi que cette lettre écrite le 3, à 4 heures du matin, était *nécessairement basée sur les renseignements arrivés le 2,* date à laquelle l'adversaire n'était pas en état d'entreprendre *immédiatement* une attaque sérieuse qui n'a pu avoir lieu que le 4 ; dans cette lettre, il était recommandé au commandant de la 2e division de *s'éclairer* « au moyen de la brigade de cavalerie de Septeuil », placée sous ses ordres, « *en avant de Wissembourg* », *ce qui ne fut pas fait, et à « droite dans la direction de Lauterbourg* », ce qui ne fut fait qu'imparfaitement ; de même Ducrot, *malgré les renseignements rassurants du 2 août,* indiquait au général Douay, « *pour parer à toute éventualité* », *un véritable dispositif d'attente,* et *non de combat, rassemblé, défilé* et *couvert,* de nature à permettre la retraite, sans s'engager à fond si l'ennemi était trop en forces, *dans la direction indiquée par le croquis qui accompagnait les instructions du commandant de la 1re division.*

---

1. Paris. Baudoin, 1896.

· Enfin celui-ci laissait certaines mesures à l'appréciation du général Douay, lorsqu'il « *aurait eu le temps d'étudier le terrain, et de se renseigner sur la situation de l'ennemi* », ce qui établit péremptoirement qu'il ne donnait pas comme fermes les résultats des reconnaissances du 2 août. Nous n'avons pas à redire ici comment ces sages dispositions, *qui nous· eussent évité, si on les eût observées, la surprise et l'échec de Wissembourg,* furent malheureusement perdues de vue et transgressées [1].

Nous avons été entraînés, par la nécessité de répondre à notre adversaire, bien loin de la question de Sedan.

Revenons-y à sa suite.

Nous lui avions fait remarquer, sans aucun esprit de « taquinerie », qu'il s'était mépris (ce qui peut arriver à tout le monde) en attribuant au général Ducrot, mort le 16 août 1882, une étude anonyme parue en 1885, dans le *Journal des sciences militaires,* étude due au colonel Gillon, mort depuis à la tête du 200ᵉ à Madagascar. M. Duquet nous réplique qu'il s'est expliqué à ce sujet dans le numéro du 7 juin 1902 de *l'Armée territoriale,* et il eût trouvé bon, ajoute-t-il, que nous eussions indiqué en peu de mots de quelle manière il s'était défendu d'avoir commis cette méprise.

Mon Dieu ! la lecture de *l'Armée territoriale* n'est pas obli-

---

1. M. Duquet cite en note les ouvrages dans lesquels *il pense* avoir établi la « faiblesse militaire du général Ducrot ». Nous nous permettons à notre tour de mentionner nos diverses publications dont les conclusions sont quelque peu différentes : *Le combat de Châtillon.* Paris, Baudoin, 1893 ; *Wissembourg-Frœschwiller-Châlons-Sedan,* etc. Paris, Baudoin, 1895 ; *La Journée de Sedan (Correspondant* du 25 août 1900); *Quelques observations sur les batailles de la Marne (Revue de Cavalerie,* août 1898); *La Sortie de la Marne,* Paris, Chapelot, 1901 ; *La Retraite sur Mézières* (première réponse à M. Alfred Duquet, au commencement de ce volume).

Qu'on veuille bien se souvenir que, contrairement à certaines allégations qui ne résistent pas à l'examen des faits, et qui ne sauraient être attribuées qu'à la passion et à l'ignorance la plus entière des emplacements occupés le 4 août par les divers éléments de l'armée d'Alsace, nous avons établi que, *par suite de l'exécution des ordres du maréchal de Mac-Mahon,* il était de toute impossibilité que la 1ʳᵉ division vînt au secours de la 2ᵉ à Wissembourg. Dans son premier volume de l' « Histoire générale de la guerre franco-allemande » (p. 188), le colonel Rousset avait semblé être d'une opinion contraire ; mais dans une note qui figure aux appendices du 6ᵉ volume, il rectifie et modifie du tout au tout sa première appréciation, qui pouvait, dit-il, « donner lieu à une interprétation erronée »; il reconnaît que le général Ducrot « avait indiqué au général Douay les seules positions à prendre », et « qu'il ne saurait en rien être rendu responsable » de notre premier échec.

gatoire ; si ce journal nous fût tombé par hasard sous les yeux, nous eussions certainement donné acte à notre adversaire de son explication.

Mais il nous faut, maintenant que nous la connaissons, dire pourquoi elle ne saurait nous satisfaire.

A notre avis, on n'a pas le droit d'arguer du fait que le colonel Gillon « avait souvent entendu le général Ducrot traiter et discuter la question de Sedan », pour attribuer catégoriquement et sans plus de façons à ce dernier la paternité d'un travail paru trois ans après sa mort !

Et d'ailleurs, la précision des termes ne laisse aucun doute : « *A ce coup droit* (*Bazeilles-Sedan,* par le général Lebrun) le général Ducrot *répondait* en 1885 par une annexe à son ouvrage, *La Journée de Sedan.* »

Or, pour *répondre à un coup droit ; il faut s'être senti touché ou menacé ; pour répliquer à un livre, il faut l'avoir lu.*

Ducrot étant mort en 1882, *Bazeilles-Sedan* ayant paru en 1885, la question est jugée, et M. Duquet, de toute « évidence », a fait fausse route en écrivant :

« Nous avons été péniblement impressionné en voyant un général français soutenir une thèse tactique d'une si extraordinaire fantaisie.

« Autant de mots, autant d'erreurs dans la plaidoirie du général Ducrot.

« Argumentation de soldat aigri et malade. »

Il avait le droit de dire que l'étude anonyme devait refléter *en partie*[1] les idées du général Ducrot, mais pas celui de la présenter au lecteur comme écrite par ce dernier, *en réponse* à l'ouvrage « extraordinairement fantaisiste » du général Lebrun, paru trois ans après sa mort.

Rien ne l'autorise davantage aujourd'hui, pour sa justification, à qualifier le colonel Gillon de « copiste de l'œuvre posthume du général Ducrot ».

---

1. Nous disons « en partie », car il est inadmissible que l'auteur n'ait rien mis de personnel dans son travail. Nous sommes même sûr du contraire. Et quand on « *copie* une œuvre posthume », on n'a pas à faire usage de « ses souvenirs » ainsi que déclare l'avoir fait le colonel Gillon.

Voilà pourquoi nous avons pensé qu'il y avait eu méprise. Et il faut bien croire que notre impression était légitime, puisque M. Duquet veut bien nous apprendre qu'un officier supérieur lui avait écrit dans le même sens, ce qui l'a amené à donner dans *l'Armée territoriale* l'explication que nous venons d'examiner, et que nous ne saurions accepter.

C'est donc bien aussi le colonel Gillon, et non le général Ducrot, « qui s'est appuyé avec insistance sur un passage du livre du général Canonge », dans l'étude anonyme de 1885, d'autant plus que le second volume de l'œuvre si consciencieuse de cet officier général, dans lequel se trouve le récit de la bataille de Sedan, n'a paru que plusieurs mois après le décès de Ducrot, qui n'a pris connaissance que du premier, et cela huit jours avant sa mort.

Encore un point à élucider avant d'entrer dans le vif du débat.

Il s'agit de cette artillerie de la 3ᵉ division du 1ᵉʳ corps, que Ducrot aurait « égarée », le 31 août, dans la marche de Carignan sur Sedan !

Si nous n'écrivions que pour des militaires, nous n'aurions même pas relevé une semblable accusation, car ils savent ce qu'est la marche d'un corps d'armée, sur une ou deux colonnes, et jamais il ne leur serait venu à l'idée d'incriminer, dans un cas semblable, le commandant du corps d'armée ; ils auraient en tout cas attribué la responsabilité de l'incident soit au commandant de l'artillerie égarée, soit au commandant de la division à laquelle elle était attachée, avec laquelle elle marchait.

Mais nous avions cru devoir donner quelques explications pour les personnes étrangères à ce genre de questions :

« La marche de Carignan sur Illy[1], avions-nous dit, se fit *sur deux colonnes : colonne de droite (avec laquelle marchait le commandant du corps d'armée), 2ᵉ division (Pellé) et 4ᵉ (de Lartigue) ; cette colonne partit de Carignan et n'égara rien du tout.* Colonne de gauche : 1ʳᵉ division (Wolff), 3ᵉ division (l'Hériller). Cette colonne, *sous les ordres du général Wolff, partit de Douzy, mais marcha sur Sedan, sur l'ordre direct du maréchal,* qui

---

1. Et non « sur Sedan ».

négligea d'informer le commandant du 1er corps de ce changement de destination. Dans ce mouvement, l'artillerie de la 3e division (l'Hériller) continua sa marche au delà de la ville. Que
vient faire là dedans le général Ducrot *qui marchait avec la colonne de droite,* venant de Carignan, par Pouru-aux-Bois —
Francheval — Villers-Cernay ? »

Que nous réplique M. Duquet ?

« Y. K. nous reproche d'avoir écrit que dans la marche de
Carignan sur Sedan, M. Ducrot *avait égaré l'artillerie de sa
3e division.* Cependant, quoi de plus simple ? Personne ne conteste, pas même notre adversaire, qu'au cours de cette marche,
l'artillerie de la 3e division (l'Hériller) en fut séparée, *qu'elle se
perdit.*

« Comme la 3e division faisait partie du 1er corps, que le 1er corps
était commandé par le général Ducrot, nous n'avons donc dit que
la vérité[1]. »

A cela près, que la colonne de gauche, avec laquelle marchait
l'artillerie qui se perdit, ne *venait pas de Carignan, mais de
Douzy ;* qu'elle était sous les ordres directs du général Wolff et
non du général Ducrot, suivant de sa personne, avec la colonne
de droite, venue elle de Carignan, mais marchant sur Illy et *non
sur Sedan,* un itinéraire distant en moyenne de cinq kilomètres
de celui parcouru par la colonne Wolff !

« Le 31 au soir, le général l'Hériller fit connaître au général
Ducrot qu'il n'avait pas avec lui ses batteries ; elles s'étaient
trouvées séparées de la 3e division..... » (Extrait des notes du
colonel Robert, chef d'état-major général du 1er corps.)

Ici encore, nous laissons au lecteur le soin de conclure !

Le bois de Falizette était-il praticable le 1er septembre 1870 ?

M. Duquet l'a nié dans *La Retraite à Sedan.*

Il va sans dire qu'il soutient encore la même thèse.

---

1. Tout comme quelqu'un qui raisonnerait ainsi : « Dans une batterie de la 3e division du 1er corps, la lunette de batterie a été perdue... Or, la 3e division faisait partie
du 1er corps ; le 1er corps était commandé par le général Ducrot. Donc le général
Ducrot a égaré la lunette d'une de ses batteries ! »

Le 24 mai 1903, lors de la visite faite par la société « La Plume et l'Épée » au champ de bataille de Sedan, le général Canonge, qui sait comment doit se faire une reconnaissance, a parcouru à pied les trois chemins[1] *nullement « éthérés »* signalés par MM. Coustis de la Rivière, Gendron et Guesde en 1880 ; il a conclu, non seulement de ce qu'il a vu de ses yeux, mais encore des renseignements qui lui ont été fournis par des habitants, douaniers, gardes forestiers *depuis longtemps dans le pays, qu'en 1870, comme aujourd'hui, le bois de la Falizette était absolument praticable.*

Bien que l'opinion du général Canonge fasse à nos yeux autorité en pareille matière, nous avons voulu, nous aussi, juger par nous-même, en raison des opinions contradictoires émises à ce sujet ; à notre tour, nous avons parcouru *les trois itinéraires indiqués par le général,* après nous être assuré préalablement que leur existence était bien antérieure à la guerre de 1870.

Ces chemins sont loin d'être ceux que nous représente M. Duquet, qui n'y voit « qu'ornières, marécages, fondrières », etc..... Nous affirmons de la manière la plus formelle que partout une colonne d'infanterie peut y passer *par quatre, sans la moindre difficulté.*

Il est bien exact que le terrain est *schisteux et ferme* et que ces chemins sont praticables à l'artillerie, surtout à nos anciennes batteries de quatre. Le bois lui-même n'est nullement impénétrable, comme on l'a écrit ; partout nous y avons circulé très facilement, en dehors des chemins, sauf en de très rares endroits.

---

1. Il suffit de regarder la carte d'état-major pour être fixé ; sans doute elle ne donne pas l'idée de la valeur des trois chemins, mais elle en indique très exactement le tracé : 1° de Saint-Menges à la Fouleric, en passant au sud du moulin de la Grange ; 2° de Bellevue à la Faïencerie par le moulin de la Grange ; 3° le chemin le plus au nord part de la route Saint-Menges-Sugny, franchit la Claire et en descend la rive droite, vers le sud, jusqu'au nœud de routes qui permet de se porter, soit sur Vrigne, soit sur Bosséval, soit sur la Maison-Rouge. Voir d'ailleurs le plan 9 B de la relation de l'État-major prussien ; limité à une ligne allant de Fleigneux à la ferme du Champ-de-la-Grange, il ne peut indiquer que le plus méridional des trois chemins (en tout semblable aux deux plus au nord) *et lui assigne une viabilité identique au chemin qui quitte la route de Vrigne un peu au nord de Donchery et mène à Briancourt. Or ce chemin a servi aux mouvements de la principale colonne du XIe corps (5 escadrons, 8 bataillons, 10 batteries).*

Nous avons vu maintes fois de grosses unités se mouvoir en forêt, dans des conditions autrement difficiles, et cela tout récemment encore.

Notre contradicteur qui trouve tout simple, quand il expose son projet de sortie par Torcy, d'improviser des passages pardessus des remparts de 13 mètres de hauteur comme ceux de Sedan, en assez grand nombre pour permettre à l'armée de s'engouffrer dans la place et d'en sortir (?) autrement que par quelques portes étroites, nous concèdera bien qu'il n'était en tout cas pas plus compliqué de faire marcher en tête des colonnes des détachements du génie pour améliorer *çà et là* la viabilité des chemins forestiers.

Nous verrons, au moment voulu, l'extrême importance des constatations que nous avons faites *sur les lieux*[1], non au point de vue du défilé d'une armée de 100000 hommes, dont nous n'avons jamais parlé, qu'on veuille bien nous relire, mais au point de vue de l'engagement vers Saint-Albert, que n'eût pas manqué d'amener l'exécution des ordres de Ducrot, entre le 7e corps, appuyé par le 5e, par des fractions des 12e et 1er, d'une part, et de l'autre les têtes de colonnes des Ve et XIe corps prussiens, cherchant à sortir du défilé de la Falizette où l'aile gauche ennemie s'était inutilement et stupidement entassée, dans la plus affreuse confusion ; la relation officielle allemande elle-même en fait foi, comme nous l'avons prouvé, quelque envie qu'aient eu les rédacteurs d'atténuer la chose.

L'ennemi put sortir tout à son aise de ce guêpier, grâce à l'inertie du général Douay, *orienté dans le sens de la passivité*

---

1. A ce propos, M. Félix Bouvier nous écrivait le 24 juillet 1903 : « J'ai reconnu sur le champ de bataille, en présence du général Canonge, que le bois de la Falizette était effectivement traversé de l'est à l'ouest par deux chemins forestiers où à l'extrême rigueur deux et peut-être trois hommes peuvent passer de front, alors que j'avais cru jusqu'à ce moment qu'il n'y avait dans ce bois que des sentiers impraticables. »

Certainement, M. Bouvier n'a pas suivi le troisième itinéraire, le plus septentrional, comme nous l'avons fait nous-même ; sans quoi il en ferait mention. Il nous dit dans sa lettre que, devant les opinions contradictoires émises par des officiers, il ne se prononce pas sur les facilités d'écoulement qui résultaient de l'état de choses qu'il a constaté. Nous, qui avons quelque expérience de la marche de l'infanterie, nous n'hésitons pas à le faire et nous maintenons que la marche par quatre est possible sur les chemins forestiers du bois de la Falizette.

par les instructions du général Wimpffen qui *ne croyait qu'à une démonstration sur le 7ᵉ corps.*

Venons maintenant à la zone forestière entre la Meuse et la frontière belge, à l'ouest de Sedan et jusqu'à Mézières.

Nous l'avons parcourue et, comme le dit le général Kessler *dans sa notice de 1876,* « *les piétons n'éprouvent de difficultés à passer sous bois que dans quelques parties de jeunes taillis.*

Mais, quand nous avons fait erreur, étant de bonne foi, nous le reconnaissons très volontiers, n'ayant pas la faiblesse de prétendre à l'infaillibilité.

Nous avions lu dans la notice du général Kessler : « *Massif compris* entre la Semoy, la Meuse et le Chiers jusqu'à Escombres », et ensuite : « les routes (*empierrées*) se dirigent du nord au sud, à l'exception de celles du..... Lazareth et du Morthéau qui *traversent le massif de l'est à l'ouest.* »

Il paraît maintenant qu'elles ne traversent que la partie est de ce massif, et nullement la zone à l'ouest de Sedan. Ceci résulte de renseignements puisés au ministère de l'intérieur et de l'agriculture, où nous n'étions pas à même de faire des recherches quand nous avons écrit notre première réponse à M. Duquet.

Nous avons donc mal interprété le texte de la notice sur ce point : dont acte.

Mais ceci n'empêche pas les bois du Grand-Canton, Condé, Mazarin, etc..... *où l'on circule partout facilement,* rappelons-le, d'être traversés *par des routes forestières non empierrées et des tranchées, d'un parcours facile en été, d'une largeur variant de 3 à 14 mètres.*

Ainsi que nous l'avions fait remarquer, la notice n'indique pas, comme pour les routes empierrées, l'orientation de cette deuxième catégorie de chemins forestiers qu'elle mentionne page 7, et cela *parce qu'ils vont dans tous les sens,* nous l'avons constaté nous-même ; *ils sont parallèles ou perpendiculaires à la frontière ;* ce sont en grande partie des communications séparant les différentes coupes, comme nous l'a expliqué un garde forestier, et qui portent dans le pays un nom particulier, celui de « traits » ; toutes sont praticables à l'infanterie et à la cavalerie.

Les tranchées s'expliquent tout naturellement pour les éléments orientés de l'est à l'ouest, car c'est le seul moyen d'éviter *les montagnes russes* dont parle M. Duquet.

Le tout forme un ensemble permettant à des forces considérables de s'écouler rapidement vers l'ouest.

Répétons que ces chemins, bien que servant *aux charrois,* ne figurent pas sur la carte à cause de leurs fréquentes variations qui résultent du régime même de l'exploitation.

Le capitaine Debord[1] les connaissait et les avait indiqués au général Ducrot qui l'avait attaché à son état-major, précisément à cause de la grande connaissance qu'il avait du pays.

Voici d'ailleurs, en regard du témoignage négatif de M. Payard, la déclaration de M. Ronnet, filateur à Pont-Maugis : « *Connaissant parfaitement le pays où j'ai toujours vécu,* je crois, comme vous, qu'on aurait pu gagner Mézières dans la journée de jeudi (1er septembre); car, outre la route de Vrigne, il y avait d'excellents chemins forestiers sur la rive droite de la Meuse. » (Lettre écrite en 1871.)

Pour nous, après la reconnaissance que nous avons faite, la question n'est pas à discuter[2].

Toutefois, relativement à cette praticabilité de la forêt, il est

---

1. « Je ne sache pas, nous écrivait de Nouzon le colonel Debord, le 17 août 1903, qu'il soit nécessaire d'être d'une ville pour en connaître les environs. Je suis en effet né à Miallet (Dordogne), mais je me suis marié à Sedan, où j'ai tenu garnison pendant près de trois ans avant la guerre, comme on peut le constater sur les annuaires de cette époque ; telle est la cause de ma connaissance des environs de cette place, les relations de ma famille m'ayant permis de chasser dans la forêt avoisinante. Il faut qu'on soit bien à bout de preuves pour venir discuter sur mon lieu de naissance. »

2. Le 28 août 1903, le colonel Debord nous écrivait encore : « Quant à M. Payard qui m'a été opposé au procès Wimpffen-Cassagnac, c'est un habitant de Sedan, *marchand de laines,* je crois, que je connaissais un peu. Il est arrivé au procès avec un *plan grandiose* pour démontrer, à une minute près, que *d'après les ordres de l'État-major allemand,* la retraite sur Mézières était impossible. Lorsque j'ai été rappelé, je lui ai dit : « Je ne discuterai pas avec vous cette question de tactique; tout ce que je « puis vous répondre, c'est que les chemins que j'ai indiqués au général Ducrot et *que « vous ne paraissez pas connaître, sont praticables à des voitures à 4 chevaux.* » « M. Payard n'a rien démontré, *et s'est retiré sans rien répondre.* »

Enfin, le général Faverot, témoin oculaire, rapporte qu'au moment de donner ses ordres, le général Ducrot demanda encore au capitaine Debord « si, dans le cas où la route de Saint-Albert à Vrigne serait balayée par les obus ennemis, l'armée pourrait passer par les bois pour se rabattre sur Mézières ». — « Oui, déclara de nouveau, et formellement, cet officier. »

une partie de la thèse de notre éminent contradicteur que nous n'avons pu lire sans un profond étonnement.

D'après lui, le parc d'artillerie de réserve du 5e corps [1], qui, parti de Sedan au jour, le 1er septembre, arriva dans l'après-midi à Mézières, a suivi l'itinéraire ci-après : 1° départ de Sedan pour Vrigne-aux-Bois *au galop* à la pointe du jour ; 2° de Vrigne où il a été *inquiété* par des cavaliers ennemis, le convoi file sur le Mazy, Gernelle, Neufmanil ; 3° là cesse la poursuite de la cavalerie allemande, et le parc gagne Mouzon et Charleville.

Mais comment ? M. Duquet a écrit que, le 1er septembre 1870, « *avant le lever du soleil,* les cavaliers allemands *se tenaient à cheval sur la route Sedan-Mézières* »...... « *qu'avant le lever du soleil* il y avait des corps allemands au nord de la Meuse, *à cheval sur la route Sedan-Mézières et prêts à agir offensivement* [2] ». Il a dit et maintient que « les ordres de M. de Moltke (de se tenir à cheval dès le point du jour sur la route Sedan-Mézières) ont été exécutés ». Il a écrit (*La Retraite à Sedan,* p. 46) : « Cette route (la route de Mézières par Vrigne) était donc coupée, dès 7 heures du matin, *au moins,* par *des fantassins* », après avoir dit (page 6) « qu'à 5 heures trois quarts du matin, deux divisions d'infanterie, la XXIe et la XXIIe, étaient à cheval sur la route de Vrigne-aux-Bois, au nord de Donchery ».

Et dans *La Retraite à Sedan* (p. 28), dans la *Revue de Cavalerie* de mars 1903 (p. 692), nous relevons, ce qui est plus fort, la déclaration suivante : « A partir de cette route (la route de Donchery à Sugny), il n'y a plus, allant de l'est à l'ouest, *qu'un mauvais chemin,* non loin de Bosséval, *impraticable pour la plupart des voitures* [3], et qui se prolonge *dans les mêmes conditions* jusqu'à Mézières par *le Mazy, Gernelle,* Saint-Laurent, le Pheu, *mauvais chemin de 2m,50 à 3 mètres de large,* au pouvoir de l'infanterie allemande dès 7 heures du matin. »

Et c'est par ce même chemin, si *impraticable,* si *étroit,* qui doit être dans le plus affreux état puisque, nous dit notre distingué

---

1. Sans doute égaré par le général de Wimpffen ?

2. *Revue de Cavalerie,* mai 1903, p. 214.

3. Ne pouvant par conséquent donner accès qu'à des voitures légères, ce qui n'est pas le cas de celles d'un parc d'artillerie.

contradicteur, « les pluies diluviennes des jours précédents avaient défoncé *même les bonnes routes* » (*Revue de Cavalerie,* juin 1903, page 358), que ce sévère critique fait maintenant filer à plein galop, sur un tronçon de 5 kilomètres de longueur[1], un parc d'artillerie !

Il nous faut bien remarquer qu'ici, comme pour le bois de la Falizette, les chemins prennent sous sa plume une valeur relative, qu'ils sont *éthérés, impraticables,* ou bien donnent passage à des parcs d'artillerie à toute allure, suivant les besoins de la thèse qu'il soutient, suivant qu'il s'agit de *convaincre* le lecteur qu'il n'y avait aucun moyen d'écoulement sur Mézières en dehors de la route de Vrigne, ou qu'il faut le persuader que le parc du 5ᵉ corps n'a pu se tirer d'affaire dans les conditions que nous avons exposées.

Et, sans doute pour corser ses affirmations, voici qu'il nous rapporte que le chemin le Mazy—Gernelle, *bien au nord de la route Vrigne—Mézières,* était « au pouvoir de l'infanterie adverse dès 7 heures du matin », alors que, d'après l'État-major prussien lui-même, *malgré le soin constant qu'il apporte à avancer les événements du côté de l'aile gauche allemande,* cette route Vrigne—Mézières n'a été elle-même touchée par les *avant-gardes* que vers 7 heures et demie ! (Rel. off., p. 1148), en dépit de cette autre affirmation de M. Duquet « qu'à 5 heures trois quarts du matin, deux divisions d'infanterie, la XXIᵉ et la XXIIᵉ, étaient *à cheval* sur la route de Vrigne-aux-Bois, au nord de Donchery ».

Nous n'avons pas oublié, en tout cas, que notre adversaire, après nous avoir prêté (*Revue de Cavalerie,* mai 1903, p. 213) cette « curieuse assertion » *que nous n'avons jamais émise*[2], d'a-

---

1. De la croisée de routes au nord de Vrigne jusqu'à Gernelle.

2. Nous n'en finirions pas si nous voulions relever le procédé qui consiste à nous faire dire ce que nous n'avons jamais dit, chaque fois que nous le rencontrons.

Le lecteur ne s'y trompera pas. En vérité, cela peut rendre les réfutations commodes mais leur enlève toute portée, malgré leur ironie.

Ainsi, nous avions fait ressortir (*Revue de Cavalerie,* janvier 1903, p. 404) non cette absurdité que « le point du jour est à 3 heures et demie du matin, le 1ᵉʳ septembre » mais bien que, à cette heure-là, l'aile gauche allemande était encore au sud de la Meuse ; qu'elle n'avait donc pas exécuté l'ordre de franchir la rivière pendant la nuit, puisque *l'avant-garde* du Vᵉ corps n'a atteint la rive gauche qu'à 4 heures du matin, attendu que celle du XIᵉ corps, qui n'a rompu ses bivouacs de Cheveuges qu'à

près laquelle, le 1ᵉʳ septembre, « le point du jour serait à 3 heures et demie du matin », a bien voulu nous instruire et nous apprendre que ce jour-là « il n'a fait quelque peu clair que vers 4 heures et demie ».

Eh bien, acceptons cette grave et importante leçon, et comptons.

De Sedan (sortie de la route de Floing) à Vrigne, il y a 8^{km},600 très exactement mesurés.

D'où est parti au juste le parc du 5ᵉ corps ? Nous l'ignorons ; nous n'avons trouvé aucun document nous permettant de l'établir, et notre adversaire ne nous l'apprend pas davantage ; il est plus que probable qu'il avait passé la nuit non loin du vieux camp, où se trouvait le 5ᵉ corps, ce qui nous donne non plus 8^{km},600, mais bien 10 kilomètres.

Combien faut-il de temps à un convoi de ce genre pour franchir cette distance ?

Évidemment, cela dépend de l'allure.

Sur quoi M. Duquet se base-t-il pour faire filer un parc d'artillerie *au galop* comme une bande de *fuyards?*

Sur rien, c'est encore là une hypothèse *ad causam*.

Il s'agit pourtant de lourdes voitures, dont les attelages sont loin d'être frais et reposés, car ils sont en campagne depuis plus d'un mois, et les marches qui ont suivi la débâcle de l'avant-veille, « l'absence de distributions au milieu d'une horrible confusion », ont singulièrement influé sur leur état, de même que « les pluies diluviennes » !

« *Les chevaux faisaient pitié, ils se traînaient* plutôt qu'ils ne marchaient. » (Prince Bibesco, aide de camp du général Douay, témoin oculaire.)

---

3 heures, n'a pu également être aux ponts qu'un peu avant 4 heures (*État-major prussien*, p. 1077-1147). Et nous en avions tiré cette déduction qui s'impose, quoi que veuille M. Duquet, qui ne peut pourtant pas empêcher un fait d'être un fait, qu'en raison du temps nécessaire au passage de la Meuse, et de la distance de Donchery à la route Sedan-Mézières, il n'y avait aucun ennemi « *à cheval dès le point du jour* » (c'est-à-dire à 4 heures et demie) sur cette route. Qu'on n'oublie pas que le XIᵉ corps en *entier s'était rassemblé* après le franchissement des ponts, ce qui a singulièrement retardé sa marche vers le nord (Relation officielle, p. 1147). Enfin, nous avions fait remarquer que cette même relation officielle porte que les *avant-gardes* des Vᵉ et XIᵉ corps n'ont atteint la route Vrigne-Mézières qu'à 7 heures et demie (p. 1148), *c'est-à-dire trois heures après le point du jour !* Crierons-nous à notre tour triomphalement « *sed jam satis !... »*.

Les routes aux abords de Sedan étaient affreusement encombrées (ce qui ne devait pas faciliter une charge au galop *fournie par les véhicules*); enfin, il fallait traverser Floing occupé par le 7ᵉ corps, et le défilé de la Falizette, gravir la pente de la Maison-Rouge, etc.

Pour comble de malheur « la route était défoncée », déclare M. Duquet, qui a pris aussi le soin de nous rappeler « qu'on était souvent obligé de doubler les attelages de nos lourds caissons », etc., etc. (*Revue de Cavalerie*, juin 1903, p. 358.)

Voyez-vous d'ici ce pesant convoi, au galop de charge, dans de telles conditions!

Il ne faut guère connaître ce que peuvent donner des attelages pour penser que ceux du parc du 5ᵉ corps aient pu soutenir quelque temps semblable allure, en admettant qu'ils l'aient prise au départ, car c'est là, nous le répétons, une allégation toute hypothétique qui, à défaut de témoignage quelconque pour l'étayer, ne peut même s'appuyer sur le raisonnement.

En effet, à 4 heures et demie du matin, le canon n'a pas encore tonné; c'est tout au plus si, dans le lointain, se fait entendre la fusillade de Bazeilles.

Aucune panique ne s'explique donc, aux abords nord de Sedan, près du vieux camp où est campé le 5ᵉ corps.

Le 1ᵉʳ septembre, s'il y a une arme qui a montré de la fermeté, c'est bien l'artillerie, et ce n'est pas une raison, parce que nous ignorons le motif pour lequel le parc du 5ᵉ corps s'est éloigné vers Mézières, pour n'y voir que des « fuyards », quittant au galop le champ de bataille, avant les premiers coups de feu[1].

Non, rien, absolument rien, ne justifie cette hypothèse de fuite au galop, admissible pour des escadrons de cavalerie, à *rejeter absolument* pour un parc d'artillerie, surtout dans les conditions que l'on sait!

Nous admettons donc, puisque tout milite en faveur de cette

---

[1]. Pour lancer de telles accusations, il faut en avoir la preuve. C'est pourquoi nous avons été surpris de voir M. Duquet, se basant sur le fait que le général Tissier n'a pas répondu en 1903 à une demande de renseignements qu'il lui avait adressée, insinuer que le jour de Sedan, « le colonel Tissier s'est mis en route, *motu proprio*, de grand matin, peut-être à 8 heures », c'est-à-dire qu'il a fait partie des fuyards avant l'action, pour parler net.

manière de voir, que celui du 5ᵉ corps s'est éloigné de Sedan à une allure normale et que, si l'on adopte l'itinéraire indiqué par notre contradicteur, il est arrivé à Vrigne à 6 heures et demie.

Et alors, l'ennemi qui maîtrise *depuis plus de deux heures, depuis le point du jour, la route de Mézières,* qui *barrait par conséquent déjà cette route au moment où le parc a quitté Sedan,* laisse cette colonne inoffensive, *incapable de se défendre, en raison de sa composition même,* traverser Vrigne sans plus de façons, prendre la route de Gernelle ; il ne fait pas main basse sur ces attelages, sur ce matériel, sur les conducteurs !

Il se borne à leur fournir comme une escorte qui leur brûlera la politesse à Neufmanil !

. Qui le croira ?

Pour que les choses se soient passées comme le dit M. Duquet, il faut que, contrairement à ce qu'il affirme, la route ait été absolument libre et non seulement la route, mais une large zone du terrain avoisinant ; il faut que le convoi, dont le matériel roulant n'avançait pas sans un bruit caractéristique, n'ait été ni vu ni entendu, car, signalé aux escadrons ennemis, il était infailliblement pris, *surtout engagé, après Vrigne, sur la route étroite,* « *impraticable* » *qu'on nous a représentée.*

Répétons la déclaration qui fut faite au général Vinoy : « La colonne, partie de Sedan à la pointe du jour, avait pu, en *traversant les bois,* atteindre le pont de Nouzon, sur lequel elle avait passé la Meuse : des ulans l'avaient bien approchée *à ce moment*[1], *dans le but d'inquiéter son passage,* mais en trop petit nombre pour pouvoir l'entamer. »

Pourquoi ce compte rendu aurait-il été muet sur la rencontre de la cavalerie ennemie à Vrigne, sur sa poursuite jusqu'à Neufmanil ? Échapper aux cavaliers ennemis, mais c'est là, pour un convoi, chose fort honorable ; il n'y a pas à la céler.

Que le parc n'ait pu être entamé vers le pont de Nouzon par une simple patrouille de ulans, cela s'explique.

Mais qu'il ait percé un réseau de cavalerie ennemie, composé de

---

1. *A ce moment seulement,* et pas dans la première partie de sa marche.

huit escadrons[1], interceptant la route suivie depuis deux grandes heures, malgré l'infanterie qui, dès 7 heures au moins, coupait la route de Vrigne, malgré celle qui, à la même heure, barrait la route le Mazy-Gernelle, voilà qui devient merveilleux ; la chose est plus miraculeuse encore si l'on se souvient « qu'à 5 heures trois quarts du matin, deux divisions d'infanterie, les XXIᵉ et XXIIᵉ, étaient *à cheval* sur la route de Vrigne-aux-Bois au nord de Donchery ! »

Nous persistons à penser que le parc en question s'est porté de Sedan par Floing jusqu'à Saint-Menges.

De Saint-Menges à la Foulerie, il a suivi le chemin très praticable à l'artillerie qui traverse le bois de la Falizette, et a ensuite gagné Bosséval par le très bon chemin qui joint directement ce village à la Foulerie ; à Bosséval, il a remonté l'excellente route forestière qui mène à travers le bois Condé au signal de Pragnon. Entre cette route et celle, tout aussi praticable, qui mène de Gernelle à Gespunsart, le convoi a utilisé les chemins d'exploitation, parallèles à la frontière, qui traversaient le bois de Fagnamont, sur une longueur de 2 500 mètres, et une fois sur la route de Gespunsart, rien ne lui a été plus simple que de gagner cette localité, Neufmanil, et le pont de Nouzon, où *pour la première fois* il fut observé par la patrouille de ulans que l'on sait.

Cet itinéraire fut d'ailleurs celui *de plusieurs batteries* qui gagnèrent Mézières, ainsi que le prouva l'enquête qui fut faite en 1871 par le général Forgeot. Et que l'on veuille bien remarquer que nous qui soutenons que la route de Mézières était entièrement libre à 7 heures du matin, pourrions à la rigueur admettre l'écou-

---

1. Il est bon de rappeler la composition de la cavalerie qui précédait les diverses colonnes du XIᵉ corps qui ont atteint dans la matinée du 1ᵉʳ septembre la route de Mézières.

Colonne de droite. . . .	Montimont.	2 escadrons.
Colonne du centre . . .	Briancourt.	5 escadrons.
Colonne de gauche . . .	Vrigne.	1 escadron.

Les colonnes de droite et du centre avaient une avance marquée sur celle de gauche, se portant sur Vrigne (Borbstædt, p. 671). Les 7 escadrons qui les précédaient ont donc atteint les premiers la route Sedan—Mézières à l'est de Vrigne, au nord de Briancourt et de Montimont, *où l'infanterie s'arrêta*. Si donc nous admettions les heures et l'itinéraire donnés par M. Duquet, le parc du 5ᵉ corps ne serait même pas allé jusqu'à Vrigne, il eût été capturé entre Montimont et Briancourt ; bien mieux, il n'eût pu déboucher du défilé de la Falizette qu'il eût trouvé barré à la Maison-Rouge.

lement du parc par Vrigne, si nous n'avions de bonnes raisons de penser qu'il n'en a pas été ainsi.

Mais il ne saurait en être de même de M. Duquet, qui affirme plus que jamais que les routes étaient maîtrisées dès le point du jour, que *dès 5 heures trois quarts* deux divisions d'infanterie, la XXIᵉ et la XXIIᵉ, étaient venues couper la route de Vrigne, au nord de Donchery[1].

Heure de la prise de commandement.

Dans le but de fixer l'heure de la prise de commandement par le général Ducrot *autrement que par des récits ou des témoignages contradictoires,* nous avions cherché d'abord à déterminer celle de la blessure du maréchal de Mac-Mahon, et nous avions fait remarquer qu'en pareil cas, lorsqu'un des témoins vient nous offrir « *un point de repère qui ne peut tromper* », il faut y attacher la plus grande importance, et considérer sa déclaration comme déterminante.

Pour nous, ce point de repère existait dans la constatation *faite par le docteur Cuignet,* et rapportée dans la déposition du maréchal de Mac-Mahon, au sujet de sa mise hors de combat :

« *Il était à ce moment 6 heures moins un quart, à peu près ; je suis certain de cette heure,* car, *après être rentré à Sedan, le Dʳ Cuignet, qui me pansa, constata qu'il était 6 heures et demie.* »

Comme il n'avait pas fallu moins de trois quarts d'heure pour transporter le blessé des hauteurs de La Moncelle dans la place de Sedan, la déduction s'imposait que c'était bien vers 5 heures trois quarts que le duc de Magenta avait été atteint, *conformément à sa propre déclaration.*

Nous n'avons pas été peu surpris par l'objection que nous a faite M. Duquet : il trouve, en effet, « que le maréchal de Mac-Mahon s'est calomnié gratuitement ! » Et il développe cette idée d'une

---

1. Cette affirmation de M. Duquet, dans *Frœschwiller-Châlons-Sedan,* se trouve reproduite à la page 6 de *La Retraite à Sedan,* et avant de se citer lui-même, notre contradicteur, « plus royaliste que le roi », déclare « n'avoir rien à retrancher de sa première appréciation ». Mais quand on songe que l'État-major allemand lui-même ne fait arriver les *avant-gardes* de ces divisions à la route de Vrigne *qu'à 7 heures et demie,* on devient perplexe !

manière bien inattendue : « Car sa blessure n'était pas si légère qu'il pût ainsi conserver toute sa lucidité d'esprit et *noter les faits à une minute près*. Autrement, s'il était si dispos, si observateur, si maître de lui, que n'a-t-il conservé le commandement suprême !...

« *Il a dû se tromper,* justement à cause de sa blessure qui lui a enlevé l'*appréciation exacte des choses.* »

Il n'y a dans cette réponse que des hypothèses, des suppositions, en face d'une affirmation *formelle* et *motivée.*

Où le maréchal dit-il *qu'il a « noté le fait à une minute près »* ?

Pourquoi substituer à sa déposition des interprétations absolument étrangères au débat, *pour éviter ainsi la déduction qu'impose la déclaration du docteur Cuignet ?*

Le maréchal se borne à affirmer qu'il est « *certain de l'heure* » *qu'il indique, 5 heures trois quarts,* non pas en raison *d'une constatation qu'il a faite personnellement, qu'il a notée à une minute près,* mais bien parce que le docteur Cuignet, qui le pansa, a relevé, *après la rentrée dans Sedan,* qu'il était 6 heures et demie.

Quoi de plus normal, pour un chirurgien, au moment d'opérer un blessé, que de noter l'heure, surtout lorsque ce blessé n'est autre que le commandant en chef !

Il est même certain qu'il a dû la noter de nouveau quand le pansement fut terminé, pour se rendre compte de la durée de l'opération.

C'est, en pareil cas, un usage constant, qui ne peut être négligé que lorsqu'il y a presse ; or, l'action ne faisait que commencer et le maréchal fut peut-être le premier blessé ramené dans Sedan.

Sur quel élément de conviction se base cette opinion qu'il était, au moment de sa rentrée dans la place, hors d'état de prendre connaissance de la déclaration du docteur Cuignet qui a parfaitement pu, d'ailleurs, ne la lui communiquer que beaucoup plus tard, peut-être même quelques jours après ?

On voit combien l'objection de notre sympathique contradicteur pèche par la base ; malgré tout le talent avec lequel il la présente, on ne saurait s'y tromper : elle porte à faux.

Nous en dirons autant d'une note par laquelle il a cru prouver que nous étions en contradiction avec nos propres affirmations :

« Mon adversaire s'est appuyé de toute sa force sur la déposition du duc de Magenta où il est question d'heure et de montre, oubliant sans doute qu'il a écrit quelques pages plus haut : « A Sedan, nous « imaginons que les acteurs du drame avaient d'autres préoccupa- « tions que de regarder leurs montres, qui, d'ailleurs, étaient certai- « nement loin d'être toutes d'accord pour fournir des données pré- « cises aux historiens de l'avenir. » En d'autres termes, quand les montres justifient M. Ducrot, elles sont excellentes ; quand elles le condamnent, elles ne sont bonnes qu'à porter à l'horloger. »

Bien entendu, nous ne voulons pas nous attarder à retourner les termes de cette conclusion ; nous n'avons aucun goût pour ce genre d'amusement, quelque peu puéril.

Mais nous serions fort heureux *qu'on ne nous fît pas dire à chaque instant ce que nous n'avons jamais dit.*

N'est-il pas de la dernière évidence qu'en parlant des *acteurs du drame* nous avons visé uniquement les officiers qui étaient sous le feu, absorbés par les préoccupations multiples du commandement ; il ne nous serait jamais venu à l'idée qu'on pût leur assimiler *le docteur Cuignet, dans une ambulance installée à Sedan même, à une heure où la bataille ne faisait que s'engager à 4 ou 5 kilomètres de la place, sur laquelle n'arrivait à ce moment aucun projectile ?*

Le docteur était absolument *étranger au drame ;* il se trouvait dans les conditions normales de sa profession, lorsqu'il fit la cons- tatation que le maréchal se borne à invoquer dans sa déposition *comme un élément absolu de certitude.*

Donc, puisque celui-ci fut pansé vers 6 heures et demie, il n'a pu être blessé à 7 heures, quoi qu'on dise, quoi qu'on écrive, quoi qu'on veuille, et c'est bien vers 5 heures trois quarts qu'il fut atteint d'un éclat d'obus.

« Mais, nous dit M. Duquet, qu'importe l'heure de la blessure ? Ce qui est intéressant à connaître, c'est l'instant de la prise de commandement, le moment précis où la retraite sur Mézières a été ordonnée par Ducrot. »

D'accord ; mais comme cet instant « intéressant à connaître » ne saurait être déterminé, nous l'avons déjà dit, par des témoi- gnages contradictoires (*beaucoup plus contradictoires, on le verra plus loin, que ne le pense M. Duquet*), par des affirmations sans preuves, des souvenirs dont l'exactitude, par le fait même des circonstances, n'est certainement pas le principal mérite, il nous avait bien fallu, il nous faut encore, chercher ailleurs nos éléments de conviction.

Nous persistons donc à supputer l'heure de la prise de commandement *d'après celle exactement établie* de la blessure du maréchal qui devient dès lors *très intéressante à connaître.*

Qu'on veuille bien ne pas oublier que, dans notre évaluation, nous avons largement tenu compte du temps qui a dû séparer ces deux événements, par suite des incidents qui se sont produits, et que nous avons relatés tout au long.

Nous renvoyons donc le lecteur à notre exposé pages 21 et suivantes du présent volume ; *nous n'avons rien à en retrancher, rien à y ajouter.*

Et nous redirons que si M. Duquet, en partant de 7 heures pour la blessure du maréchal de Mac-Mahon, arrive logiquement à conclure 8 heures pour la prise de commandement, de notre côté, non moins logiquement, nous arrivons à conclure, en partant de 5 heures trois quarts pour la blessure, que c'est vers 7 heures moins un quart que le général Ducrot a été informé, et qu'un peu avant 7 heures il donnait ses premiers ordres.

Nous verrons tout à l'heure que si on prend pour base, dans la recherche de l'heure du transfert du commandement à Ducrot, l'intervention du général de Wimpffen, au lieu de la mise hors de combat du maréchal, on arrive à des conclusions identiques : il y a là un contrôle dont l'importance n'échappera à personne.

Nous savons bien que notre adversaire nous oppose à son tour une déclaration du maréchal de Mac-Mahon.

« Voici, dit-il, ce que pensait le duc de Magenta longtemps après la bataille : « *Le mouvement sur Mézières a été prescrit vers « 8 heures du matin par le général Ducrot*[1]. » Pourquoi Y. K. qui nous donne si libéralement l'opinion du maréchal touchant l'heure de sa blessure, nous cache-t-il son avis touchant l'heure où l'ordre de retraite a été dicté par Ducrot ? »

---

1. Le maréchal a dit exactement : « *Le mouvement sur Mézières, prescrit par le général Ducrot, vers 8 heures du matin, avait quelque chance de succès.* » Il ne s'agit donc pas d'une *affirmation catégorique uniquement relative à la question d'heure,* comme le donne à entendre la citation de M. Duquet.

Avons-nous besoin de nous défendre d'avoir « caché » quelque chose ? Ce n'est guère dans nos habitudes ; une omission de notre part eût été plutôt supposable !

Mais de toute évidence on ne saurait attribuer la même valeur aux deux déclarations du maréchal.

Quand il s'explique sur sa blessure, il parle d'un fait auquel, on en conviendra facilement, il a été quelque peu mêlé, *et il précise son dire par une constatation faite dans des conditions qui n'admettaient pas d'erreur.*

Quand il en vient à l'ordre de retraite sur Mézières donné par Ducrot, il parle d'un événement qui s'est passé entièrement en dehors de lui, et, s'il indique *approximativement* 8 heures, il ne donne aucun argument à l'appui de son allégation.

Mais M. Duquet a-t-il oublié que nous avons cité une autre partie essentielle de la déposition du duc de Magenta ?

« Par suite de la blessure du commandant de Bastard, qui ne savait au juste où était le général Ducrot, il arriva que cet officier « *général ne fut prévenu que vers 6 heures et demie qu'il devait* « *prendre le commandement.* »

Loin de nous l'idée de reprocher à notre contradicteur d'avoir *caché* dans *La Retraite à Sedan* cette déclaration qui contredit formellement la thèse qu'il soutient.

Pas davantage il ne nous était venu à la pensée, dans notre réponse à cette brochure, de dire qu'il *avait caché* les affirmations catégoriques du commandant en chef de l'armée de Châlons, au sujet de l'heure de sa blessure !

Nous n'avons pas interprété, nous n'interprétons pas plus aujourd'hui, les raisons pour lesquelles il a passé sous silence ces deux déclarations, malgré leur valeur évidente.

Quant à nous, si nous n'avons pas reproduit la déposition du maréchal de Mac-Mahon, en ce qui concerne l'heure de l'ordre de retraite sur Mézières, *c'est qu'elle est en contradiction flagrante avec les deux autres se rapportant à sa blessure* [1] *et au transfert*

---

1. Dans une autre partie de sa déposition, le maréchal dit encore que s'il n'avait été blessé, « il aurait pris, *sur les 6 heures environ*, une décision qui aurait amené l'armée à combattre tout entière pour marcher dans l'est, ou dans l'ouest ». Il n'a donc pas été blessé à 7 heures !

du commandement, alors que celles-ci cadrent absolument entre elles et sont d'accord avec la constatation du docteur Cuignet qui s'impose.

En effet, puisque Mac-Mahon a été mis hors de combat à 5 heures trois quarts comme il le dit lui-même, puisque vers 6 heures et demie, comme il le dit encore, le général Ducrot a été investi du commandement, il faudrait, pour légitimer l'heure de 8 heures comme ayant été celle où furent donnés les ordres en vue de la retraite sur Mézières, admettre qu'il s'est écoulé une heure et demie avant que Ducrot ait pris une décision après la communication du commandant Riff qui, nous l'avons établi, a mis environ une heure pour lui parvenir. (Voir p. 23.)

Or, tous les récits, tous les témoignages établissent le contraire : jamais il n'y a eu à ce sujet, dans un débat si passionné, la moindre divergence d'opinion : sitôt prévenu, le nouveau général en chef, sans perdre un instant, prescrivit la retraite vers l'ouest et coupa court aux objections de quelques officiers de son état-major en leur imposant silence.

L'heure de 8 heures est donc une erreur manifeste [1] du duc de Magenta : voilà pourquoi nous ne l'avons pas retenue.

Le point particulier que nous voulions fixer était surabondamment mis hors de conteste, comme on vient de le voir ; nous n'avions donc pas à nous adresser à d'autres éléments de conviction, et nous ne trouvions aucun intérêt à partir en guerre pour prendre le maréchal en contradiction avec lui-même.

Comme contrôle, établissons maintenant l'heure de la prise de commandement par Ducrot, en partant, non plus de la blessure du maréchal, mais bien de l'intervention du général de Wimpffen.

---

1. M. Duquet ne saurait relever cette appréciation. Dans *La Retraite à Sedan,* quand il discute l'ouvrage du général Lebrun, d'après lequel le 12e corps a reçu les ordres pour la retraite à 8 heures ou 8 heures un quart, ce qui infirme sa manière de voir, il déclare, qu'en écrivant, « *le général Lebrun a commis une erreur matérielle* ».

Nous en dirons autant du maréchal de Mac-Mahon quand *il dépose* que les ordres de retraite ont été donnés vers 8 heures, mais seulement après avoir établi le bien-fondé de notre appréciation. Bien que le général Lebrun soit sujet à caution, nous pensons qu'il ne suffit pas de dire qu'il se trompe : il faut l'établir.

Vers 9 heures [1], le général Ducrot recevait l'avis que cet officier général, faisant usage d'une lettre par laquelle le ministre de la guerre le désignait comme successeur éventuel du maréchal, revendiquait le commandement et arrêtait la retraite.

Si donc on veut que le maréchal n'ait été blessé qu'à 7 heures, que Ducrot n'ait été prévenu qu'à 8 heures, il faut, de toute nécessité, pouvoir placer entre 8 heures et 9 heures :

1° Le temps nécessaire pour donner les ordres. . . .   1/4 d'heure [2].

2° Le temps de les transmettre aux commandants de corps d'armée . . . .   1/2 heure

3° Le temps voulu pour que ceux-ci, après en avoir pris connaissance, aient pu faire parvenir aux divers échelons (divisions, brigades, régiments, artillerie, etc.), les instructions qui en étaient la conséquence. .   1/2 —

4° Le temps voulu pour exécuter, aux 1er et 12e corps, ces mouvements « *prononcés* » *dont la vue a décidé le général de Wimpffen à intervenir*. . . . .   1/2 —

Ensemble. 1h3/4

Soit, par conséquent, une heure trois quarts, deux heures en tenant compte de l'imprévu et du fait que nos évaluations sont plutôt minima [3].

---

1. Cette heure de 9 heures ressort *de tous les témoignages*. M. Duquet ne saurait nous contredire puisqu'il a écrit (*Revue de Cavalerie*, mai 1903, p. 209), « *qu'à 9 heures du matin* » Wimpffen avait prononcé « *le vrai mot tactique* » en disant à Ducrot : « Ce n'est pas une retraite qu'il nous faut, c'est une victoire ! » Or, leur colloque *fut postérieur à la réception du billet Wimpffen par Ducrot*, et cette considération fortifie encore notre opinion. M. Duquet a également écrit (*Revue de Cavalerie*, mars 1903, p. 699) : « La preuve en est que, *à 9 heures*, quand le général de Wimpffen a revendiqué le commandement..... »

2. Se rappeler que Ducrot, fixé depuis trois jours sur la véritable situation de l'armée, prit instantanément sa décision, coupa court aux objections, et dicta ses ordres sans perdre un instant. C'est bien à tort que notre contradicteur l'accuse (*Revue de Cavalerie*, juin 1903, p. 314) « *d'avoir changé en pleine bataille le plan du commandant en chef* ». Mais celui-ci n'en avait aucun ; il l'a dit lui-même dans une déposition que nous avons citée tout au long (voir p. 65-66), *et qu'on s'obstine à ignorer*. Il n'avait transmis à son successeur aucune instruction, ne l'avait mis en rien au courant de ses intentions, ce qui explique le cri de celui-ci au reçu de la communication du commandant Riff : « Que voulait-il faire ici, grand Dieu ! »

3. M. Duquet ne nous contredira pas sur ce point, puisqu'il estime (*La Retraite à Sedan*, p. 12) que le fait de donner les ordres et de les faire parvenir « demandait au moins une heure, *plus de temps même* ».

Il y a donc impossibilité matérielle à intercaler toutes ces durées entre 8 heures et 9 heures du matin, alors qu'elles cadrent exactement avec l'hypothèse de 7 heures pour la prise de commandement.

Et d'ailleurs, le propre récit du général de Wimpffen, peu suspect d'avoir voulu légitimer les dires du général Ducrot, justifie pleinement notre opinion :

« *Vers 7 heures un quart,* je fus informé que le maréchal de Mac-Mahon venait d'être blessé d'un éclat d'obus, et quittait le champ de bataille, remettant le commandement de l'armée au général Ducrot. » (*Sedan,* par le général de Wimpffen, p. 158.)

« *Au bout d'une heure (vers 8 heures un quart, par conséquent)* je remarquai *un mouvement de retraite prononcé,* de la droite vers la gauche. Le général Ducrot faisait exécuter ce mouvement pour se replier sur Mézières. » (*Sedan,* par le général de Wimpffen, p. 159.)

Et le colonel Lecomte, « *l'élève préféré de Jomini* », fait suivre cette déclaration de l'observation suivante : « Dans une autre pièce, le général de Wimpffen précise mieux ; il dit qu'il donna ses ordres *à 8 heures un quart.* » (Colonel Lecomte, *Guerre franco-allemande,* p. 468, en note.)

« J'écrivis, *à 8 heures et demie du matin,* au général Ducrot le billet suivant [1]... » (*Sedan,* par le général de Wimpffen, p. 162.)

Ici donc, tout se tient et s'enchaîne ; une erreur « matérielle »

---

[1].

Texte de l'original du billet au crayon adressé par le général de Wimpffen au général Ducrot. (*Voir ci-contre.*)

Le général de Wimpffen au général Ducrot.

L'ennemi est en retraite sur notre droite. J'envoie à Lebrun la division Grandchamp. Je pense qu'il ne doit pas être question en ce moment de mouvement de retraite.

J'ai une lettre de commandement de l'armée du ministre de la guerre, mais nous en parlerons après la bataille. Vous êtes plus près de l'ennemi que moi, usez de toute votre énergie et de tout votre

Version que donne du billet ci-contre le général de Wimpffen dans son ouvrage sur Sedan.

C'est ce texte altéré pour les besoins de la cause que les écrivains contraires au général Ducrot ont reproduit, sans souci de la vérité.

« L'ennemi faiblit sur notre droite ; je ne pense pas que dans ces conditions il y ait lieu de songer à battre en retraite ; j'envoie à Lebrun la division Grandchamp. Usez de toute votre énergie et de tout votre savoir pour remporter la victoire sur un ennemi dans des positions désavantageuses. J'ai une lettre du ministre de la guerre qui me nomme commandant de

REPRODUCTION PHOTOGRAPHIQUE DU BILLET AU CRAYON
ADRESSÉ PAR LE GÉNÉRAL DE WIMPFFEN AU GÉNÉRAL DUCROT.

ne peut s'être glissée, puisqu'il y a *concordance absolue entre les affirmations successives.*

A 7 heures un quart, Wimpffen sait que Ducrot est commandant en chef.

On admettra bien que le commandant du 1er corps, informé directement, a été prévenu avant celui du 5e, qui reconnaît d'ailleurs, dans son rapport, qu'au moment où la nouvelle lui parvint, « le général Ducrot avait déjà donné certains ordres aux commandants de corps d'armée ». (Deuxième rapport adressé au ministre, le 5 septembre 1870, de Fays-les-Veneurs, en Belgique [1].)

---

savoir pour remporter la victoire sur un ennemi dans des conditions désavantageuses. En conséquence, soutenez vigoureusement Lebrun tout en surveillant la ligne que vous étiez chargé de garder.

DE WIMPFFEN.

l'armée, nous en parlerons après la bataille. »

On le voit, après l'événement, le général de Wimpffen n'ose plus dire que l'ennemi était « *en retraite* », comme il l'avait cru naïvement ; il se contente de dire : « *l'ennemi faiblit* ».

De même, il n'ose plus écrire que les 240 000 hommes des IIIe et IVe armées, vainqueurs à Beaumont et à Mouzon, étaient dans des « *conditions désavantageuses* » en face des 100 000 hommes en désarroi de l'armée de Châlons ; il substitue le mot « *positions* » à celui de « *conditions* ».

Enfin, cette prescription ridicule, irréalisable pour le 1er corps de tenir tête vers l'est à la garde et au XIIe corps, tout en s'en allant vers le sud « *soutenir vigoureusement Lebrun* », disparaît comme par enchantement ; car, en 1871, le général de Wimpffen n'osait pas avouer qu'il s'était abusé au point de croire que le 1er septembre 1870, il ne s'agissait que de « *surveiller* » une ligne qui allait recevoir le choc de deux corps d'armée ennemis !

Les termes mêmes de cette prescription, « *tout en surveillant* la ligne que vous *étiez chargé de garder* », en disent long sur l'ignorance du général de Wimpffen relativement aux forces allemandes à l'est de Sedan !

1. Il suffit de lire le premier rapport écrit par le général de Wimpffen à Sedan même, le 3 septembre, et le second qu'il adressa au ministre le 5, de Belgique, pour voir qu'ils diffèrent notablement entre eux.

Enfin, les heures indiquées dans ce deuxième rapport sont absolument dissemblables

A 8 heures un quart, Wimpffen constate un mouvement de retraite assez prononcé pour le décider à intervenir. *A 8 heures un quart,* il donne ses premières instructions.

A 8 heures et demie, il signifie sa décision au général Ducrot, qui en reçut en effet notification vers 9 heures, comme il l'a déclaré lui-même. (*La Journée de Sedan,* p. 28, édition de 1871 — p. 30, édition de 1883.)

Comment donc, devant des déclarations aussi précises du général de Wimpffen, absolument d'accord avec celles du général Ducrot, croire un seul instant, avec M. Duquet, et quelque confiance qu'on ait dans sa compétence, que la retraite sur Mézières n'a pu être *entamée* avant 8 heures et demie, Ducrot n'ayant pris le commandement qu'à 8 heures, et le maréchal n'ayant été blessé qu'à 7 heures.

Nous ne saurions trop le redire, il y a dans la concordance du calcul fait d'après l'heure de la blessure du maréchal, avec celui basé sur l'intervention du général de Wimpffen, *un élément absolu de certitude en faveur de l'heure de 7 heures pour la prise de commandement par Ducrot.*

Et ce ne sont pas des souvenirs plus ou moins précis de combattants de Sedan, des opinions émises par certains écrivains, le plus souvent arbitrairement, qui peuvent en infirmer la valeur.

Mais enfin, puisque M. Duquet prétend que tous sont unanimes à condamner notre manière de voir, examinons leurs dires.

C'est d'abord, paraît-il, le général Ducrot lui-même, qui aurait « *reconnu* avoir pris les rênes de l'armée à 8 heures ».

Où va-t-on prendre semblable argument ?

Dans une lettre intime du général à Mme Ducrot, écrite le 4 septembre 1870, du village de Glaire !

Ma pauvre amie,

Ton mari n'est plus qu'un misérable prisonnier, un soldat déshonoré, dont le nom sera flétri dans l'histoire, comme ayant été compris dans

---

de celles données par le général dans son ouvrage de 1871. Ce dernier étant postérieur, il nous a bien fallu nous en rapporter à ses déclarations, en raison de toutes les contradictions de l'envoyé de Palikao.

la capitulation la plus honteuse qu'aient jamais enregistrée nos annales militaires.

Pourquoi ne suis-je pas tombé sur le champ de bataille, alors que tant d'autres étaient frappés autour de moi et derrière moi ? Du moins, j'échappais à tant de hontes et de misères, et je laissais à mon fils un nom dont il n'aurait pas eu à rougir.

A la tête de quelques pelotons d'infanterie ou de cavalerie, j'ai fait des efforts désespérés pour percer la ligne qui nous enveloppait de toutes parts.

Ramené chaque fois, j'ai fini par être entraîné par le torrent des fuyards et, comme tous, j'ai dû m'enfermer dans cette souricière où le manque absolu de vivres nous a mis dans la nécessité de capituler honteusement !

Aucune expression ne saurait rendre mon désespoir, ton cœur seul peut le comprendre.

Ce désespoir est augmenté par la pensée que si le fatal aveuglement du général de Wimpffen n'était venu arrêter l'exécution du mouvement que j'avais ordonné à 8 heures du matin pour occuper le village d'Illy, notre retraite sur Mézières était assurée et *peut-être*[1], au lieu d'un désastre effroyable, aurions-nous eu à enregistrer un succès relatif.

Cette indication sommaire de 8 heures du matin, dans une lettre qui n'est qu'un long cri de désespoir, écrite fébrilement, hâtivement, sous l'empire de la plus douloureuse émotion, qui n'a sans doute pas été relue, voilà le point de départ, l'unique base de cette affirmation sensationnelle que le général Ducrot *aurait fait un aveu,* qu'il aurait « *reconnu* avoir pris les rênes de l'armée à 8 heures ! »

M. Duquet saute à pieds joints sur l'occasion qui lui est offerte, lui qui trouvait si naturel que le général Lebrun, *écrivant dans le calme du cabinet, quinze ans après les événements,* commît une erreur matérielle !

Et quand le général Ducrot affirmera plus tard dans *La Journée de Sedan* (édition de 1871, p. 42) qu'il a donné des ordres « *avant 8 heures du matin* » ; dans le même ouvrage (édition de 1883, p. 143) que le « *mouvement de retraite était commencé à 7 heures et demie du matin* » ; dans une longue note manuscrite que nous avons reproduite (voir p. 95 et 97), « *qu'au moment où il prit*

1. C'est nous qui soulignons.

le commandement il devait être environ 6 heures et demie du matin et que le mouvement ordonné par lui a commencé à 7 heures et demie du matin »; dans une lettre intime écrite à un ami, quelques jours après la bataille[1] (Correspondance du général Ducrot, p. 406), qu'à 6 heures trois quarts du matin un aide de camp du maréchal vint lui annoncer qu'il était blessé et lui remettait le commandement de l'armée, toutes ces déclarations seront sans valeur, il n'y en aura qu'une à retenir, qu'une d'exacte, celle contenue dans la lettre de Glaire, écrite dans les conditions que l'on sait; et bien mieux, on nous la présentera comme un aveu, comme une reconnaissance formelle de l'heure de 8 heures[2] !

Nous n'insistons pas.

---

1. Que M. Duquet (Revue de Cavalerie, mai 1903, p. 206) confond avec la lettre adressée à Mme Ducrot.

2. Dans La Sortie de la Marne, nous avons reproduit la lettre de Glaire. L'indication de 8 heures qu'elle contient est si manifestement contraire à notre propre opinion, à toutes les autres déclarations du général Ducrot et à l'évidence même des faits, qu'en corrigeant notre minute avant de la donner au copiste, nous avons spontanément, machinalement, biffé 8 heures et écrit 7 heures, dans notre absolue conviction du moment, que nous avions commis une erreur matérielle en transcrivant dans notre texte la lettre du général. M. Duquet voit là une altération volontaire ! Mais, dans quel but, alors que la correspondance du général, publiée en 1895, porte 8 heures, alors que cette question d'heure était absolument étrangère au sujet que nous traitions, alors que nous avions pris le soin, page 8, de renvoyer le lecteur au texte original ?

S'il y a eu altération, elle est venue entièrement, comme on dit aujourd'hui, de notre « subconscience ». Que M. Duquet veuille bien nous croire, tout le monde est exposé à des erreurs de ce genre. Ne nous dit-il pas (Revue de Cavalerie, mai 1903, p. 216) : « En réalité, le grand État-major prussien a copié, purement et simplement, un passage d'un récit paru avant le sien. En effet, on lit dans Rustow : « Le prince royal ordonna « donc, à 7 heures, au XIe corps de marcher sur Saint-Menges. Le général de Gersdorff « reçut cet ordre à 7 heures et demie, à Briaucourt. »

Or, si nous nous reportons à la relation de l'État-major allemand (ou prussien, comme M. Duquet voudra), nous lisons, page 1139 : « En conséquence, à 7 heures et demie, le prince royal prescrivait aux deux corps prussiens de la IIIe armée de contourner la boucle de la Meuse », et page 1148 : « à 7 heures et demie, l'avant-garde, etc..... C'est à ce moment que le major de Hahnke apportait à ces deux corps l'ordre du prince royal... » Singulière copie en vérité ! Dans Rustow l'ordre part à 7 heures, dans la relation officielle à 7 heures et demie. Dans Rustow il n'est question que du XIe corps, dans la relation officielle il s'agit des Ve et XIe corps ! Nous reviendrons sur ce dernier point.

En outre, notre contradicteur nous reproche (Revue de Cavalerie, mai 1903, p. 206) notre affirmation que dans une lettre intime, écrite le lendemain de la bataille, Ducrot a indiqué 7 heures pour le transfert du commandement, et il nous oppose la lettre de Glaire qui dit 8 heures, alors que nous nous basions sur une autre lettre, écrite non à Mme Ducrot, mais à un ami, dans laquelle on lit : « A 6 heures trois quarts un aide de camp du maréchal vint m'annoncer... » (Correspondance du général Ducrot, p. 406, t. II.)

C'est maintenant le docteur Sarazin qui aurait déclaré, lui aussi, que le commandant du 1er corps a pris la succession du maréchal à 8 heures !

Or, il n'y a pas un mot de cela dans son récit !

Dans son ouvrage, *publié en 1887,* il expose les réflexions qui lui sont d'abord venues à l'idée, dans l'ignorance où il était de la véritable situation de l'armée, lorsqu'il entendit Ducrot ordonner la retraite, et il les résume ainsi :

« Une armée française de 100 000 hommes, *battre en retraite* dès 8 heures du matin ! »

Où est-il donc question de la prise de commandement ?

Quand le docteur Sarazin rédigeait ses récits, *longtemps après les événements,* ne tenait-il pas forcément compte du fait dont il avait été témoin, qu'il avait constaté de ses yeux, que la retraite avait en effet bel et bien commencé vers 8 heures du matin ? Était-il si étranger aux choses de l'armée au milieu desquelles il avait passé une partie de son existence pour ne pas savoir que des ordres dictés à 7 heures, et destinés à une armée de quatre corps, n'avaient pu recevoir exécution qu'une heure plus tard ? Et n'écrivait-il pas (page 123) : « *Ainsi, dès 8 heures et demie du matin, notre malheureuse armée avait déjà passé sous les ordres de trois généraux, et trois fois, sous le feu de l'ennemi, elle avait dû changer ses dispositions !* »

Ceci ne saurait se concilier avec l'interprétation plus que risquée de M. Duquet, qui ne serait acceptable que si le médecin-chef du quartier général du 1er corps avait noté ses impressions la montre à la main, au milieu des balles, au fur et à mesure des incidents ! Et encore, aurait-il perdu pour cela le droit de raisonner quelque peu et de se dire qu'une manœuvre prescrite à 7 heures à toute une armée ne pouvait guère commencer avant 8 heures ?

Rien n'autorisait donc notre contradicteur à ranger le docteur Sarazin parmi les tenants de 8 heures. Bien au contraire nous revendiquons le droit de le compter parmi ceux de 7 heures.

Continuons notre examen.

Dans les pièces à l'appui de *La Journée de Sedan*[1] se trouve

---

1. Édition de 1871, p. 404.

le « Journal des marches et opérations du 1ᵉʳ corps », rédigé par le commandant Corbin, sous-chef d'état-major général ; nous y lisons : « Sur ces entrefaites, le général Ducrot était prévenu « que « le maréchal de Mac-Mahon ayant reçu une blessure grave lui « remettait le commandement de l'armée. *Il était environ 7 heures « du matin.* »

Enfin, nous arrivons aux extraits ci-après des notes du colonel Robert, chef d'état-major général du 1ᵉʳ corps, et du capitaine Achard, attaché à l'état-major du même corps d'armée, donnés également par le général Ducrot, aux pièces à l'appui :

« Lorsque le matin, *vers 8 heures et demie,* le général Ducrot reçut du maréchal blessé l'ordre... » (Colonel Robert, cité p. 123 de *La Journée de Sedan,* édition de 1871.)

« *Vers 7 heures et demie* un billet du maire de Villers-Cernay est apporté au général : il annonce l'arrivée par cette route de forces ennemies considérables. C'est la garde prussienne et les troupes du prince de Saxe; l'attention est vivement éveillée de ce côté. Cependant ces troupes exécutent leur mouvement en dehors de nos moyens d'action et mettent à profit les nombreux fourrés dont la contrée est couverte. Quelques troupes d'infanterie sont cependant aperçues *vers 8 heures* débouchant d'un bois situé à l'est de Givonne, et non loin de la route de Villers-Cernay. Nos canons à balles envoient quelques volées de mitraille dans cette direction et dispersent instantanément ces troupes.....

« *En ce même moment,* on vient annoncer au général Ducrot que le maréchal est blessé. » (Capitaine Achard, p. 137 de *La Journée de Sedan,* édition de 1871.)

Déclarons, avant d'examiner ces textes, que le général Robert nous a fait l'honneur de nous communiquer ses manuscrits [1]. On

---

1. Nous avions déjà dit, page 23, en rangeant le colonel Robert parmi les partisans de 7 heures : « Nous avons eu entre les mains les souvenirs inédits du général Robert..... » Nous donnions donc clairement à entendre que c'était sur les originaux que nous avions fait nos recherches, et nous ne comprenons pas que M. Duquet nous ait opposé les extraits publiés aux pièces justificatives de *La Journée de Sedan.* Ajoutons que le général Robert a bien voulu nous confirmer lui-même tout récemment *que l'heure qui figure dans sa rédaction manuscrite (7 heures) est la seule exacte.*

y lit : « Lorsque le matin, vers 7 heures, le général Ducrot reçut du maréchal blessé l'ordre..... »

Nous avons eu également sous les yeux les notes manuscrites du capitaine Achard ; si l'heure de 8 heures semble y être indiquée, il nous faut bien faire remarquer qu'elles portent : « *Vers 6 heures et demie* (et non 7 heures et demie) un billet du maire de Villers-Cernay est apporté au général... »

Nous n'avons pas à rechercher les causes de ces fautes de copie ou d'impression qui remontent à plus de trente années ; les originaux sont là et font foi ; si ces erreurs n'ont pas été relevées jusqu'ici, c'est que les contestations violentes, passionnées, dont nous sommes aujourd'hui témoins, n'étaient pas venues les mettre en évidence.

Notre contradicteur s'est naturellement, et de plein droit, saisi des arguments qui s'offraient à lui ; pour nous, nous ne pouvons qu'adopter les heures qui figurent sur les pièces originales, les seules probantes dans un débat *où la preuve est faite,* et *surabondamment,* par ailleurs.

Observons que le capitaine Achard, en *fixant* 6 heures et demie pour l'arrivée du billet du maire de Villers-Cernay [1], infirme ainsi de tous points l'heure *approximative* de 8 heures qu'il donne plus loin pour le débouché de l'avant-garde de la 1re division de la garde à l'ouest de Villers-Cernay, débouché qui eut lieu effectivement vers 6 heures trois quarts. (Voir Appendice III, p. 81.)

En effet, la remise du billet, le tir à mitraille sur l'infanterie ennemie débouchant face à Givonne, l'arrivée du commandant Riff, ont été à peu près simultanés (*La Journée de Sedan,* édition de 1871, p. 20. Lettre du général Riff que nous donnerons ultérieurement. Souvenirs du général Faverot de Kerbrech, etc.). Si donc le premier de ces incidents s'est passé à 6 heures et demie, le dernier, de toute évidence, ne peut être reporté à 8 heures du matin.

Libre à notre adversaire de persister à se baser sur l'indica-

---

1. Ce qui concorde avec les explications que nous avons données à l'Appendice III, p. 81).

tion vague « En ce moment.....», qui *semble* résulter des notes
Achard; pour nous, nous ferons état de l'*heure ferme* qu'on y
trouve pour la remise de la missive du maire de Villers-Cernay,
et nous en déduirons 6 heures trois quarts pour l'arrivée du commandant Riff, qui a suivi de très près, c'est-à-dire pour la remise
du commandement [1].

Venons maintenant à la déclaration du général Riff, l'ancien
commandant du 9e corps d'armée, qui porta au général Ducrot,
en qualité de chef d'escadron d'état-major, l'ordre de prendre le
commandement.

Le général, après avoir écrit « qu'il a quitté le maréchal après
qu'il a été relevé blessé, et au moment où on le transportait dans
une ambulance pour y être pansé », après avoir dit « qu'il a été
longtemps sans trouver le général Ducrot » expose qu'il « *n'a pas*

---

1. M. Duquet a accusé le général Ducrot qui, dit-il, « ne s'était pas relu » avant de
faire paraître *La Journée de Sedan*, en 1871, d'avoir « *revu et corrigé* » son ouvrage
lors des éditions qui suivirent en 1873, 1875 et 1883, et d'en avoir enlevé : le Journal
de marche du commandant Corbin, les extraits des notes du colonel Robert, du capitaine Achard, les extraits des souvenirs du commandant Favcrot de Kerbrech, du
colonel d'Andigné, « pièces écrasantes », paraît-il, pour « la thèse de l'étourdi de
Sedan ».

Et d'abord, dans le corps du récit de ces éditions successives, *il n'y a pas un mot
de changé, il n'y a pas une seule correction, pas la moindre rectification,* comme on
peut facilement s'en assurer ; la première partie de l'accusation ne tient donc pas debout. Le Journal de marche du commandant Corbin donne, comme on l'a vu, *7 heures*
pour la prise de commandement et justifie, de tous points, le rôle de Ducrot.

L'extrait des souvenirs du commandant Favcrot est exclusivement relatif aux charges
de la division Margueritte, aux engagements du plateau d'Illy, et met en relief le dévouement absolu, la vigueur incomparable du commandant du 1er corps.

L'extrait des souvenirs du général d'Andigné ne parle de la question en litige que
pour dire : « Le général Ducrot, *pensant avec raison* que la retraite sur Mézières était
le seul moyen d'éviter un désastre. » Quel intérêt avait donc le général Ducrot à faire
disparaître ces trois documents, si nettement en sa faveur ?

Quant aux notes du colonel Robert et du capitaine Achard, il suffisait, en les produi-
sant à nouveau, de faire disparaître les erreurs de copie ou d'impression qui s'étaient
glissées dans la première édition pour leur rendre leur véritable portée !

Il est aisé d'accuser, mais quand on y regarde de près, l'accusation tombe !

La Journée de Sedan a été écrite en moins de huit jours, en réponse au livre du général de Wimpffen : rien d'étonnant que des erreurs s'y soient glissées.

Nous savons qu'au moment où le général Ducrot constata les reproductions erronées,
quant aux heures, des notes Robert et Achard, il n'y attacha pas grande importance, et
plus tard, malgré les observations du commandant Louis, plutôt que d'y introduire des
rectifications *absolument légitimes*, ce qui eut pu faire soupçonner sa bonne foi par ses
adversaires, il préféra mettre de côté tout l'ensemble des documents dont parle M. Duquet et se priver de déclarations entièrement en sa faveur !

pensé à ce moment à prendre les heures des divers incidents de la journée ».

Mais il ajoute, pour préciser, qu'au moment où il rejoignit le général Ducrot, « on venait de faire descendre des hauteurs de Givonne une brigade d'infanterie ».

Or, nous lisons dans le *Journal des marches et opérations du 1er corps,* par le commandant Corbin : « *Vers 6 heures du matin,* la 3e division se trouva réduite à sa seconde brigade, *la première ayant* reçu l'ordre de se porter à Balan, en soutien de l'infanterie de marine. »

Nous lisons également dans les notes du général Robert : « Le général l'Hériller (3e division) n'avait plus qu'une de ses brigades sous la main, sa première brigade (général Carteret-Trécourt) ayant été, *dès 6 heures et demie du matin,* envoyée comme troupe de soutien du 12e corps, sur la demande du général Lebrun. »

Enfin, nous dit la Relation officielle allemande, « sur la demande du général Lebrun, la brigade Carteret-Trécourt, du 1er corps, s'était portée sur Balan, *dès 6 heures du matin* ».

Le commandant Riff, qui arriva au moment où cette brigade venait de descendre des hauteurs pour se porter vers Balan, s'est donc présenté vers 6 heures trois quarts, car il faut tenir compte du temps qui fut nécessaire pour gagner le bas des pentes et du fait que si le commandant Corbin dit vers 6 heures, le général Robert dit 6 heures et demie.

Le général Riff, dans sa lettre, précise encore davantage quand il écrit : « L'ennemi débouchait d'un bois qu'on voyait de la hauteur ; notre artillerie de Givonne tirait sur lui..... l'ennemi se hâtait d'atteindre les petits bois qui étaient devant lui. »

Ici encore, le doute n'est pas permis : il s'agit bien du débouché de l'avant-garde de la 1re division de la garde à l'ouest de Villers-Cernay, événement qui se produisit vers 6 heures trois quarts (voir Appendice IV, p. 85 et suiv.), et du tir que dirigèrent sur cette avant-garde nos mitrailleuses placées sur les hauteurs de Givonne.

Ainsi, de la façon la plus nette, la déclaration du général Riff nous ramène à l'heure de 7 heures[1] pour le transfert du commandement.

Dès lors, sans nous attarder à discuter la valeur des communications faites par le commandant Rouff, nous sommes pleinement autorisé à dire qu'il n'y a pas chez les témoins des faits cette extraordinaire unanimité que relevait M. Duquet, en faveur de 8 heures !

N'a-t-il pas été trop confiant dans la légitimité de sa classification, n'a-t-il pas eu le triomphe trop facile en écrivant : « Donc, ce n'est pas une déroute, c'est une débâcle, pour le tenant de 7 heures du matin..... Voilà ce qu'il appelle prouver que l'heure de 7 heures du matin a été celle de l'expédition des premiers ordres en vue de la concentration vers Illy — Saint-Menges! que serait-ce, dieux immortels, s'il n'avait rien prouvé ? »

Comme on l'a vu, notre conviction s'est formée exclusivement par l'étude des faits mêmes ; elle est basée sur *des considérations* de temps qui ne sauraient tromper ; c'est pourquoi nous n'attachons qu'une minime importance aux *souvenirs* de témoins qui étaient *hors d'état* de faire des relevés d'heures, des constatations précises, qu'aucun d'ailleurs ne produit à l'appui de ses réminiscences.

Mais puisqu'on nous y a provoqué, imitons notre contradicteur et dressons un état récapitulatif des dépositions apportées de divers côtés, en y comprenant celles de quelques écrivains cités par M. Duquet.

---

1. Dans sa lettre du 28 août 1903, le colonel Debord, autre témoin oculaire, nous écrit : « Vous m'avez demandé à quelle heure le commandant Riff est arrivé près du général Ducrot ; nous étions à ce moment sur les hauteurs de Givonne ; *il devait être dans les environs de 7 heures.* »

TABLEAU.

7 HEURES OU AVANT 7 HEURES.	7 HEURES ET DEMIE.	8 HEURES.	8 HEURES ET DEMIE.
1. Le général de Wimpffen (qui déclare avoir été informé à 7 heures un quart du transfert du commandement à Ducrot, etc.).	1. Colonel Vial.	1. Étienne Lamy.	Comm¹ Rouff.
2. Le maréchal de Mac-Mahon (qui fixe à 6 heures et demie l'heure de la remise du commandement).	2. Gal Canonge².	2. Lieutenant-colonel Rousset (qui détruit cette affirmation en plaçant avant 9 heures l'intervention du général Wimpffen [t. II, p. 308]).	
3. Le général Ducrot (*La Journée de Sedan* ; notes manuscrites ; lettre intime écrite au lendemain de la bataille ¹).		3. Général Lebrun (qui infirme sa déclaration en écrivant : « que vers 8 heures et demie le 12ᵉ corps avait repassé en partie le fond de Givonne »).	
4. Le colonel Robert (Pierre-Joseph) [Souvenirs manuscrits].		4. Arthur Chuquet.	
5. Le commandant Corbin (Journal de marche du 1ᵉʳ corps).		5. Un officier d'état-major (?) de l'armée du Rhin, le colonel Frédéric Robert, nous dit M. Duquet. Or, l'Annuaire de 1870 ne donne, dans le corps d'état-major, qu'un officier répondant à *ce nom* et à *ces prénoms* : le capitaine de 2ᵉ classe Robert, promu en 1864.	
6. Le docteur Sarazin (qui fixe dans ses récits 8 heures pour le commencement de la retraite).			
7. Général Faverot (Souvenirs manuscrits).			
8. Général Peloux (Notes et carnet de campagne).			
9. Capitaine Achard (qui fixe à 6 heures et demie l'heure de l'arrivée du paysan envoyé par le maire de Villers-Cernay, lequel s'est présenté peu avant le commandant Riff).			
10. Général Riff (qui déclare avoir rejoint le général Ducrot au moment où la brigade Carteret-Trécourt venait de descendre des hauteurs de Givonne, etc.).			
11. Le colonel Debord (qui place aux environs de 7 heures l'arrivée du commandant Riff).			

Soit pour 7 heures ou avant 7 heures : 11 tenants dont 9 témoins oculaires.
    pour 7 heures et demie :   2 tenants } dont aucun n'était présent à la remise
    pour 8 heures :   5 tenants } du commandement.
    pour 8 heures et demie :   1 tenant, témoin oculaire.

1. Nous ne possédons pas le compte rendu du procès Wimpffen-Cassagnac. Mais si nos souvenirs sont exacts le général Ducrot, dans sa déposition, a indiqué 6 heures et demie.
2. Nous aurions le droit de ranger le général Canonge parmi les tenants de 7 heures, puisque c'est l'heure que « mieux informé », dit-il, il vient d'adopter dans une remarquable étude qui nous arrive au moment où la nôtre est terminée.

Que pouvait connaître le général Ducrot de la situation des armées allemandes autour de Sedan ?

Nous avons fait ressortir dans la première partie de ce travail combien est vicieuse la méthode si chère aux écrivains qui n'ont jamais fait la guerre, ni exercé le moindre commandement, méthode qui consiste à se baser, pour apprécier des décisions prises au cours des événements, sur des documents provenant des deux partis en présence, et faisant connaître après coup les ordres donnés, les mouvements exécutés, la répartition des troupes aux divers moments chez les deux adversaires.

Nous avons montré Napoléon lui-même se trompant maintes fois, et du tout au tout, sur les projets de l'ennemi et sur le groupement de ses forces.

Eh oui, comme l'a écrit le colonel Lecomte [1], « il y a une grande différence entre la stratégie du cabinet et celle du bivouac [2] ».

---

1. M. Duquet nous a reproché de ne pas faire assez de cas de l'ouvrage du colonel suisse Lecomte, « *l'élève préféré de Jomini* ». Nous avouons qu'à tous égards nous le considérons comme des plus faibles. Néanmoins, pour donner satisfaction à notre contradicteur, nous en citerons quelques extraits, mais ils ne serviront guère la thèse qu'il soutient. Quant aux livres de MM. Véron, Jules Claretie, Amédée Le Faure, du baron A. D., etc., l'incompétence de leurs auteurs au point de vue militaire est trop manifeste, ils sont trop étrangers aux choses qu'ils discutent, pour que nous y attachions la moindre importance. Loin de nous l'idée de contester leur mérite littéraire, mais on peut être de « l'Académie française », et entièrement hors d'état de se prononcer, *en connaissance de cause*, sur des questions de tactique.

2. La différence est plus grande encore entre la tactique du cabinet et celle du champ de bataille ! Qu'il est facile, au coin de son feu, de proposer des solutions à la douzaine ! Mais sous les balles, alors que souvent les plus braves sont peu maîtres de leurs nerfs, de leurs impressions, alors que le temps se compte par minutes, *alors qu'on ne sait que fort peu de chose de ce que fait l'ennemi*, c'est une autre affaire ! Tel qui tranche comme en se jouant le nœud gordien, confortablement assis devant sa table de travail, en pleine connaissance de tous les éléments du problème à résoudre, serait peut-être resté coi, incapable de la moindre idée, au milieu de la tourmente ! Pour parler de ces choses *avec autorité*, il faut être passé par les émotions du combat, savoir ce dont on est capable devant le danger, *en face de l'inconnu !* « *Il est facile,* a écrit très sensément von der Goltz, de diriger des armées quand *le vol de la pensée* n'est entravé par aucun obstacle, quand aucun ennemi ne s'oppose au *crayon* qui trace les *marches triomphales*. Mais, c'est le problème *le plus difficile* qui puisse être posé au génie de l'homme, aussitôt que *celui qui dirige* se trouve au milieu des *obstacles à perte de vue* que lui préparent les hommes, les choses, les forces contraires de toute nature. »

Nous maintenons, à propos des journées qui ont précédé Sedan, que le général Ducrot qui, à la tête du 1er corps, avait tenu la droite de l'armée le 30 et le 31 août, qui le 30 s'était trouvé à Carignan, c'est-à-dire sur la rive droite de la Meuse, *à l'est et à 25 kilomètres de Sedan* (par la route directe), n'avait aucune reconnaissance à ordonner à l'ouest de la place, vers Donchery — Mézières.

Ce soin incombait, faut-il le répéter, en premier lieu au commandant en chef de l'armée qui disposait des divisions de cavalerie indépendantes, et ensuite aux commandants des corps d'armée les plus rapprochés de la route Donchery — Mézières.

Quoi qu'il en soit, pour M. Duquet, le général Ducrot eût dû connaître de la situation vers Mézières « ce que le général de Wimpffen en savait » ; « ce que l'un avait fait, écrit-il, l'autre aurait dû le faire, le premier devoir d'un chef étant de s'instruire de ce qui se passe *autour de lui*[1]... Le général Ducrot avait le devoir d'imiter le général de Wimpffen et d'envoyer des cavaliers[2] (*sic*), comme celui-ci en a eu l'idée, à l'effet de savoir si la route de Mézières était barrée. »

Mais, autour du 1er corps d'armée, il y avait à l'est et au sud l'ennemi, au nord la Belgique, à *l'ouest le gros de l'armée française* (5e, 7e et 12e corps). N'ayant à reconnaître ni la Belgique, pays neutre, ni l'armée du maréchal de Mac-Mahon, le commandant du 1er corps devait nécessairement borner ses investigations aux directions de l'est et du sud.

Voilà pourquoi il se mit en relations avec les autorités locales, entre autres avec le sous-préfet de Montmédy ; voilà pourquoi il fit tendre par le commandant Warnet, de son état-major, une embuscade qui réussit à capturer vers la Chiers une patrouille de cavalerie allemande qui lui fournit de précieux renseignements.

---

1. C'est nous qui soulignons.

2. Le 31 août, ces « cavaliers » n'eussent pu lui apprendre qu'une chose : que la route de Mézières était libre. Et nous pensons que si le général Ducrot, pendant la marche de son corps d'armée de Carignan sur Illy, avait eu à envoyer des reconnaissances vers Donchery *dont il était séparé par les trois autres corps de l'armée,* il aurait expédié de ce côté autre chose que des « cavaliers », sans doute quelques officiers de son état-major.

Fixé par ce qu'il avait appris, et par ce qu'il avait vu de ses
propres yeux, sur la situation de l'ennemi entre Meuse et Chiers,
c'est-à-dire autour de lui, il savait la route de Metz irrévocablement fermée par des forces supérieures[1]. *Le soin de faire explo-
rer vers Mézières ne lui incombait en rien, pas plus le 31 que le
30 août;* d'autres en avaient charge, qui ne s'en préoccupèrent
pas.

En fin de compte, il n'y a qu'une chose à retenir des affirmations de M. Duquet : C'est que, dans une armée de quatre corps
en marche vers le nord-est, le soin de l'exploration vers l'ouest
incombe au commandant du corps d'armée d'aile droite, le plus
avancé vers l'est ; bien mieux, quand cette armée, modifiant sa
direction de marche, rétrogradera vers l'ouest, le soin des reconnaissances à fournir sur ses derrières menacés incombera encore
au commandant du corps d'aile droite, *devenu corps d'arrière-
garde,* bien qu'il soit en flèche vers l'est, ce qui comportera pour
les groupes de découverte l'obligation peu banale soit de contourner le gros de l'armée, soit de la traverser !

Devant de telles théories, il n'y a pas à insister, autrement que
pour faire observer que si l'on admet que le commandant du
1ᵉʳ corps devait faire reconnaître la région de Donchery — Mézières,
à l'ouest de Sedan, il faut bien admettre aussi que les chefs des
5ᵉ et 7ᵉ corps devaient à leur tour, d'après les mêmes principes,
faire patrouiller dans la région Douzy — Carignan, à l'est de la
place. Singulier chassé-croisé ! Étrange répartition des rôles !

En tout cas, qu'on n'oublie pas que si Ducrot ne fut pas en
situation de connaître *par lui-même* les mouvements de l'aile
gauche allemande, que si le maréchal ne lui transmit aucun renseignement sur ce qui se passait vers Donchery, il eut, du moins,
l'intuition très nette du « *mouvement de capricorne* » dessiné par

---

1. Rappelons que, dès le 29 août, Ducrot n'avait plus aucune illusion sur la gravité de
la situation : lui seul voyait clair, témoin sa lettre, écrite dans la soirée du 30, au général
Margueritte : « Les événements qui se sont passés dans la journée à Mouzon rendent
notre situation très grave. » De même le commandant Reveroni, officier d'ordonnance
du général Margueritte, raconte dans une lettre écrite le 9 juin 1884 : « *Dans la nuit
du 29 au 30,* je fus envoyé au général Ducrot par le général Margueritte ; je le trouvai
tout habillé, sur un matelas, dans une petite maison ; au moment de partir, il me serra
la main en me disant : Qu'allons-nous devenir ? »

les masses ennemies [1]. Qu'on n'oublie pas non plus qu'au moment où il prit le commandement, il avait sa conviction faite : elle n'était, malheureusement, que trop conforme à la réalité ! Et il n'avait pas alors le loisir d'envoyer des reconnaissances et d'attendre leurs rapports pour prendre une décision ; il fallait agir sans perdre *une minute* et sortir l'armée de la « souricière » avant qu'elle n'y fût cernée.

Mais ce que nous ne craignons pas d'affirmer, ce que nous allons établir, c'est que le général de Wimpffen, qu'on nous représente comme si bien renseigné, ne savait pas plus ce que faisaient les Prussiens à l'ouest de Sedan qu'à l'est, que ses affirmations d'après lesquelles il *aurait* appris, le 31 août au soir, « que 80 000 ennemis avaient passé la Meuse », « que des masses considérables interceptaient la route de Mézières », *sont absolument et sciemment erronées.* Car, comment eût-il pu connaître *ce qui n'avait pas eu lieu ?*

Nous avons fait justice de certaines allégations, et démontré, d'après le récit officiel allemand lui-même, que dans la soirée du 31 août *une faible avant-garde* (trois bataillons et demi) a seule occupé Donchery, et poussé au nord et à l'est *quelques minimes détachements qui s'éloignèrent à peine de la Meuse.* (Voir ci-dessus : Première réponse à M. Alfred Duquet, p. 34 et 44 ; *État-major allemand,* p. 1076, 1077, 1082, 1083, 1146, 1147.)

Rien n'est gênant comme un fait !

M. Duquet, dans *La Retraite à Sedan,* page 36, avait écrit, en nous renvoyant au croquis encarté à la page 1078 de l'ouvrage du grand État-major prussien [2], que « le 31 août au soir, *une*

---

1. Voir pages 30, 31, 32 de ce travail ; *Le Correspondant* du 25 août 1900, pages 624, 625 ; *La Journée de Sedan,* pages 20, 22, 24, 27, 28 (édition de 1871) ; note manuscrite du général Ducrot, reproduite à l'Appendice VI, page 94 du présent volume.

A propos de cette dernière note, disons que l'officier d'ordonnance qui fut envoyé vers le général Douay et qui vint rendre compte au général Ducrot, un peu avant l'arrivée du commandant Riff, *que l'ennemi n'était pas en vue en avant du front du 7e corps,* était le capitaine d'Arthel.

2. Nous avons eu beau regarder ce croquis *à la loupe, il n'indique pas le plus petit élément de troupe au nord-est de Donchery.* Il fait voir qu'il y avait à Donchery la *très faible* avant-garde dont nous avons parlé. Enfin il nous montre la « *grosse partie* » du XIe corps à Cheveuges, et le Ve corps à Omicourt—Connage—Bulson, c'est-à-dire à 10 kilomètres de la Meuse !

grosse partie du XIe corps avait franchi la « Meuse à Donchery, et se tenait *au nord-est* de cette commune ».

Dans la *Revue de Cavalerie* de mai 1903, page 214, notre éminent contradicteur maintient ses déclarations ; il répète « qu'une *grosse partie* du XIe corps avait passé le fleuve et se composait de bataillons sous la conduite du général de Gœrsdorff en personne[1] ».

Mais, il lui faut bien le reconnaître immédiatement après, « ces bataillons étaient au nombre *de trois et demi,* avec un escadron, une batterie ».

Franchement, est-ce là légitimer l'expression « *une grosse partie du XIe corps* »_, quand ce corps d'armée se composait de vingt-quatre bataillons d'infanterie, un bataillon de chasseurs, quinze batteries d'artillerie, huit escadrons de cavalerie, un bataillon de pionniers ?

Non, c'était bien une *très faible partie* du corps d'armée, pas même une avant-garde normale, puisque habituellement, en pareil cas, celle-ci est d'une brigade (six bataillons).

La « grosse partie » du XIe corps, vingt et un bataillons, quatorze batteries, sept escadrons, était à Cheveuges ; le Ve corps en entier se trouvait beaucoup plus en arrière. Nous étions donc *dans le vrai absolu* en écrivant que le 31 août au soir *toute l'aile gauche allemande,* à part *une minime fraction à Donchery,* était bien au sud de la Meuse et que les masses considérables de l'ennemi n'ont intercepté en rien la route de Mézières au cours de cette même soirée, puisque ce n'est que le 1er septembre, d'après la relation allemande elle-même, que le passage a commencé vers 4 heures du matin aux abords de Donchery, vers 6 heures à Dom-le-Mesnil[2]. (Relation officielle, p. 1147.)

---

1. La place du commandant d'une colonne est le plus souvent à l'avant-garde, *sans que pour cela il la commande « en personne ».*

2. M. Duquet nous reproche d'avoir fait dire à M. Véron que l'ennemi, le 31 août au soir, « n'avait pas encore fini de passer » la rivière. Si notre citation n'est pas exacte, que notre contradicteur veuille bien s'en prendre à lui-même, car nous l'avons textuellement recopiée dans sa brochure, *La Retraite à Sedan ;* on y lit, en effet, pages 60 et 61 : « Les Ve et XIe corps..... n'avaient cependant point encore passé (fini de passer) la Meuse », et en renvoi : « *La troisième Invasion,* par Eugène Véron. Paris, 1876. »

Ce qui n'empêche pas le général de Wimpffen, dans son livre, *Sedan*, publié en 1871, d'écrire :

« L'empereur lui-même n'ignorait donc pas à ce moment (le 1er septembre au matin) que la route de Mézières était interceptée par des masses ennemies[1]. *Je le savais, moi, depuis la veille au soir* (p. 164).

« *A 5 heures du soir* (le 31 août), j'avais envoyé au quartier général (du maréchal) un maire des environs venant prévenir que *plus de 80 000 Allemands passaient la Meuse* entre Donchery et Dom-le-Mesnil » (p. 145).

Admettons un instant ces déclarations. Alors, comment expliquer la conduite du général de Wimpffen ?

A 7 heures un quart du matin, quand il apprend que le général Ducrot ordonne la retraite vers l'ouest, il sait depuis la veille que la route est coupée *par plus de 80 000 hommes*[2], et il laisse faire pendant plus d'une heure le nouveau général en chef; il ne songe même pas à lui donner connaissance de ce qu'il a appris le 31 au soir !

Dans le billet qu'il lui adresse à 8 heures et demie du matin, il ne dit rien de ces masses ennemies dont la présence sur la route de Mézières, depuis la veille, semblerait condamner le mouvement vers l'ouest !

Dans le colloque qu'il a avec le général Ducrot, il n'en parle pas davantage. Au contraire, ne dit-il pas : « *Il n'y a que de la cavalerie derrière nous, nous n'avons pas à nous inquiéter ; le général Douay la maintiendra*[3]. »

---

1. Ainsi, parce que cinq divisions allemandes, dont une occupée vers Mézières, sont à l'ouest de Sedan, il faut renoncer à agir dans cette direction ; mais, la présence de dix divisions à l'est et au sud de la place, barrant les débouchés vers Carignan, nous donne, paraît-il, toutes chances de succès de ce côté.

2. L'aile gauche allemande était loin d'atteindre cet effectif. Les Ve et XIe corps avaient été très éprouvés à Wissembourg et à Frœschwiller, la division wurtembergeoise également dans cette dernière bataille. Le 21 août, les situations d'effectif ne donnaient pas plus de 20 000 hommes d'infanterie dans chacun des Ve et XIe corps ; les marches qui suivirent vinrent encore diminuer ce chiffre. C'est tout au plus si le Ve et le XIe corps réunis atteignaient 50 000 combattants.

3. « Voici les propres paroles du général de Wimpffen ; il me semble les entendre encore quoique arrivé au 33e anniversaire de cette fatale journée ; au moment où le général Ducrot lui manifestait toutes ses craintes d'être *complètement enveloppé par un*

Que sont devenus les 80 000 hommes ?

Il écrit au général Douay, *dans l'après-midi : « Je crois à une démonstration sur votre corps d'armée, mais surtout pour vous empêcher de porter secours aux 1ᵉʳ et 12ᵉ corps.* Voyez si vos positions vous permettent de n'utiliser *qu'une partie de vos troupes et d'envoyer le reste au général Lebrun.* Je vous engage à envoyer *une partie de votre artillerie* et *la brigade Labadie dans le bois de la Garenne..... »*

Les 80 000 Allemands se sont donc évanouis ?

Car, si faible idée que nous ayons des moyens du général de Wimpffen, nous n'allons pas jusqu'à lui attribuer la pensée qu'une telle masse de combattants ait franchi la Meuse la veille, fait le mouvement que l'on sait pour doubler la boucle de la rivière, tout cela dans l'unique but de faire une simple démonstration sur les 20 000 hommes du corps Douay !

Quand donc a-t-il connu réellement la présence sur nos derrières des « masses ennemies », que le général Ducrot lui avait en vain annoncées en lui répétant plusieurs fois, le matin même : « *L'ennemi est en train de manœuvrer pour nous envelopper. »*

Mais il nous l'apprend lui-même : après avoir dit qu'il se porta près du général Douay, il ajoute : « Nous parcourûmes alors le front de ses troupes, en suivant la crête qui aboutit au bois de la Garenne, *et là je vis toute une armée ennemie s'étendant au loin. »*

En vérité, qui osera soutenir que s'il eût eu depuis vingt-quatre heures connaissance de l'arrivée par Vrigne des Vᵉ et XIᵉ corps, de « 80 000 combattants », il eût écrit à Douay qu'il n'avait qu'une démonstration à redouter, qu'il devait dégarnir son front de la majeure partie de ses troupes, de ses canons ?

N'eût-il pas eu, dès le début de la journée, la certitude que

---

mouvement de l'ennemi sur notre extrême gauche, il lui répondit : « *Mais non, Du-* « *crot, nous n'avons rien à craindre de ce côté ; nous n'avons là que des reconnais-* « *sances de cavalerie, avec quelques pièces d'artillerie.* » Je me porte garant de ces paroles, étant à côté du général Ducrot qui m'avait dit, comme lui servant de guide, d'être constamment à ses côtés. » (Extrait d'une lettre du colonel Debord, en date du 28 août 1903.)

« toute cette armée ennemie » n'allait pas tarder à assaillir le 7ᵉ corps ?

Or, *d'après son propre récit*, il fallut que le général Douay, devant son insistance à lui prescrire l'envoi d'une partie de ses troupes pour soutenir Lebrun et occuper le bois de la Garenne, lui enlevât *ses illusions* en lui disant : « Nous ne nous battons plus que pour l'honneur des armes. *Veuillez me suivre, il vous sera facile de vous en assurer,* » *et lui fit voir l'arrivée de l'aile gauche allemande pour le persuader !*

Donc, de toute évidence, il n'avait pas la moindre notion de ce qui nous menaçait à l'ouest. Mais, en 1871, quand il a voulu dans son livre[1] justifier son intervention, il n'a pas hésité à affirmer « *que le blanc était noir* », que les Allemands nous coupaient de Mézières dès le 31 août, qu'il avait eu connaissance de ce danger la veille de la bataille, etc.

Nous ne nous lasserons pas de répéter que s'il a revendiqué le commandement, alors qu'arrivé à Sedan depuis vingt-quatre heures seulement il n'avait pas la moindre idée des opérations en cours et de la situation respective des deux armées en présence, alors qu'il avait commis l'impardonnable légèreté de ne pas communiquer au maréchal de Mac-Mahon la mission éventuelle dont il était chargé par le ministre, c'est parce que, *ne comprenant rien à ce qui se passait,* il a cru vers 8 heures que le semblant de succès du 12ᵉ corps était le prélude d'une *victoire,* parce qu'il a voulu que cette *victoire* fût sienne et lui valût son bâton de maréchal[2].

« Ce n'est pas une retraite qu'il nous faut, c'est une *victoire* », dit-il à Ducrot.

Et à Lebrun : « Tu auras les honneurs de la journée ! »

A l'empereur : « Que Votre Majesté ne s'inquiète pas, dans une heure je les aurai jetés dans la Meuse ! »

---

1. Le colonel Lecomte ne peut s'empêcher de remarquer que l'ouvrage du général de Wimpffen est *défectueux et peu sûr en quelques points….. qu'il contient des assertions par trop tranchantes et des erreurs criantes de faits.*

2. Quand le général Ducrot eut reçu la communication du commandant Riff, le colonel Robert, son chef d'état-major, lui dit : « Mais, mon général, c'est un bâton de maréchal ! » A quoi Ducrot répondit simplement : « Il s'agit bien de cela ! si je puis tirer l'armée du pétrin où elle est, je serai bien heureux ! » (Récit du général Robert.) Et, suivant M. Duquet, le « présomptueux », c'était le général Ducrot !

« Au moment où le général de Wimpffen se porta vers Ducrot, il marchait radieux, comme dans une auréole de gloire [1]. »

Non, parler de victoire à Sedan, ce n'était pas prononcer le *vrai mot tactique,* c'était faire preuve d'aveuglement, c'était de la démence !

Aussi bien, nous pensons que M. Duquet a sans doute perdu quelques-unes de ses illusions sur son héros.

Dans *Frœschwiller-Châlons-Sedan,* il écrivait autrefois que seul, avec le général de Palikao, « *le général de Wimpffen était en état de manier de grandes masses* », et aujourd'hui il le met dans le même sac que tant d'autres en disant : « Oui, MM. Canrobert, Bourbaki, *de Wimpffen* étaient de simples entraîneurs d'hommes, ce n'étaient pas des commandants d'armées, *pas même de corps d'armée.* »

Quelle chute ! Du maniement transcendant des *grandes masses* à l'incapacité de conduire *même un corps d'armée !*

De même, dans *Frœschwiller-Châlons-Sedan,* comme dans *La Retraite à Sedan,* le général de Wimpffen est glorifié d'avoir voulu agir vers l'est !

Et dans les articles de la *Revue de Cavalerie* (juin 1903, p. 325) nous apprenons qu'au moment où Wimpffen a pris le commandement il était « trop tard pour marcher vers Carignan », qu'il n'y avait plus qu'à préparer (*sic*) la sortie par Torcy, à laquelle Wimpffen n'a pas songé, nous ne saurions trop l'en féliciter, cette fois !

Nous n'aurons pas l'orgueil d'attribuer « cette très honorable reculade de notre éminent adversaire à l'influence de nos efforts depuis plusieurs années ».

Quant à nous, nous n'avons rien à « retrancher non plus de nos appréciations premières » et nous maintenons que Ducrot avait vu juste en estimant, d'après les renseignements qu'il s'était procurés et d'après ce qu'il avait vu de ses yeux, que la route de l'est nous était irrévocablement fermée, que les Allemands étaient « en train de manœuvrer pour nous envelopper « par leur éternel « mouvement de capricorne », qu'il fallait avant tout reporter toute

---

1. Souvenirs d'un officier de cavalerie, devenu général de division, témoin oculaire.

l'armée en dehors de la circonférence que les masses ennemies s'efforçaient de décrire. Il avait apprécié à sa juste valeur l'attaque des Bavarois sur Bazeilles en n'y voyant qu'une diversion destinée à nous attarder au sud et à l'est de Sedan [1].

Voilà pourquoi la décision qu'il prit, basée sur une saine appréciation de la situation, était la seule qui pût, à défaut d'une victoire chimérique, limiter le désastre qui était imminent, nous procurer par conséquent *un succès relatif*.

Impossibilité où se seraient trouvés les Allemands, le 1er septembre 1870, de nous barrer efficacement les directions de Mézières et de Rocroi, si le mouvement de retraite n'avait été arrêté par le général de Wimpffen.

Nous avons établi dans notre « Première réponse », pages 43 à 47, d'après la relation de l'État-major prussien lui-même, que les Ve et XIe corps prussiens n'ont pu commencer qu'après 8 heures et demie du matin leur mouvement dans la direction de Saint-Menges par le défilé de la Falizette, *et par conséquent attaquer ce village que vers 10 heures.*

En effet, les ordres sont partis de Piaux (Croix) à 7 heures et demie du matin : « Le prince royal de Prusse se tenait depuis 6 heures sur la pente au nord-est de Piaux (Croix)..... *Un épais brouillard empêchait d'abord de rien distinguer..... Vers 7 heures la brume tombait.....* » (*État-major allemand*, p. 1138) ; à ce moment, poursuit la Relation officielle, le prince royal donna au général de Hartmann, commandant le 2e corps bavarois, les ordres nécessaires pour faire appuyer le 1er corps bavarois vers Bazeilles par une de ses divisions, tandis que l'autre devait occuper les hauteurs entre Frénois et Wadelincourt ; *puis il observa* les mouvements des Ve et XIe corps qui étaient en marche vers la route *Sedan-Mézières*, ceux de la division wurtembergeoise qui marchait sur Viviers-au-Court. Le prince, *après avoir constaté que*

---

1. « Le général von der Thann a ordre de se porter sur Bazeilles, d'attaquer et *de retenir le plus longtemps possible l'ennemi* ou du moins la queue de ses colonnes. Si Votre Altesse peut opérer dans le même sens, le résultat final n'en sera que plus sûrement atteint. » (Instructions adressées au prince royal de Saxe, le 31 août au soir, par le Grand Quartier général.)

des patrouilles de cavalerie allemande venaient de dépasser la route de Mézières [1] *sans qu'aucun coup de feu eût retenti de ce côté,* en conclut que les Français étaient restés autour de Sedan, ou marchaient vers l'est ; *il arrêta dès lors* ses déterminations (Relation officielle, p. 1139) : « En conséquence, *à 7 heures et demie,* le prince royal prescrivait aux deux corps prussiens de la IIIe armée de contourner la boucle de la Meuse... » (Relation officielle, p. 1139.)

« *A 7 heures et demie,* dit de son côté le rapport allemand, l'ordre fut *immédiatement envoyé* par le prince royal, aux XIe et V^e corps, de doubler la presqu'île d'Iges. »

Comme les destinataires étaient le général commandant le Ve corps, à Viviers-au-Court, et le général commandant le XIe, à Briancourt, nous avons estimé à une heure le temps nécessaire à la transmission des ordres.

A ce propos, notre contradicteur insinue que « nous lui paraissons exagérer les distances, *ad causam* » en évaluant à 8 kilomètres environ le trajet à parcourir par le porteur des instructions du commandant de la IIIe armée.

Or, des hauteurs de Piaux (Croix) à Viviers-au-Court, il y a exactement sur la carte au 80 000e 7 centimètres 5 millimètres, soit 6 kilomètres à vol d'oiseau.

Mais, nous avons fait observer que le major de Hahnke, porteur des ordres, avait dû gagner le pont de Donchery par un détour, traverser un village encombré, *cheminer sur une route couverte de troupes ;* de plus, cette route s'écarte notablement de la ligne droite puisque, après avoir d'abord longé la Meuse dans la direction est-ouest, elle va passer à Vrigne-sur-Meuse, se redresse vers le nord et fait encore un coude à hauteur des Aulnes [2]. Enfin *nous répétons* que l'envoyé du prince royal n'a pas trouvé du premier coup, sans quelques recherches, le général de Kirchbach, commandant le Ve corps.

Notre évaluation est donc plutôt minima et nous n'avons en

---

1. Elle n'était donc pas interceptée depuis la veille, pas davantage depuis le point du jour.

2. L'allongement est le même si on prend par la route de Vrigne et le château du Faucon.

rien exagéré la distance, pas plus que le temps nécessaire à la parcourir. Et quand M. Duquet veut bien nous apprendre que plusieurs officiers *ont dû* porter simultanément les ordres aux Ve et XIe corps, *bien que le récit officiel allemand n'en parle pas,* il oublie sans doute que nous avons admis cette hypothèse comme base de notre calcul, puisque nous avons écrit (p. 48, note) : « Mais comme il est possible, bien que la relation officielle soit muette à ce sujet, que les ordres aient été transmis simultanément aux Ve et XIe corps par plusieurs officiers accompagnant le major de Hahnke..... »

Aucun officier au courant du service d'état-major ne contredira notre affirmation qu'il a fallu à ce dernier et aux officiers qui, *peut-être,* marchaient avec lui, une heure au moins pour joindre les deux commandants de corps d'armée et leur communiquer les instructions du prince royal.

Nous ferons remarquer à nouveau que si l'ordre de marcher sur Saint-Menges a pu être exécuté par l'avant-garde du Ve corps, aussitôt qu'il a été communiqué au général de Kirchbach à Viviers-au-Court, que si ce corps d'armée qui ne formait qu'une seule colonne n'a eu qu'à suivre le mouvement de l'élément de tête, il n'en a pas été de même au XIe corps : le général de Gœrsdorff, prévenu à Briancourt, a dû rédiger et faire parvenir ses instructions au commandant de la colonne de droite, à Montimont, prévenir et mander « pour se concerter avec lui au sujet des nouvelles dispositions à prendre » le commandant de la colonne de gauche à Vrigne-aux-Bois[1]. (*État-major allemand,* p. 1148.)

Tout ceci ne s'est pas fait en une minute, et compense largement le fait qu'il y a moins de distance de Donchery à Briancourt que de Donchery à Viviers-au-Court.

Or, d'après la Relation officielle allemande, les ordres du prince royal partent de Piaux (Croix) à 7 heures et demie (p. 1139) et arrivent également à 7 heures et demie à Briancourt et à Viviers-au-Court (p. 1148).

Évidemment, l'une des deux indications d'heure est fausse. Ce

[1]. D'après la Relation officielle allemande (p. 1149) la colonne de Vrigne-aux-Bois n'arriva qu'à 11 heures à l'entrée du défilé de la Falizette, à la Maison-Rouge ! (3 kilomètres en trois heures un quart, si on adopte les heures du grand État-major !)

n'est certainement pas celle relative à l'envoi des ordres puisque le récit de nos adversaires précise le moment du départ du major de Hahnke avec des détails circonstanciés qui ne laissent pas le moindre doute, pas plus que les termes du rapport allemand.

Donc, l'heure inexacte de tous points est celle de l'arrivée des ordres à destination, et c'est bien à 8 heures et demie et non à 7 heures et demie qu'ils ont été communiqués.

A ces arguments que nous avions longuement développés, qu'a répondu notre contradicteur ?

Que l'État-major allemand n'a pas pu écrire une absurdité ; qu'il aurait été plus adroit s'il avait voulu tromper, qu'il a simplement voulu faire voir qu'à 7 heures et demie les corps de l'aile gauche allemande étaient parvenus à la route Sedan-Mézières, *ou à quelques pas de cette route*[1], et qu'à ce moment l'ordre expédié par le prince royal avait touché les commandants des deux corps d'armée (*Revue de Cavalerie*, mai 1903, p. 217-218). Le lecteur saura bien apprécier la valeur de cette réponse.

Et sait-on comment l'auteur de *La Retraite à Sedan* pense légitimer sa manière de voir ? .

Oh ! d'une manière bien simple.

Il dédaigne la méthode pourtant quelque peu logique que nous avons employée, pour établir l'heure du débouché des Allemands à Saint-Albert, en partant de celle maintenant connue du com-

---

1. Que nous voilà loin de cette tranchante affirmation de *Fræschwiller-Châlons-Sedan*, maintenue dans *La Retraite à Sedan*: « Le 1er septembre, *à 5 heures trois quarts du matin*, deux divisions d'infanterie, la XXIe et la XXIIe, *étaient à cheval sur la route de Vrigne-au-Bois, au nord de Donchery.* »

Nous servant des propres expressions de notre éminent contradicteur, nous lui donnons acte « de sa très honorable reculade ». Nous profiterons de cette occasion pour relever le reproche immérité que nous adresse M. Duquet, d'après qui, dans notre article du *Correspondant*, nous aurions altéré la vérité en écrivant que le passage de la Meuse par les Allemands n'avait commencé qu'à 5 heures du matin à Donchery. Il a donc oublié que nous avions pris comme base de notre récit l'ouvrage du major de Hahnke (*Opérations de la IIIe armée, d'après les documents officiels de la IIIe armée*). On y lit : « *Vers 5 heures du matin, les têtes de colonnes des Ve et XIe corps....* passaient sur la rive droite de la Meuse. » Aujourd'hui, nous faisons la *concession* d'adopter l'heure de la Relation officielle allemande, tout en faisant remarquer qu'il y a désaccord entre les documents officiels d'outre-Rhin, et que l'heure du major de Hahnke est vraisemblablement la plus exacte. Se reporter à ce sujet à notre Appendice IV, page 85 et suivantes.

mencement du mouvement vers Saint-Menges, et en évaluant le temps nécessaire au parcours des distances.

Il préfère remonter le cours des événements, au lieu de le suivre.

Pour lui, les Allemands, *ayant attaqué Saint-Menges à 9 heures,* ont commencé leur mouvement de rabattement vers l'est à 7 heures et demie et non à 8 heures et demie !

En un mot, il considère le point en litige comme un fait établi ; il prend le fait même à démontrer comme base de sa démonstration.

Et sur quoi repose cette extraordinaire argumentation ?

Sur des documents que nous avons analysés, discutés en grande partie, dont nous avons fait toucher du doigt les erreurs criantes, manifestes, *souvent voulues,* les contradictions, et qui ne sauraient être retenus devant ce fait si simple, qu'un ordre donné à 7 heures et demie n'a pu recevoir exécution à 7 heures et demie également à 8 kilomètres de son point de départ !

Et comme la Relation officielle allemande, et M. Duquet à sa suite, partent de 7 heures et demie comme heure du commencement du mouvement vers l'est pour fixer l'attaque de Saint-Menges à 9 heures, il nous faut bien maintenir que la marche pour doubler la boucle de la Meuse n'ayant été entamée qu'après 8 heures et demie, cette attaque de Saint-Menges n'a eu lieu que vers 10 heures [1].

Toutes les citations du monde n'y feront rien [2].

---

1. M. Duquet, en plaçant à 8 heures la prise du commandement par le général Ducrot, au lieu de 6 heures trois quarts, 7 heures, et à 9 heures le débouché devant Saint-Menges, au lieu de 10 heures, réduit ainsi de deux heures le temps dont on disposait pour manœuvrer vers l'ouest.

2. Du côté allemand, M. Duquet cite particulièrement à l'appui de ses dires la relation du grand État-major. Comme nous discutons ses affirmations, nous ne saurions, on en conviendra facilement, nous en rapporter à ses déclarations quelque peu intéressées. De même du rapport allemand qui ferait bien de nous expliquer, après avoir dit que l'ordre fut *envoyé* à 7 heures et demie par le prince royal, comment cet ordre peut amener : « à 8 heures trois quarts l'avant-garde du XIe corps à se heurter contre l'ennemi » (à Saint-Menges, *ajoute M. Duquet*). Notre contradicteur nous produit ensuite le colonel Borbstædt, d'après lequel, « à 8 heures un quart (de plus en plus fort), la tête de colonne de l'avant-garde du XIe corps rencontra les reconnaissances des avant-postes ennemis, établis à Saint-Menges ». Complétons la citation : « l'infanterie prussienne occupe alors ce village. » Touchant accord des témoins : 8 heures trois quarts dit l'un, 8 heures un quart dit l'autre ! Et Rustow, « le doux La Harpe de la litté-

Certes, si les écrivains qui ont adopté, les yeux fermés, les indications de la relation allemande, avaient pris la peine de la passer au crible, ils auraient changé d'opinion.

En tout cas, nous ne saurions admettre qu'on puisse établir la légitimité de déclarations souvent basées sur une assertion originale entièrement inexacte, en invoquant envers et contre tout l'autorité de ces mêmes déclarations qui sont précisément l'objet de la discussion, et qui proviennent soit de témoins dont les souvenirs, par la force même des choses, n'ont aucun caractère de précision, aucune concordance, soit d'écrivains qui se sont contentés le plus souvent de reproduire la relation officielle allemande ou de se copier les uns les autres !

Comme tout le problème consiste à savoir ce qui se serait passé vers 10 heures du matin si l'armée française avait continué à être orientée dans le sens des ordres donnés par le général Ducrot, il n'est pas sans intérêt d'avoir déterminé que le 7e corps aurait eu à agir, non contre un ennemi débouchant déjà depuis une grande heure du défilé de Saint-Albert, *mais contre une colonne commençant seulement à en sortir.*

Nous renvoyons donc le lecteur à ce que nous avons écrit dans la première partie de ce travail.

Ici encore, nous n'avons rien à en retrancher, rien à y ajouter, et nous maintenons plus que jamais « que le cas particulier que créa à l'ouest du champ de bataille la direction stupéfiante impri-

---

rature militaire », nous est ensuite présenté ; seulement il place le même incident à 9 heures !

Du côté français, on nous cite des historiques de régiments publiés en 1891, 1892, 1895 ; mais où leurs auteurs ont-ils pris leurs indications ? Hélas ! le plus souvent dans la relation allemande elle-même ! M. Duquet nous a appris ailleurs le peu de cas qu'il faut faire des historiques *à certains points de vue* ; il l'a montré sans ménagements quand ceux-ci étaient en désaccord avec ses affirmations ; mais il n'hésite pas à les invoquer dans le cas contraire.

Et quand il nous rapporte à nouveau, mais avec quelques réserves cette fois, les déclarations du prince Bibesco, de l'abbé Lanusse, nous n'avons qu'à rappeler que sur le point en litige nous avons démontré par A + B qu'elles sont fausses de tous points ! (Voir ci-dessus, p. 46, en note.)

Nous n'attachons aucune importance, est-il besoin de le redire, à ce qu'ont écrit MM. Amédée Le Faure, Émile Zola, etc..... sur un semblable sujet. Enfin, nous ne pouvons que protester quand nous voyons M. Duquet *interpréter* le livre du colonel Grouard de façon *à lui faire dire qu'à la pointe du jour* « le défilé de la Falizette était au pouvoir de l'ennemi » !

mée aux V⁰ et XI⁰ corps prussiens fit que l'opération entamée par nous entre 9 et 10 heures présentait plus de chances favorables que si elle eût débuté quelques heures plus tôt[1] ».

Car Douay, au lieu de ne penser, en exécution des ordres du général de Wimpffen, qu'à garder ses positions qu'il était même invité à dégarnir, eût agi d'après les instructions de Ducrot qui étaient de s'ouvrir la route de Mézières.

Au lieu de rester inerte devant le débouché des Allemands à Saint-Albert, il eût attaqué.

Le général en chef, qui était non loin de lui, l'eût fait appuyer par le 5⁰ corps, puis par des éléments du 1ᵉʳ et du 12⁰, par une bonne partie de notre artillerie.

De sa personne, il eût pris la direction de l'engagement.

Dans ces conditions, l'ennemi n'eût pu sortir du boyau dans lequel il s'était follement entassé, canons, bataillons, escadrons, et, comme l'a reconnu le major de Hahnke, dans un passage que nous avons cité tout au long, « la retraite eût été désastreuse ».

Puisque M. Duquet cite le colonel prussien Borbstædt, citons-le à notre tour : « Si, *entre 9 et 10 heures,* l'ennemi qui comptait cinq divisions *avait pointé énergiquement,* il lui aurait peut-être été possible *de refouler les têtes de colonnes prussiennes* dans le défilé de Saint-Albert, et *de forcer la ligne d'artillerie à se replier, ce qui eût pu exercer une influence décisive sur le cours ultérieur de toute la bataille* et sur le déploiement des colonnes allemandes s'avançant sur une seule route. » (P. 676.)

Et Borbstædt a admis le débouché du XI⁰ corps devant Saint-Menges à 8 heures un quart, quand en réalité il n'a eu lieu qu'à 10 heures !

Oui ! c'eût été un désastre ; les V⁰ et XI⁰ corps n'eussent formé,

---

1. Voir également Appendice IV, page 85. Dans cette pièce complémentaire nous avons établi que le récit officiel prussien, en ce qui concerne la marche des V⁰ et XI⁰ corps, n'est qu'un tissu d'invraisemblances, de contradictions, d'affirmations erronées, et que tout cet échafaudage d'impossibilités et de contre-vérités n'a eu qu'un but, celui de faire croire que le V⁰ corps a été constamment en état d'appuyer le XI⁰, alors que celui-ci a été bel et bien isolé jusque fort avant dans la journée, absolument hors d'état de s'opposer à l'offensive vers l'ouest ordonnée par Ducrot, arrêtée par de Wimpffen.

dans le défilé de la Falizette, qu'une cohue écrasée par nos obus, pendant que bon nombre de nos bataillons, gagnant par le bois inoccupé et praticable, se fussent trouvés en mesure d'attaquer les fuyards au débouché ouest, provoquant leur retraite vers Donchery d'où ils étaient venus. Quant à cette fameuse position de Montimont, à laquelle M. Duquet prête des vertus miraculeuses, elle n'eût joué en tout ceci aucun rôle, car les batteries allemandes qui auraient été assez heureuses pour sortir de la bagarre n'eussent guère été en état de s'y établir. En outre, elles se fussent trouvées à la fois battues par les balles de nos fantassins débouchant de la lisière sud du bois de la Falizette, et par les obus de nos canons de Floing et de Saint-Menges, c'est-à-dire dans une situation intenable.

Nous ne reviendrons pas sur les conséquences de ce « succès relatif » qui nous attendait au nord-ouest de Sedan et dont la folle intervention du général de Wimpffen nous a privés.

Toute la question est de savoir si les corps allemands venus de l'est auraient pu intervenir.

D'après notre contradicteur, cela va sans dire, la chose ne fait aucun doute.

Examinons donc de plus près ce point important.

1° *Garde.* L'avant-garde de la première division de la Garde (un régiment de fusiliers, un bataillon de chasseurs, un régiment de hussards) débouche vers 6 heures trois quarts à l'ouest de Villers-Cernay, conduite par le général de Pape qui a pris l'initiative de ce mouvement, à la suite duquel ses troupes restent « postées » sur les hauteurs de la rive gauche de la Givonne, « assurant à la fois le front et les deux flancs de l'artillerie ».

Cette avant-garde avait une grosse avance, car la 1re division n'atteignit les environs de Villers-Cernay qu'à 8 heures, la 2e division était plus en arrière. (*État-major allemand,* p. 1065, 1128, 1129, 1130. « Première réponse », Appendice III, p. 81-85.)

A 8 heures trois quarts, vingt-quatre pièces entament le feu contre notre artillerie des hauteurs de Givonne (p. 1130).

A 9 heures, le gros de la 1re division, d'abord rassemblé derrière Villers-Cernay, *commence* à se former derrière le bois situé à l'ouest du village (p. 1130).

A 9 heures également, trois batteries de l'artillerie de corps ouvrent le feu (p. 1131); elles ont pris position près du bois de Villers-Cernay.

La 2ᵉ division de la Garde avait commencé à se former à l'est de Villers-Cernay *à 8 heures et demie du matin;* elle s'était ensuite portée au bois Chevalier; *entre 10 et 11 heures,* elle recevait l'ordre de se rapprocher de Daigny (p. 1132); encore lui était-il interdit de franchir la vallée de la Givonne (p. 1133).

Le gros de la 1ʳᵉ division de la Garde, après son rassemblement derrière le bois de Villers-Cernay, *commencé à 9 heures, terminé par conséquent vers 9 heures et demie,* avait fait marcher vers Givonne deux bataillons de grenadiers, pour appuyer les fusiliers, c'est-à-dire l'avant-garde; ce renfort arriva lorsque les fusiliers étaient déjà dans Givonne (p. 1134).

Il était donc plus de 10 heures, puisque c'est à 10 heures qu'eut lieu la tentative des fusiliers sur Givonne, après laquelle ceux-ci « prirent pied dans la partie nord du village » (p. 1129).

Donc, *à 10 heures,* au moment où se serait engagée l'action vers Saint-Menges, si Ducrot était resté général en chef, la 1ʳᵉ division de la Garde était derrière le bois de Villers-Cernay, avec son avant-garde renforcée sur la Givonne; la 2ᵉ division était encore au bois Chevalier.

Or, de la lisière orientale du bois de Villers-Cernay à Saint-Menges, il y a *à vol d'oiseau* près de 7 kilomètres, par les chemins 9 à 10.

Du bois Chevalier, lisière est, à Saint-Menges, il y a *à vol d'oiseau* près de 9 kilomètres, par les chemins 11 à 12.

De plus, en face de la Garde, il y avait les divisions Wolff et de Lartigue du 1ᵉʳ corps dont *l'action retardatrice* était certainement très appréciable, puisque ce ne fut *que vers midi* que la Garde fut définitivement maîtresse *du fond même de la vallée de la Givonne* [1] (mais non des hauteurs de la rive droite). [*État-major allemand,* p. 1118, 1134, 1135, 1137.]

---

1. Ce qui n'empêche pas M. Duquet de persister à déclarer que le mouvement de retraite prescrit par Ducrot à 7 heures, interrompu par Wimpffen à 9 heures, nous a fait perdre les hauteurs *à l'ouest de la Givonne;* comme l'ennemi n'a été maître de la vallée même *qu'à midi,* qu'il lui a fallu ensuite gravir les pentes pour s'emparer des

Donc, de toute évidence, la Garde n'eût pu intervenir vers Saint-Menges avant 1 heure, 1 heure et demie du soir, c'est-à-dire trop tard.

Ier et IIe corps bavarois. IVe corps. XIIe corps. Il tombe sous le sens que ce qui était déjà impossible à la Garde, l'était à plus forte raison aux deux autres corps de la IVe armée, et aux corps bavarois, plus éloignés de Saint-Menges, et tenant la gauche de la Garde.

D'ailleurs, ils eussent été retardés dans leur marche par l'action combinée de la place de Sedan[1] et des arrière-gardes du 12e corps.

Par conséquent, dans l'engagement que l'exécution des ordres du général Ducrot devait infailliblement amener vers Saint-Menges entre le 7e corps, appuyé par le 5e et par des fractions des 1er et 12e, d'une part, et la tête de colonne des Ve et XIe corps cherchant à sortir du défilé de la Falizette de l'autre, aucun élément des corps allemands venus de l'est n'eût été à même de porter son appoint.

Et nous n'oublions pas que, suivant M. Duquet, *la Garde était exténuée,* qu'il lui aurait fallu beaucoup de temps « pour revenir de Villers-Cernay vers la Moncelle (*4 kilomètres*), si nous avions poussé vers Carignan.

Nous n'oublions pas davantage qu'il nous a déclaré que, dans la même hypothèse, le IVe corps (23e division), « n'eût pu se présenter qu'essoufflé et en désordre » pour venir du Rulle au secours des Bavarois (2 kilomètres).

---

hauteurs, celles-ci n'ont été au pouvoir des Allemands que plus de trois heures après la suspension du mouvement de retraite vers Mézières. Le général de Wimpffen a donc eu tout le temps voulu pour y envoyer des renforts.

1. Nous nous sommes expliqué tout au long sur la valeur de la place de Sedan et sur son armement. Nous n'y reviendrons pas. Seulement M. Duquet, pour prouver que les remparts ne pouvaient appuyer efficacement la retraite prescrite par Ducrot, rappelle qu'ils ont été impuissants à empêcher l'ennemi d'approcher de la ville. Mais c'est bien différent. L'armée formée en demi-cercle autour de Sedan, maintenue dans cette déplorable formation par l'aveuglement du général de Wimpffen, n'a cessé de *masquer* les fortifications, d'en paralyser l'action. On ne pouvait ouvrir le feu sans tirer sur les masses en désordre de notre armée. Au contraire, dans l'hypothèse de la retraite vers Saint-Menges — Illy, les pièces du rempart sont *démasquées,* elles forment un véritable flanquement à droite pour nos arrière-gardes. L'obstacle infranchissable qu'offre la place *elle-même* contribue également à couvrir la droite de nos échelons en retraite, qui maintiennent l'ennemi de front.

Qu'eût-ce donc été si ces mêmes troupes avaient dû accourir de Villers-Cernay, du bois Chevalier et du Rulle à Saint-Menges (respectivement 10, 11 et 13 kilomètres), sans compter que, pour marcher de Villers-Cernay vers le XIIe corps qui attaquait la Moncelle, du Rulle vers les Bavarois à Bazeilles, les Allemands avaient toute liberté, tandis que pour se porter des mêmes points sur Saint-Menges, il leur fallait ou faire un détour énorme par la forêt, ou compter avec la résistance de nos arrière-gardes.

On ne saurait donc nier qu'à Sedan la manœuvre était encore possible jusqu'à 10 heures du matin ; nous avions la ressource de pouvoir écraser l'aile gauche allemande, séparée du gros de l'armée, et qui, par surcroît de bonheur, s'était placée bénévolement dans une situation presque désespérée, inextricable.

Cette manœuvre qui devait nous rouvrir les routes de Mézières, Ducrot l'avait comprise, voulue et ordonnée : ce sera son éternel honneur !

Évidemment il ne pouvait prévoir une à une toutes les conséquences de la décision qu'il prit à 7 heures du matin, et qui eussent de beaucoup dépassé ses espérances ; car, à la guerre, le commandement supérieur voit l'ensemble, sans prévoir le détail.

Mais le fait d'avoir apprécié exactement les intentions et la répartition des forces de l'ennemi l'avait conduit à adopter la seule mesure qui nous laissât des chances de salut, voire même « d'un succès relatif [1] ».

Grâce à la stupéfiante présomption du général de Wimpffen, nos troupes furent maintenues inertes dans « l'entonnoir » de Sedan, vouées dès lors à une capitulation inévitable.

---

1. Lettre du maréchal de Mac-Mahon au ministre de la guerre :

ARMÉE DU RHIN

1er CORPS

Cabinet du Maréchal Commandant   Au Quartier général à Fresnes-aux-Bois, le 16 septembre 1870.

Monsieur le Ministre,

Je viens d'apprendre que le général Ducrot est parvenu à s'échapper et s'est mis à votre disposition ; je crois devoir, à cette occasion, vous faire connaître ma manière de voir sur cet officier général.

Le général Ducrot est non seulement un homme d'une bravoure et d'un sang-froid à toute épreuve devant l'ennemi, mais c'est un véritable général en chef. Il a beaucoup travaillé, et

Inanité de la résistance sur place qui ne pouvait aboutir qu'à l'investissement et à l'écrasement de l'armée, par conséquent à la capitulation.

Le lecteur a peut-être éprouvé quelque étonnement de la peine que nous avons prise de démontrer cette chose évidente par elle-même qu'une bataille défensive, livrée le 1er septembre 1870 sur les positions occupées par l'armée française, ne pouvait avoir d'autre issue que le refoulement de cette armée sur la place de Sedan, son investissement et la capitulation.

Car il suffit, pour être fixé, de réfléchir que d'un côté il y avait 240 000 Allemands, constamment victorieux depuis le début de la campagne, confiants dans le succès, appuyés par 726 bouches à feu d'une précision et d'une portée supérieures, obéissant aveuglément à une haute direction qui, sans être géniale, savait au moins ce qu'elle voulait, et de l'autre un peu plus de 100 000 Français, constamment en retraite depuis près d'un mois, n'ayant pas repris leur équilibre pendant les quelques journées consacrées à leur réorganisation *sommaire* au camp de Châlons, en proie à l'indiscipline, en complet désarroi depuis les échecs de Beaumont et de Mouzon qui avaient disloqué les 5e et 7e corps et entamé le 12e, n'ayant que 360 bouches à feu inférieures de tous points à celles de l'adversaire, ayant perdu toute confiance dans un commandement qui s'était montré hésitant, incohérent au delà de toute expression.

---

est, selon moi, en ce moment, celui des quatorze commandants de corps d'armée qui me semble le plus capable de diriger les grandes opérations.

Permettez-moi donc de vous dire que, d'après mon avis, c'est à lui que l'on doit confier le commandement en chef de l'armée de Paris. Si un général est en état de culbuter l'ennemi, c'est certainement lui.

Au commencement de la bataille de Sedan, au moment où j'ai été blessé, j'ai remis le commandement en chef au général Ducrot, moins ancien que le général de Wimpffen, et je suis convaincu que s'il avait conservé ce commandement vous auriez aujourd'hui 60 000 hommes de cette armée bien près d'arriver à Paris.

Si je parle ainsi du général Ducrot ce n'est pas par amitié, car, au contraire, j'ai eu à me plaindre de lui en Algérie, et j'avoue qu'avant cette dernière campagne j'étais loin de l'apprécier à sa valeur. Si je le fais, c'est dans l'intérêt du salut du pays !

Recevez, Monsieur le Ministre, l'assurance de ma haute considération.

Le Maréchal de France : MAC-MAHON.

(Lettre existant aux Archives de la guerre.)

De plus, nous l'avons fait longuement ressortir, le champ de bataille choisi par le maréchal était détestable ; c'était bien un *entonnoir,* une *souricière,* quoi qu'en dise M. Duquet. Car si nous occupions « des collines environnant la place à une ou deux lieues », il n'en est pas moins vrai que ces collines étaient circonscrites de toutes parts par un cercle de hauteurs d'un relief au moins égal, parfois supérieur, à l'est de la Givonne, au sud et au sud-ouest de Sedan sur la rive gauche de la Meuse, et au nord de la place de la boucle de la rivière au bois d'Illy.

Grâce à son énorme supériorité numérique, et en faisant des économies de force là où elles étaient indiquées, particulièrement *là où l'inondation de la vallée était aussi bien un obstacle à notre action qu'à la sienne,* l'ennemi ne pouvait manquer un peu plus tôt, un peu plus tard, d'occuper ces hauteurs enveloppantes, d'où son artillerie devait rendre intenable nos positions labourées par ses obus de front, d'écharpe et à revers.

Enfin, il nous faut bien redire, puisque notre contradicteur a évité de s'expliquer sur ce point important, que de toutes les manières de ranger une armée près d'une forteresse, la plus détestable est de la disposer tout autour, car on paralyse l'action de la place, et celle-ci exerce fatalement une attraction invincible sur le soldat qui croit, surtout s'il est atteint dans son moral, y trouver un abri sûr : l'événement ne l'a que trop prouvé.

Pourquoi avons-nous donc examiné cette question, *qui n'est même pas à discuter?*

Parce que M. Duquet avait écrit dans *La Retraite à Sedan,* page 85 : « Si l'on accepte l'impossibilité de fuir par Torcy, impossibilité non démontrée selon nous, même dans cette hypothèse, la retraite sur Mézières étant une absurdité stratégique, *il était préférable de rester sur place.* »

Parce qu'il avait écrit que si le maréchal n'eût pas été blessé, il se fût battu sur les positions occupées par nous le matin [1], et

---

1. Se rappeler la déposition du maréchal de Mac-Mahon que nous avons citée ci-dessus, pages 65, 66, dans laquelle il a expressément déclaré « que, sachant ne pouvoir rester autour de Sedan où il n'y avait ni vivres ni munitions, il aurait pris, vers 6 heures du matin, s'il n'avait été blessé, une détermination qui aurait amené l'armée tout entière à manœuvrer dans l'est ou dans l'ouest, pour s'éloigner de la place ».

que la lutte eût ainsi duré quarante-huit heures, causant aux Allemands des pertes effroyables, *que dès lors la capitulation n'eût pas été inévitable*, et que nos troupes auraient pu s'évader en armes dans toutes les directions, etc.

Pour notre adversaire, si nous n'avons pas obtenu tous ces résultats si *grandement* désirables, c'est uniquement à cause du commencement de retraite qui s'effectua conformément aux ordres de Ducrot, à 8 heures du matin.

Rien n'est plus inexact, nous l'avons établi surabondamment (voir *supra,* page 53, note 1) et nous n'y reviendrons pas, d'autant plus qu'il n'a été répondu à nos arguments que par une hypothèse bien en l'air, comme on va en juger.

Il paraîtrait que le général de Lartigue, « ignorant *probablement* » l'abandon du projet de retraite sur Mézières, se *serait* déterminé « à défendre moins vigoureusement ses positions ».

A cette supposition toute gratuite, nous opposons le fait qu'au moment où ses troupes *épuisées* ont quitté Daigny et ses abords, le général de Lartigue gisait grièvement blessé, ainsi que son chef d'état-major, le colonel d'Andigné, et le commandant d'une de ses brigades, le général Fraboulet de Kerléadec.

Le Journal du colonel d'Andigné, les pertes subies par la 4e division, disent assez haut qu'elle résista tant qu'elle put.

Et après avoir quitté Daigny, *vers 10 heures* du matin, ses défenseurs revinrent sur les hauteurs de la rive droite de la Givonne, où ils retrouvèrent la 2e brigade de la division et « maintinrent par leur feu les Saxons sur la rive gauche, les empêchant de pousser plus loin leur succès ».

Enfin, il suffit de lire la Relation officielle allemande (p. 1187, 1188, 1189) pour voir que *passé 1 heure* de l'après-midi, sur ces mêmes hauteurs *soi-disant perdues à cause de la retraite ordonnée six heures auparavant par Ducrot*, luttaient non seulement les débris de la division de Lartigue, mais encore la division Goze (46e, 61e et 86e d'infanterie, 4e bataillon de chasseurs, huit pièces de canon), soutenue en arrière de sa gauche, face à Haybes, par la division Grandchamp. La résistance de ces troupes ne prit fin qu'un peu avant 3 heures (p. 1191, 1192).

Ce ne fut également que *vers la même heure* que la 1re division de la Garde (général de Pape) gravit les hauteurs à l'ouest de Givonne où luttait toujours la division Wolff, appuyée par d'autres fractions des 1er et 7e corps. (*État-major allemand,* p. 1193, 1194, 1195, 1196.)

On voit donc combien la relation du grand État-major *est dans le vrai* quand elle fait ressortir (p. 1107) que le mouvement *partiel* de recul exécuté à 8 heures du matin, par les seules divisions de seconde ligne du 1er corps (Pellé et l'Hériller), alors que celles de première ligne (de Lartigue et Wolff) restaient en position, n'a exercé aucune influence sur la perte des hauteurs de Daigny et de Givonne, d'autant plus qu'il était arrêté vers 9 heures par le général de Wimpffen, qui a ainsi disposé de cinq heures pour renforcer nos éléments de première ligne sur la Givonne, ce qui n'empêche pas cet excellent M. Véron, cité par M. Duquet, de reprendre la fable imaginée par le général de Wimpffen et de déclarer, avec l'aplomb d'un praticien de champ de bataille : « Le général de Wimpffen ordonna au général Ducrot (à 9 heures du matin) *de reprendre les positions abandonnées* sur les hauteurs de Givonne. *Mais il était déjà trop tard.* »

Et Bazeilles ?

Sans l'ordre de retraite donné par Ducrot, l'infanterie de marine s'y fût maintenue, nous donne-t-on à entendre !

Et les hauteurs de la Moncelle ? si nous les avons perdues, c'est pour la même raison !

Comme pour Givonne et Daigny, la Relation officielle allemande n'a pas manqué de protester contre des affirmations aussi fantaisistes.

Et ce ne fut *que vers 10 heures, une heure après l'intervention du général de Wimpffen,* que l'ennemi fut en mesure d'attaquer sérieusement *à la fois* Bazeilles et la Moncelle. (*État-major allemand,* p. 1119.)

Les hauteurs de la Moncelle, défendues par la division Lacretelle qui à aucun moment ne reçut l'ordre de se replier, qui prit même un instant l'offensive contre la Moncelle et Monvilliers, restèrent en notre pouvoir jusqu'après 11 heures. (*État-major allemand,* p. 1121.)

A Bazeilles, quelques fractions de la division de Vassoigne

seules quittèrent le village et y rentrèrent, hélas ! presque immédiatement.

L'ennemi ne fut maître du village qu'à 11 heures. (*État-major allemand*, p. 1123.)

Au 12ᵉ corps, il n'y eut donc à se reporter en arrière que la division Grandchamp, qui était en seconde ligne, non engagée, et son mouvement de recul fut de courte durée, car la première mesure du général de Wimpffen, avant même d'écrire son fameux billet au général Ducrot, fut de la renvoyer vers Bazeilles ; il n'était pas 9 heures qu'elle revenait au sud du fond de Givonne.

Si la première attaque des Bavarois contre Bazeilles avait *relativement* échoué le matin (et nous disons relativement parce que l'ennemi avait néanmoins pris pied dans le village, mal gardé d'ailleurs, non couvert par des avant-postes) c'est parce que le général de Tann, comptant sur la surprise, et en raison du brouillard, n'avait pas fait préparer l'attaque par l'artillerie.

Mais quand bien même nous eussions réussi à nous y maintenir, et à en expulser entièrement les assaillants, *ce qui nous fut impossible,* il nous aurait bien fallu l'évacuer au plus vite après la perte des hauteurs de la Moncelle, c'est-à-dire à 11 heures du matin.

Et cette fois, l'ennemi eût été à même de réunir contre Bazeilles l'artillerie du IVᵉ corps, celle du 1ᵉʳ Bavarois, une partie de celle du IIᵉ Bavarois et du corps Saxon, et toutes ces pièces occupant des positions dominantes, battant le village de front, d'écharpe et à revers, n'eussent pas tardé à en faire un monceau de décombres absolument intenable.

En résumé, la retraite du matin n'a pas plus influé sur la perte de Bazeilles et des hauteurs de la Moncelle que sur celle de Daigny et de Givonne, et, de toutes façons, passé 11 heures du matin, Bazeilles devait être perdu pour nous.

A Sedan, la perte de l'armée française fut consommée dès que l'ennemi fut maître du plateau d'Illy, ce qui prouve, comme l'a écrit le colonel Rousset, « *combien le général Ducrot voyait juste quand il considérait la possession de ce plateau et de Saint-Menges comme une question de vie ou de mort* ».

La prise du plateau d'Illy fut due, qu'on ne l'oublie pas, à l'action presque exclusive de l'artillerie. Cet événement, qui rendit intenables les positions des 7ᵉ et 1ᵉʳ corps, ne pouvait manquer de se produire, et nous étions donc voués au désastre dans l'hypothèse de la résistance sur les positions du matin.

Mais, suivant notre contradicteur, de même que la position de Montimont, dont il fait un épouvantail, nous interdisait toute action vers l'ouest (on a vu plus haut ce qu'il faut en penser), de même le 7ᵉ corps, en faisant occuper le Hattoy, eût protégé efficacement, et *ne varietur,* toute la partie nord du champ de bataille contre le débouché de l'aile gauche allemande.

Comment attribuer à des positions, à des points topographiques, des vertus aussi transcendantes? En tout cas, nous nous permettons d'exprimer à M. Duquet notre étonnement que le général de Wimpffen, sachant depuis la veille *que toute une armée arrivait par Vrigne,* n'ait pas commencé par ordonner au général Douay de faire occuper cette miraculeuse position du Hattoy, puisqu'elle devait lui assurer toute sécurité de ce côté! Le 1ᵉʳ septembre, à 8 heures un quart du matin, il était encore largement temps pour lui de prescrire semblable mesure puisque, *s'il faut en croire ses confidences à M. Duquet,* il avait été si profondément « surpris de voir(?) le maréchal de Mac-Mahon abandonner cette admirable position, à la première apparition des cavaliers ennemis [1] ».

Mais il n'y avait qu'une chose qui pût arrêter les Vᵉ et XIᵉ corps, c'était notre offensive énergique et en masse au moment où ils commençaient à déboucher de Saint-Albert, ce qui aurait eu lieu si Ducrot était resté général en chef.

La lutte passive au Hattoy, à Saint-Menges, aurait simplement retardé l'entrée en ligne de la gauche allemande, et de toutes façons,

---

1. Faut-il faire remarquer qu'il y a dans cette déclaration, et dans toute la force du terme, un conte après coup? Le maréchal de Mac-Mahon faisant évacuer Saint-Menges, le Hattoy dès l'apparition des cavaliers ennemis! Mais à ce moment il était blessé depuis beau temps et ne commandait plus! — D'ailleurs, le 1ᵉʳ septembre 1870, le Hattoy ne pouvait être susceptible d'une défense *prolongée* que si l'on était maître en même temps du champ de la Grange, de la croupe 260 au sud de laquelle est Saint-Menges, de Fleigneux, de la croupe 264 à l'ouest d'Illy, et d'Illy. Cela saute aux yeux à la simple lecture de la carte, et s'impose avec la dernière évidence, si l'on va sur le terrain. Mais pour tenir toute cette zone il fallait, sous la protection d'arrière-gardes face à l'est et au sud, *y concentrer la majeure partie de l'armée. C'est précisément ce qu'avait voulu faire le général Ducrot.* Ceci nous explique pourquoi il donna à certains groupes, comme le rapporte le général Bonnal, le terrain au nord d'Illy comme point de direction.

le 7ᵉ corps eût bien été contraint de se replier, après la prise d'Illy.

A Sedan, notre front de combat se composait de deux éléments, l'un face au nord (7ᵉ corps), l'autre face à l'est et au sud (1ᵉʳ et 12ᵉ corps) étroitement solidaires l'un de l'autre.

En aucune façon, l'armée française abattue, démoralisée, n'était capable d'y résister plus d'une journée aux efforts d'un ennemi deux fois supérieur en nombre, *d'autant plus qu'elle manquait absolument de vivres et de munitions.* (Déposition du maréchal de Mac-Mahon. Déclaration du chef d'état-major général de l'armée ; Rapport du général de Wimpffen, déjà cités par nous dans la première partie de ce travail.)

Comment peut-on aujourd'hui, après la leçon des événements, en arriver à prôner, *même comme pis-aller,* la passivité, l'inertie, la tactique de la tête de Turc qui nous ont conduits Dieu sait où, grâce à l'intervention du général de Wimpffen, dont l'intention d'écraser les Bavarois et de prendre l'offensive sur Carignan était tellement irréalisable, qu'elle ne tarda pas à nous ramener purement et simplement à la défense passive sur notre front de combat.

Inanité de toute tentative vers l'est et vers le sud.

Nous n'avons pas à revenir sur les arguments par lesquels nous avons établi qu'il n'y avait rien à tenter vers l'est et le sud, dans des directions que l'ennemi interceptait par dix divisions d'infanterie, en mesure de coordonner leur action dès le début de la journée. (Voir le croquis encarté à la page 1078 de la Relation du grand État-major prussien.)

On ne pouvait s'engager vers Carignan, le 1ᵉʳ septembre au matin, sans avoir en tête la Garde et le XIIᵉ corps, en flanc le IVᵉ corps et le Iᵉʳ corps bavarois, en queue le IIᵉ corps bavarois, sans compter deux divisions de cavalerie.

Avant de marcher sur Carignan, il fallait être maître des hauteurs de Daigny, Francheval, Pouru-aux-Bois, formant avec la Chiers un véritable défilé où passe la grand'route.

Tout de ce côté, difficultés de terrain, concentration de la principale masse de l'adversaire, était donc contre nous ; en outre, dans cette direction, un succès, impossible au point de vue tactique, ne pouvait nous mener à rien au point de vue stratégique, comme nous l'avons prouvé à diverses reprises [1].

L'État-major prussien est donc dans le vrai, quand il écrit, page 1079 : « Le 31 août *au soir,* les chefs de cette armée (l'armée de Châlons) semblaient toujours ne pas se rendre exactement compte du caractère désespéré de cette situation, dans laquelle il ne leur restait plus d'autre alternative que de se réfugier incontinent sur le territoire belge, *ou de sacrifier la majeure partie de l'armée pour tenter, avec le reste, de regagner par Mézières l'intérieur du pays.* »

Il est bien facile, en effet, la plume à la main, d'écraser les Bavarois et de les jeter à la Meuse.

Mais, sans nul doute, ils ne se seraient pas laissé faire ainsi, et il nous eût fallu, pour y arriver, *assez de temps* pour permettre aux corps voisins, se tenant à faible distance, d'intervenir et de mettre le holà !

M. Duquet reconnaît que l'offensive vers l'est « ne pouvait avoir de succès que de 6 à 8 heures du matin ».

Tout en restant convaincu qu'elle n'a jamais eu la plus minime chance de réussite, nous ferons remarquer que cette observation dégage entièrement à ce point de vue le général Ducrot, surtout si l'on admet avec notre contradicteur qu'il n'a pris le commandement qu'à 8 heures, alors, par conséquent, que le moment favorable était passé.

Et quand bien même on nous objecterait notre conviction que le commandant du 1er corps est devenu général en chef à 7 heures, il nous serait aisé de répondre que l'offensive vers l'est, décidée à 7 heures, ordonnée un peu après, ne pouvait s'accuser que vers 8 heures, c'est-à-dire trop tard, d'après les propres affirmations de notre contradicteur.

---

1. *Wissembourg-Frœschwiller-Châlons-Sedan,* etc. Paris, Baudoin, 1896. Pages 55 à 78 ; *supra,* Appendice VII, pages 98 et suivantes. — Et nous ferons remarquer à M. Duquet, lorsqu'il reprendra l'apologie de la combinaison Palikao, qu'il lui faudra se séparer de l'*élève préféré de Jomini,* du colonel suisse Lecomte, qui la juge au moins aussi sévèrement que nous.

Le reproche de n'avoir pas porté toute l'armée vers l'est, dès le début de la journée, ne saurait s'adresser qu'au duc de Magenta, et s'il était formulé, nous ne saurions nous y associer ; l'armée, arrêtée par la Garde et les XIIe et IVe corps, sur le front Villers-Cernay, bois Chevalier, château de Lamécourt, le Rulle, la Barraque, prise de flanc et en queue par les deux corps bavarois, eût été rapidement refoulée en désordre vers Sedan, et le plus clair résultat de cette offensive inconsidérée eût été de la mettre hors d'état de tenir, après un tel échec, les hauteurs entre la Moncelle et Givonne, qu'elle réussit à conserver jusque dans l'après-midi.

Le désastre final eût été avancé de quelques heures, voilà tout.

Maintenant, pouvait-on, après l'insuccès du Ier corps bavarois contre Bazeilles, profiter de l'occasion pour reporter le gros de nos forces de ce côté ?

Pour M. Duquet, cela ne fait pas le moindre doute, et pour lui il y avait là un moyen infaillible de culbuter les Bavarois et *de se sortir d'affaire* en « *gagnant la bataille de Sedan !* »

A notre tour, nous pourrions parler du « maréchal de La Palisse ».....

Mais nous voulons rester sérieux.

Culbuter le Ier corps bavarois ?

Était-il donc si isolé qu'il n'eût à compter sur le secours de personne ?

Et d'abord, à 8 heures, *ayant encore une brigade en réserve* (*État-major allemand,* p. 1098), il était appuyé, non seulement par sa propre artillerie, mais encore par l'artillerie de corps du IVe corps prussien établie sur les hauteurs de la rive gauche de la Meuse, vers Aillicourt (*État-major allemand,* p. 1112), sans compter que les canons du IIe corps bavarois, des hauteurs de Wadelincourt, eussent été à même de prendre notre offensive d'écharpe et à revers.

Le IVe corps avait la 8e division à Remilly, *en soutien immédiat des Bavarois* (*État-major allemand,* p. 1112) ; l'autre division, la 7e, approchait de Douzy (4 kilomètres de Bazeilles) venant de Mairy (p. 1112).

Au XIIe corps, la 24e division était à la Moncelle, la 23e en marche sur le Rulle (1 900 mètres de Bazeilles) où elle fut à 9 heures (p. 1108).

Enfin, dès 7 heures du matin, le IIe corps bavarois portait une de ses divisions vers Bazeilles.

On voit donc que le Ier corps bavarois était loin d'être isolé, et qu'il était au contraire soutenu par les forces les plus imposantes, en arrière, sur sa droite et sur sa gauche.

Voilà pourquoi nous lisons dans le cours d'Histoire militaire de l'École supérieure de guerre (année 1886) : « L'attaque de Bazeilles avait *à peu près* échoué, *mais dans des conditions qui ne nous permettaient pas de prendre l'offensive.* »

D'autre part, avec quoi eussions-nous fait faire la « culbute » aux Bavarois ?

Le 12e corps avait ses trois divisions ainsi réparties :

La division de Vassoigne dans Bazeilles ;

La division Lacretelle sur les hauteurs de la Moncelle ;

La division Grandchamp en réserve, vers le fond de Givonne.

La division de Vassoigne, qui venait de défendre le village, était répandue dans l'intérieur de la localité, très éprouvée, dans la confusion inséparable d'un combat de ce genre, incapable, par conséquent, d'*organiser et de prononcer* un mouvement offensif.

La division Lacretelle, aux prises avec le XIIe corps, ne pouvait être considérée comme disponible ; elle était bridée, et l'on sait comment avorta rapidement sa tentative d'offensive vers l'est.

Même avec l'appui de la brigade Carteret, du 1er corps, la division Grandchamp, *réduite à la seule brigade Cambriels*[1], était bien incapable de produire cet effet magique : culbuter les Bavarois, les jeter à la Meuse !

Le 1er corps pouvait-il intervenir en temps utile ? Hélas non !

Il était, vers 8 heures, établi sur deux lignes, occupant les hauteurs à l'ouest de la Givonne, entre Daigny et Givonne.

On ne pouvait toucher aux divisions de première ligne (Wolff et de Lartigue) aux prises avec l'adversaire.

---

1. L'autre brigade (de Villeneuve), qui avait rallié le corps d'armée le 30 au soir, avait, en exécution des ordres du maréchal, gagné directement Sedan, où le colonel d'état-major Mircher l'avait établie près du 5e corps. Elle ne rejoignit son corps d'armée ni le 31 août, ni le 1er septembre.

Mais eût-on donné à 8 heures aux divisions de seconde ligne (Pellé et l'Hériller) l'ordre de prendre le chemin suivi à 6 heures et demie du matin par la brigade Carteret-Trécourt, expédiée par le général Ducrot au général Lebrun, qu'elles n'eussent pu intervenir à Bazeilles qu'après 9 heures, c'est-à-dire trop tard pour profiter de l'insuccès des Bavarois ! Car, en pareil cas, la riposte doit venir du tac au tac, et pour la réaliser, il faut avoir immédiatement sous la main, à pied d'œuvre, une réserve imposante, *intacte dans ses moyens matériels et moraux.*

Il ne saurait être question du 7ᵉ corps qui ne pouvait évacuer en entier la partie nord du champ de bataille et qui, à la distance où il se trouvait, n'aurait pu faire parvenir que vers 10 heures une ou deux de ses divisions vers Balan-Bazeilles.

Quant au 5ᵉ, il lui aurait fallu à lui aussi plus d'une heure pour arriver, et nous ne pensons pas que l'état où il se trouvait, depuis la secousse qu'il avait reçue à Beaumont, permît de compter sur son élan pour escamoter les Bavarois *appuyés comme l'on sait.*

Comment peut-on perdre de vue que toute la partie sud du champ de bataille, sorte de secteur triangulaire allongé entre la route de Bazeilles à Sedan et le ruisseau de Givonne, se trouvait sous le feu concentrique de l'artillerie allemande, labourant le terrain dans tous les sens de ses obus percutants et nous interdisant de ce côté tout groupement de masses en vue de l'offensive !

Prôner la solution : gagner la bataille de Sedan, en écrasant les Bavarois, c'est jouer avec les trois facteurs éternels de la guerre : l'ennemi, le temps, l'espace ; le papier se laisse écrire, mais sur le champ de bataille, de tels divertissements ne sont pas de mise.

C'est avec juste raison que M. le général Canonge a écrit ces lignes empreintes du plus parfait bon sens militaire : « En thèse générale, un pareil jeu est à la rigueur possible lorsque, de part et d'autre, les forces sont à peu près égales ; *on n'a même pas le droit de songer à le tenter,* lorsqu'on a devant soi une armée jusqu'alors victorieuse, bien conduite et dont la supériorité numérique s'affirme par plus de 100 000 hommes..... Le résultat le plus net de la décision prise par le général de Wimpffen, à un moment où les minutes valaient des heures, fut une perte de temps qui assura la ruine de l'armée en lui enlevant toutes chances de salut. »

Il paraîtrait pourtant que le général Chanzy, que nous ne nous attendions guère à voir apparaître dans ce débat, aurait un jour exprimé l'opinion « qu'à Sedan, il n'y avait qu'une chose à faire : achever d'*écraser* les Bavarois et *broyer* tout ce qui viendrait à leur secours en *petits paquets*¹ et à de longs intervalles ».

Ce rôle d'écraseurs, de broyeurs, ne nous convenait guère, comme on vient de le voir !

En tout cas, il nous a été donné d'entendre à Mustapha, en 1874, l'ancien commandant en chef de la 2ᵉ armée de la Loire, alors gouverneur général de l'Algérie, émettre, dans un déjeuner intime, une pensée diamétralement opposée.

Suivant une habitude déjà ancienne, nous avons noté en rentrant chez nous sa déclaration, que nous recopions textuellement sur un papier maintenant jauni par le temps : « A Metz, un grand malheur a été que Bazaine n'ait pas été pris le 16 août. A Sedan, un autre grand malheur est que Ducrot n'ait pas gardé le commandement, car une bonne partie de l'armée aurait été sauvée. L'arrivée de Wimpffen a tout perdu. »

On conviendra sans peine que les *paquets,* les *longs intervalles* étaient beaucoup plus de notre côté que du côté des Allemands ; et ceux-ci, en arrière de leurs premières lignes, opéraient leurs mouvements dans des zones absolument sûres, tandis que pour nous porter au secours du 12ᵉ corps, il nous eût fallu exécuter des marches latérales sur un terrain rendu intenable par le canon de l'adversaire.

D'ailleurs, au Mans, le général Chanzy s'est trouvé mieux que qui que ce soit à même de constater combien il y a loin de la coupe aux lèvres !

Ce jour-là aussi, il était tout indiqué « d'écraser » séparément, de « broyer » les colonnes du prince Frédéric-Charles, débouchant sans ensemble, avec le plus extraordinaire sans-gêne, sans

---

1. Dont l'unité se chiffrait par une division d'infanterie.

liaison, à de grands intervalles les unes des autres ! Et pourtant la 2ᵉ armée de la Loire se borna à attendre, et pour cause, leurs attaques concentriques en restant inerte sur ses positions !

De tout ceci, il ne reste qu'une chose qui confond toutes les notions que l'étude, la réflexion et l'expérience peuvent donner : c'est qu'on puisse écrire en 1903 qu'on pouvait, le 1ᵉʳ septembre 1870, « gagner la bataille de Sedan ». C'est aussi qu'après une affirmation aussi téméraire, on puisse qualifier de « présomptueux » le général qui n'aspirait qu'à une retraite, et cela dès le 30 août, le soldat énergique et dévoué entre tous qui a écrit modestement : « Oh ! certes, je n'aurai pas la prétention d'affirmer que la retraite commencée à cette heure, c'est-à-dire entre 7 et 8, se serait effectuée facilement, que toute l'armée eût été sauvée, personnel et matériel. Non. Je crois au contraire que la lutte aurait été terrible et que notre passage aurait été payé par de cruels sacrifices ; mais ce que je puis dire sans être contredit par aucun militaire sérieux, c'est que l'opération ordonnée par moi à 7 heures du matin était la seule qu'il fût permis de tenter, la seule qui offrît quelques chances de salut, sinon pour toute l'armée, *du moins pour la majeure partie du personnel,* et ce que je puis affirmer, c'est que nous aurions certainement évité la capitulation, et nous n'aurions pas la douleur de voir cette sombre tache de Sedan sur notre blason militaire. »

Impossibilité radicale d'une sortie par Torcy.

Nous avons longuement exposé les raisons multiples et péremptoires qui font que, pour nous, l'idée de faire échapper en plein jour, par Torcy, l'armée de Châlons engouffrée au préalable dans Sedan, sortant ensuite de la place pour déboucher enfin par les rues étroites d'un faubourg sous le feu de l'artillerie ennemie, constituait une chimère, et rien de plus.

Tous les arguments que nous avons donnés à l'appui de notre manière de voir demeurent entiers, car il n'y a été absolument rien répondu.

Notre éminent contradicteur est en effet resté dans les généralités sans aucune portée et il n'avait pas, nous apprend-il, le loisir de « reproduire une à une et de réfuter les réflexions que nous avons présentées afin de justifier l'impossibilité de sortir par Torcy ».

Il veut bien ajouter « qu'à la guerre », si l'on voulait s'arrêter à tant de réflexions, « on s'enfoncerait dans un bon fauteuil, et l'on ferait un somme jusqu'à un réveil plutôt désagréable ».

Nous pourrions répondre qu'il n'y avait qu'à *réfléchir une demi-minute* pour être convaincu qu'il n'y avait rien à faire par Torcy, et qu'avec un raisonnement comme celui qu'on nous oppose, on peut justifier les conceptions les plus insensées. C'est si facile de dire : « Le mot impossible n'est pas français ! »

Mais notre adversaire s'est chargé lui-même de mettre à néant son plan de sortie par Torcy en écrivant « qu'à 7 heures du matin, il eût certainement échoué », que « jusqu'à 9 heures du matin, il n'avait aucune chance de succès », mais que « passé 1 heure », la situation était entièrement changée et était devenue favorable à un effort sur Dom-le-Mesnil. Il complète sa démonstration en écrivant encore « qu'il n'y avait pas moyen de faire marcher des soldats se tenant à peine debout, que la vraie objection (*que nous n'avions pas manqué de lui faire, d'ailleurs*) à la sortie par Torcy, c'était l'état de lassitude et de démoralisation de l'armée française », à 1 heure de l'après-midi.

Suivant lui, à 7 heures du matin, la direction de Torcy « n'était pas encore le point faible du cercle enveloppant de l'ennemi, mais à 1 heure de l'après-midi, c'était du côté de Frénois, *si l'on se reporte aux cartes du grand État-major prussien* [1], que les Allemands avaient le moins de monde ».

Or, ajoute-t-il, « *c'est le propre d'un général en chef* de décider les mouvements tactiques suivant la répartition des forces de l'ennemi ».

Mais, c'est donc au général de Wimpffen que va droit ce reproche de « n'avoir pas songé une minute à la retraite par Dom-le-Mesnil,

1. A propos de la bataille de Frœschwiller et des plans qui accompagnent l'historique officiel prussien, le général Bonnal, après avoir fait ressortir de nombreuses divergences entre le texte et les plans « qui fourmillent d'erreurs et paraissent avoir été établis sans le moindre souci de la vérité historique », ajoute : « Nous n'en finirions pas si nous voulions relever toutes les erreurs de représentation graphique mises en évidence par la comparaison du texte et du plan allemands. » — « *Ab uno disce omnes.* »

vrai moyen de sauver la moitié de l'armée, d'éviter la capitulation générale » !

Au moment où, paraît-il, elle devint réalisable, à 1 heure de l'après-midi, lui seul avait qualité pour l'ordonner, puisqu'il était général en chef.

Nous sommes donc, à notre grand étonnement, amené à prendre sa défense.

Et d'abord il n'avait pas sous les yeux les cartes que devait publier en 1873 le grand État-major prussien.

Notre savant contradicteur pense-t-il donc que dès qu'un déplacement de troupes est effectué chez l'adversaire, le commandant en chef en a connaissance ?

Cela n'a jamais existé, même au temps des guerres du premier Empire, où l'on combattait à petite distance dans des formations denses, au temps où l'on voyait l'ennemi pour ainsi dire dans le blanc des yeux, alors que les réserves étaient rapprochées des premières lignes.

En 1870, quel moyen avait-on d'être renseigné, — comme si l'État-major adverse avait bien voulu nous télégraphier ses décisions aussitôt prises ?

L'ennemi pouvait, entre midi et 1 heure, dégarnir à volonté les pentes occidentales des hauteurs de Frénois, sans que le commandement français, occupé où et comme on sait, dominé par l'intensité de la crise à l'est et au nord de Sedan, fût dans la possibilité d'en avoir la moindre notion.

L'artillerie du IIᵉ corps bavarois, et ses soutiens immédiats, seuls visibles, ne s'étant pas déplacés, il n'y avait eu aucun mouvement apparent.

Nous ne ferons pas à nos lecteurs l'injure d'insister.

Mais, est-il donc exact que la situation ait été plus favorable à partir de 1 heure, par suite du retrait d'une partie notable des troupes ennemies occupant les hauteurs de Frénois, Wadelincourt ? Il suffit de jeter les yeux sur la Relation officielle allemande (p. 1214) *pour voir qu'il n'en fut rien.*

« Au sud de la Meuse, la 4ᵉ division bavaroise n'avait apporté *dans le courant de l'après-midi que des modifications insignifiantes aux positions qu'elle occupait* (ici un renvoi aux pages

1141 et suivantes donnant la position de la 4ᵉ division *dans la matinée*). Elle s'était bornée à faire appuyer quelques bataillons vers la gauche, *du côté de la route de Sedan à Mézières (par Dom-le-Mesnil)*. La brigade de uhlans avait suivi dans la même direction, et le 3ᵉ escadron du 2ᵉ régiment de chevau-légers, qui jusqu'alors avait servi de soutien aux batteries, près de Bellevue (au nord du parc du château, page 1141), trouvait ainsi l'occasion de rallier son régiment. Le 1ᵉʳ bataillon du 5ᵉ régiment d'infanterie était passé de Wadelincourt à la 8ᵉ brigade et s'était formé derrière le 5ᵉ bataillon de chasseurs, lequel *continuait à occuper la station de Torcy et ses abords immédiats;* sur ces entrefaites, le demi-bataillon du 6ᵉ qui couvrait la droite de l'artillerie, près de Frénois, avait marché *jusqu'à proximité du remblai de la voie ferrée et établissait ainsi la liaison entre les troupes de première ligne de la 8ᵉ brigade et les contingents de la 7ᵉ en position dans le voisinage de Vadelincourt.* »

La situation n'a donc, quoi qu'en dise M. Duquet, jamais varié de ce côté[1] à aucun moment de la journée, et par conséquent la sortie par Torcy, qu'il tient pour impossible de 7 heures à 9 heures du matin, l'était encore bien davantage après 1 heure de l'après-midi, en raison de l'état de désorganisation où se trouvait déjà à cette heure-là l'armée française, et du fait que la direction de Dom-le-Mesnil n'avait pas cessé d'être interceptée par les mêmes effectifs qu'à 7 heures du matin.

Le prince royal de Prusse avait sainement apprécié la situation en estimant que l'artillerie du IIᵉ corps bavarois et la 4ᵉ division bavaroise, avec la cavalerie qui leur était adjointe, étaient plus que suffisantes, pour mettre un terme aux tentatives que nous pourrions faire par Torcy.

Mais enfin, admettons un instant qu'ayant reçu vers 1 heure de l'après-midi *le faux avis* que l'ennemi dégarnissait les hauteurs de Wadelincourt, le commandant en chef français, général de Wimpffen, *ainsi induit en erreur,* ait pris immédiatement la décision de porter ses efforts de ce côté.

---

1. Elle fut même encore améliorée pour les Allemands par l'arrivée dans l'après-midi de nouvelles batteries bavaroises et de plusieurs batteries wurtembergeoises (*État-major allemand*, p. 1215 et 1216).

Il lui eût fallu dès lors donner des ordres, les faire parvenir aux chefs de corps d'armée, ce qui eût demandé environ une heure, sans doute davantage, si l'on veut bien réfléchir à ce qu'était alors notre situation. Or, à 2 heures de l'après-midi, nos troupes étaient fourbues, démoralisées, confondues ; la résistance qu'elles présentaient encore n'était autre chose que les derniers spasmes de l'agonie.

C'est avec de tels éléments que, d'après M. Duquet, il était si simple d'aller enlever l'artillerie de Wadelincourt, Frénois, Bellevue, protégée par la 4ᵉ division bavaroise tenant la station de Torcy, le remblai du chemin de fer, etc., et par de nombreux escadrons.

Comment eût-on pu, dans cette horrible confusion, organiser des arrière-gardes, les tirer d'une véritable cohue de fuyards ? Il était pourtant de toute nécessité de maintenir l'ennemi éloigné de la place, où toute l'armée en pleine décomposition devait s'engouffrer au préalable ! Comment, dans le désarroi général, organiser en nombre suffisant les fameux passages que M. Duquet trouve si facile d'établir en quelques minutes, par-dessus des remparts de 13 mètres de haut, pour permettre à nos régiments en majeure partie débandés à cette heure-là, sourds à tous les encouragements, *cherchant un abri dans les fossés du rempart,* d'entrer en masse dans la ville, et, après avoir passé la Meuse sur deux ponts[1], de sortir par Torcy dont tous les débouchés étaient battus, comme l'on sait, par un feu formidable d'artillerie et de mousqueterie, etc.....

Non, cela ne se discute pas et « *l'organisation* » de la sortie par Torcy était elle-même *irréalisable*.

Comme notre éminent contradicteur, qui s'est écrié : « Que dire des appendices mis par Y. K. à la fin de sa réponse ! », nous dirons : « Que dire du projet de sortie par Torcy ! »

Et ce que nous ne craignons pas de déclarer en reprenant encore une expression de M. Duquet, c'est que si, dans semblable occasion, il nous était donné de recevoir l'ordre de tenter une

[1]. D'après M. Duquet il était très simple, en un tour de main, de jeter des ponts en nombre suffisant, en improvisant un matériel de pontonnerie en remplacement de celui qui nous faisait défaut, etc..... N'insistons pas !

opération de ce genre, nous commencerions par nous demander si celui de qui il émane n'est pas atteint « *d'aliénation cérébrale* » et si, plutôt que de lui obéir, il ne convient pas d'user de persuasion pour le conduire, avec tous les ménagements dus à son rang, à l'ambulance pour s'y faire soigner et recevoir des douches !

Arrivé pour la deuxième fois au bout de notre tâche, nous avons le droit de dire que nous avons écrit en toute sincérité, en toute conviction, sans autre préoccupation que d'affirmer ce que nous pensons être la vérité.

Si, parfois, nous avons apporté quelque vivacité dans la discussion, que M. Duquet veuille bien reconnaître qu'il nous y a pleinement autorisé par les expressions souvent dures, injurieuses même, dont il ne craint pas de se servir dans un débat où elles n'ont que faire, et, par la façon dont il qualifie l'opinion de ceux qui ne pensent pas comme lui : « *Absurdités stratégiques, balivernes tactiques, hérésies tactiques, fantaisies stratégiques ne relevant pas de la critique historique, etc….. »*

Le ton de notre réponse à *La Retraite à Sedan* était demeuré constamment courtois, et nous avons regretté que la réplique de notre contradicteur et ami à nos articles de la *Revue de Cavalerie,* devenue cassante, hautaine, parfois blessante, nous ait mis dans l'obligation de sortir du calme et de la réserve que nous eussions voulu conserver.

Avant d'en finir, il nous faut encore dire quelques mots, en raison de l'intervention du général Bonnal dans le débat. Nous avions, en effet, reproduit une phrase d'une lettre de cet éminent officier général, *sans la commenter, sans l'interpréter ;* elle ne comportait d'ailleurs aucun commentaire, aucune interprétation, étant assez nette et assez déterminante par elle-même.

Nous avons donc appris avec étonnement, par M. Duquet, que le général avait protesté près de lui contre l'emploi que nous avions fait de cette phrase, « n'ayant nullement la signification qu'on lui attribuait ».

Peut-être, pensons-nous, avons-nous eu le tort d'isoler la phrase en question ?

Complétons donc notre citation :

« Moi-même, écrivait le général Bonnal, j'ai eu l'honneur de servir sous les ordres du général Ducrot, du 18 août au 2 septembre, comme faisant partie du 1er corps de l'armée de Châlons, et j'ai été témoin, le 1er septembre au matin, des efforts du général pour sauver l'armée française et la replier sur Mézières quand il en était encore temps.

« Le général Ducrot avait tous les dons du haut commandement.

« A Champigny, un seul général commande, entraîne, et communique autour de lui le feu sacré qui le dévore. Les autres généraux, à quelques exceptions près, et encore, commettent sottises sur sottises.

« On ne peut faire utilement la guerre qu'avec des chefs et des états-majors actifs, instruits, manœuvriers et très capables.

« Les qualités supérieures d'un chef tel que Ducrot ne pouvaient suppléer à l'infériorité des commandants subordonnés.

« Mais quand on se reporte à l'état misérable de l'instruction militaire pratique de l'État-major général français en 1870, on ne peut qu'admirer les efforts surhumains du général Ducrot pour galvaniser un cadavre et lui donner la vie au moins pendant quelques heures.

« Ma conviction est, qu'avec l'armée qu'il commandait, et surtout en raison de l'état des cadres supérieurs de cette armée, au double point de vue du moral et de l'instruction, le général Ducrot, en dépit des qualités les plus hautes, pouvait difficilement fixer la victoire sous nos drapeaux. »

Une chose nous a surpris dans la déclaration que M. Duquet nous rapporte lui avoir été faite par le général Bonnal, c'est que le général Ducrot « n'avait pas de cartes à la main en donnant ses ordres le 1er septembre 1870 au matin ».

Personnellement, nous n'attachons aucune importance à ce détail, car, comme tous ceux qui ont quelque habitude de la direction des troupes sur le terrain, nous savons qu'une fois la topographie des lieux fixée dans l'esprit, personne ne s'astreint, pour donner ses ordres, quand il est possible d'indiquer directement à ceux qui les reçoivent les points remarquables de la région, les objectifs, à avoir continuellement les yeux fixés sur la carte. En l'espèce c'eût été, d'ailleurs, une bien mauvaise manière d'opérer,

puisqu'on sait qu'à l'armée de Châlons, quantité d'officiers, même
du grade le plus élevé, étaient dépourvus de cartes[1] ; des indications hâtivement données sur celles du général en chef n'eussent guère pu servir à les guider dès qu'ils se seraient éloignés,
et la meilleure méthode était de leur montrer effectivement les
points sur lesquels ils devaient marcher, puisqu'ils étaient visibles.

Qu'y a-t-il donc d'étonnant que le général Ducrot, « s'adressant
à des officiers d'artillerie et leur indiquant d'un geste la forêt des
Ardennes au nord d'Illy », où il voulait concentrer l'armée, leur
ait crié : « Vous allez prendre droit devant vous » ? C'était plus
pratique et plus concluant que de leur tracer des itinéraires sur
une carte qu'ils n'avaient pas.

Mais comme on pourrait interpréter à faux l'insinuation que
nous avons relevée plus haut, nous faisons appel aux souvenirs
de tous les officiers composant l'état-major du 1er corps : tous
seront unanimes à déclarer que Ducrot était muni, par ses propres soins, de toutes les cartes désirables, qu'il en faisait un
usage constant, et que c'est les yeux sur elles qu'il dicta les ordres de retraite *destinés aux corps d'armée*. Nous en appelons
aux généraux Warnet, Peloux, Faverot de Kerbrech, Robert, de
Sancy, de Lanoue, et à tant d'autres.

N'était-ce pas sur sa carte que Ducrot, la veille de Sedan, tra-
çait devant le Dr Sarazin ce cercle qui s'y voit encore, et qui figurait trop exactement, hélas, les positions que devaient occuper le
lendemain les armées allemandes ?

N'était-ce pas en étalant sa carte sur l'arçon de sa selle qu'il
cherchait à ouvrir les yeux à Wimpffen qui lui disait : « Illy,
qu'est-ce que c'est qu'Illy ? »

La carte, il ne cessait de l'interroger anxieusement depuis trois

1. « L'état-major de l'armée de Châlons ne possédait même pas de carte à grande
échelle de la contrée. Il en envoya demander à Sedan le 30, de Raucourt, et on lui
remit la carte vicinale du canton qui se trouvait au palais de la sous-préfecture.....
« Le général de Wimpffen raconte aussi qu'à son voyage à Paris le ministère de la
guerre lui remit des cartes qui n'étaient qu'au 320 millième. Il dut emprunter d'un ami
la carte d'état-major au 80 millième. » (*Colonel Lecomte*, p. 432.)
« La pensée que j'ai *seul* sur moi la carte du pays..... » (Journal du colonel d'Andigné, chef d'état-major de la division Lartigue.)

jours, complétant son étude par des renseignements demandés aux habitants du pays !

« On le voyait penché sur ses cartes, a écrit le général Faverot ; aussi étaient-elles toujours soigneusement classées dans la « gíberia » qui ne le quittait jamais. *Il s'en pénétrait d'ailleurs si complètement à leur simple lecture qu'il n'avait plus besoin de les consulter pour se rappeler ensuite les reliefs et toutes les particularités du terrain.* »

Nous avons eu entre les mains, à diverses reprises, les collections de cartes dont le général s'est servi en Alsace, en Champagne, à Sedan et à Paris.

Où en sommes-nous donc venus pour qu'il n'ait pu cesser un seul instant d'avoir les yeux fixés sur elles, sans qu'on donne à entendre qu'il était de ceux, trop nombreux en 1870, qui n'en faisaient pas usage, témoin l'exclamation : « Illy, qu'est-ce que c'est qu'Illy ? »

Mais, au demeurant, nous connaissons trop le haut bon sens et l'expérience militaire du général Bonnal pour croire que, dans sa pensée, l'expression dont il s'est servi ait eu la portée que lui donne M. Duquet, lorsqu'il rapporte la conversation qu'il a eue avec l'ancien commandant de l'École supérieure de guerre.

Quoi qu'il en soit, nous nous félicitons d'avoir été l'occasion d'une entrevue entre ces deux écrivains militaires ; car, M. Duquet, qui qualifiait autrefois le général Bonnal de « Trochu de l'avenir », qui, jusqu'ici, dans ses nombreux ouvrages, n'avait jamais fait la moindre citation empruntée aux si remarquables travaux dus à l'auteur de *La Manœuvre d'Iéna,* les considérant sans doute comme non avenus, déclare maintenant que les opinions du général sont « raisonnables et raisonnées » ; et après lui avoir décerné l'épithète de « savant », il s'incline devant la « compétence » de celui qui a bien voulu se rendre à son cabinet « et pendant deux heures prendre la peine de l'instruire ».

Nous sommes même certain que ses entretiens avec notre ami M. Duquet modifieront chez le général Bonnal l'appréciation plutôt sévère que nous lui avons entendu émettre autrefois sur l'œuvre considérable de notre éminent contradicteur.

Quant à nous, nous retenons aussi les conclusions « raisonnables

*

et raisonnées » du général Bonnal, que M. Duquet porte à notre connaissance.

Il estime, en effet, que « le 31 août, la retraite (instamment réclamée par Ducrot) était souhaitable et possible ».

« Que le 1ᵉʳ septembre, dès 8 heures du matin (par suite des dispositions prises par le maréchal, par conséquent) *la perte de l'armée de Châlons était fatale*[1]. »

« Que les dispositions que comptait prendre le général Ducrot pour se replier sur Mézières auraient sauvé 30 000 ou 40 000 hommes qui auraient fait leur retraite à travers bois, en hordes, en abandonnant canons et voitures » ; ce qui aurait évité la capitulation, ajouterons-nous.....

Que disait donc Ducrot dans la note déjà citée par nous : « Je n'aurai pas la présomption d'affirmer..... que toute l'armée eût été sauvée *personnel et matériel*..... le mouvement ordonné par moi était le seul qui offrît *quelques chances de salut pour la majeure partie du personnel.* »

Et plus loin : « Admettons les chances les plus funestes, *les faiblesses les plus grandes,* que pouvait-il advenir ?

« Notre infanterie et notre artillerie s'éparpillaient sous bois et fuyaient en désordre dans la direction du nord et du nord-ouest ; nous perdions la majeure partie, la totalité même de nos bagages et de notre artillerie ; mais en aucune façon nous n'étions réduits à cette épouvantable extrémité d'une capitulation sans précédents dans l'histoire. »

On le voit, l'opinion du général Bonnal est singulièrement d'accord avec celle de Ducrot, et pour éviter la catastrophe, il n'y avait pas d'autre moyen que celui adopté par ce dernier, conformément à l'avis de Bugeaud « qu'il est des circonstances où il est d'un brave homme de savoir f..... le camp à propos ».

Mais, nous demeurons convaincu que les choses n'eussent pas tourné aussi mal, et que l'issue de l'action qui se fût engagée vers Saint-Menges, entre l'aile gauche allemande commençant à sortir du défilé de la Falizette et le 7ᵉ corps, bientôt appuyé par deux

---

1. Ceci est quelque peu en contradiction, quoique « raisonnable et raisonné », avec l'opinion émise par M. Duquet, qu'à 8 heures le moment était favorable « pour culbuter les Bavarois et *gagner la bataille de Sedan* ».

divisions du 1ᵉʳ et par le 5ᵉ, aurait procuré au gros de nos forces une retraite honorable, « un succès relatif ».

C'est d'ailleurs l'idée qu'a exprimée le général Ducrot, en écrivant : « Voyant déboucher de Saint-Albert les colonnes ennemies, et notamment l'artillerie qui formait tête de colonne, nous l'écrasions à la sortie du défilé et rendions son déploiement impossible. »

Si notre contradicteur n'a pas voulu discuter les appendices qui suivent notre première réponse, à notre tour nous nous refusons à le suivre dans le récit qu'il a composé « de la fable des perceurs à Sedan ». Et nous ne retirerons rien de notre affirmation : « Tout ce qui s'échappe, s'échappe par l'ouest. »

Que nous importe, en effet, que certains éléments, pour sortir du champ de bataille, se soient d'abord élevés vers le nord ou même vers le nord-est ?

Il n'en est pas moins vrai qu'après ce crochet momentané *tout s'est rabattu vers l'ouest*, vers Mézières-Rocroy.

L'ouest était donc la seule direction libre ; de ce côté seulement se trouvait une zone qui permettait au gros de nos forces, après s'être fait jour en manœuvrant offensivement, comme le voulait Ducrot, vers l'unique point favorable, de marcher rapidement et de s'éloigner.

Là est la seule constatation intéressante : tous les échappés du champ de bataille se sont finalement écoulés vers l'ouest, quel qu'ait pu être l'itinéraire suivi par eux au début de leur fuite.

Nous ne nous berçons pas de l'illusion de modifier en rien les jugements de notre adversaire et ami, car nous les savons irréductibles.

Un fait le prouve entre mille. Malgré la lettre indiquée dans laquelle le général Faure a protesté hautement contre l'injuste accusation lancée par le général de Wimpffen à l'adresse de l'état-major général de l'armée de Châlons qui ne se serait pas mis à sa disposition ; bien que l'ancien chef d'état-major de cette armée, *faisant appel au témoignage du colonel Broye, du capitaine Kessler, du commandant Riff, du lieutenant Fabvier, du duc d'Harcourt, etc.....*, établisse *qu'il vint avec tous les officiers disponibles se mettre aux ordres du général de Wimpffen, que celui-ci leur fit le plus étrange accueil, ne daigna même pas leur adresser la parole, n'utilisa pas une seule fois leurs services ;* qu'il les reçut en criant, dans une agitation fébrile : « Oui, je suis dans mon droit ; j'ai le droit de commander en chef, *j'ai une lettre du ministre !!* », malgré l'évidence des faits, M. Duquet n'hésite pas à écrire, comme si nulle rectification n'avait eu lieu : « Les officiers d'état-major de Mac-Mahon et de Ducrot[1] n'avaient pas jugé bon de se mettre à la disposition du général de Wimpffen. »

Nous ne nous étonnons donc en rien des épithètes « d'aveugle et d'indifférent de Wissembourg, d'entêté de Sedan, d'incapable de Champigny » dont nous avons, après tant d'autres, établi dans nos divers travaux la criante injustice.

Quant au gros mot de « coupable de Buzenval », en attendant que nous abordions le récit de la journée du 19 janvier 1871, la journée des légendes par excellence, et quelles légendes, grand Dieu ! nous nous bornerons à produire une lettre du général Tripier, l'officier général dont M. Duquet a fait maintes fois l'éloge dans son *Histoire du siège de Paris,* qu'il qualifie de « savant » et qui, placé au quartier général de la 2ᵉ armée, près du général Ducrot, *a été mieux à même que n'importe quel écrivain* d'apprécier sainement son rôle à Buzenval ; *après avoir établi que la genèse de la sortie fut bien telle que Ducrot l'avait exposée dans une de ses dépositions,* le général Tripier continue : « Quant aux imputations dont vous êtes l'objet de la part du parti du désordre, *c'est une folie, une aberration. Je suis honteux* de dire que personne *n'a été plus brave et plus dévoué que vous ;* c'est ce que tout le monde sait. *Vous ne devez pas vous occuper de ces injures.* »

Il est de fait que, de son vivant, le général n'eut pour ses insulteurs, qui avaient toujours le soin de se tenir hors de portée de sa botte, que le plus profond mépris ; jamais il ne daigna s'abaisser à relever les inepties répandues sur son compte.

Qu'il nous soit donc encore permis de citer les fragments de deux lettres.

La première est du général de Susbielle, le vigoureux soldat de

[1]. Aurait-il donc fallu qu'outre l'état-major général, l'état-major du 1ᵉʳ corps abandonnât son chef pour aller courir après le général de Wimpffen ?

Châtillon et de Mont-Mesly : « Voici, écrit-il, une autre réflexion sur le général Ducrot, elle est pour vous, et tend à vous faire connaître le point de départ de l'estime que je professe pour lui. Si vous saviez comme il était mal jugé par certains pendant le siège ! Que de *stupidités* ont été dites sur le compte de cet homme parce qu'on ne le connaissait pas, parce qu'on ne s'arrêtait qu'à sa rude écorce sans aller au delà ! Il faut regarder comme un malheur qu'il n'ait pas été investi du commandement en chef. »

La seconde lettre nous a été adressée par un écrivain distingué, dont M. Duquet ne saurait récuser la compétence, puisque, maintes fois, il n'a pas manqué de l'invoquer à l'appui de sa thèse, par M. Félix Bouvier, l'auteur de *Bonaparte en Italie* : « Au contraire de Duquet, je regarde le général Ducrot comme le seul cerveau de l'armée de Sedan.....

« Loin de voir en lui un « étourneau », un « ahuri », je le considère comme un chef intelligent, résolu, vigoureux, capable de concevoir et d'exécuter plus que quiconque dans l'armée de cette triste époque. »

Tel sera le jugement de l'histoire qui fera aussi ressortir que ce « vrai chef d'armée » fut en même temps un grand patriote et un caractère.

POST-SCRIPTUM.

Nous avons eu l'occasion, à diverses reprises, de faire justice des accusations portées contre nous par M. Duquet, qui nous a reproché « des citations incomplètes, des infidélités, des substitutions, des omissions ».

Il a même pris la peine de grouper en un tableau en deux colonnes les textes donnés par nous et les textes originaux, *ou soi-disant tels*, pour faire ressortir ces altérations.

Nous nous permettrons de lui emprunter son procédé, en le complétant toutefois par une troisième colonne qui ne laissera subsister aucun doute dans l'esprit du lecteur.

Nous ne relèverons que les passages où nous sommes directement mis en cause, n'ayant plus à prouver que les affirmations de la Relation officielle allemande, que notre contradicteur oppose au général Ducrot et au colonel Gillon, sont absolument erronées.

TEXTES incriminés.	TEXTES opposés par M. Duquet.	TEXTES qui avaient été visés par nous et Observations.
Le Correspondant, numéro du 5 août 1900, page 626 : « De ce côté (Saint-Menges et Fleigneux) l'infanterie ennemie, *d'après les documents officiels eux-mêmes de la IIIe armée, ne fut en mesure d'agir que vers 1 heure de l'après-midi.* »	*La Guerre franco-allemande,* 1re partie, p. 1149: « Vers 6 heures du matin, un parti de cavalerie de la division Margueritte avait exploré le pays en *avant d'Illy, mais ne s'était pas aperçu de la marche des colonnes prussiennes.* (Et pour cause, puisqu'elles ne devaient *atteindre* la route Sedan-Mézières qu'une heure et demie plus tard)......... .... « Le général de Gersdorff commande alors *au bataillon de fusiliers du 87e d'attaquer Saint-Menges.* .... « *La majeure partie du régiment vient prendre position à l'est, le front vers Illy ; trois com-*	C'est donc la relation officielle allemande, *que nous n'avions pas visée,* que nous oppose M. Duquet. Remarquons d'abord qu'elle nous montre, pour tout potage, un régiment d'infanterie ; or, il est de toute évidence que l'expression dont nous nous étions servi, « l'infanterie ennemie ne fut en mesure d'agir que vers 1 heure de l'après-midi », signifiait, surtout si l'on se reporte aux lignes qui la précèdent immédiatement, *en mesure d'arrêter la manœuvre vers l'ouest,* ce dont le régiment de Nassau, qui n'a d'ailleurs débouché que vers 10 heures, était bien incapable ! Mais que disent donc les *Documents officiels de la IIIe armée* produits par le major de Hahnke, *les seuls auxquels nous avions fait allusion, sans aucune ambiguïté possible,* car nous ne voulions pas, dans notre article du *Correspondant,* discuter les fantaisies intéressées de la Relation officielle allemande : « Les détachements du régiment n° 87 sont *immédiatement suivis par*

TEXTES incriminés.	TEXTES opposés par M. Duquet.	TEXTES qui avaient été visés par nous et Observations.
	pagnies continuent dans la direction du sud. L'une, la 11e, gagne un petit bois clos de murs situé sur le mamelon 812 (le Hottoy), à l'est de la route de Floing. Les deux autres (8e et 10e) conduites par le capitaine de Fischer-Treuenfeld, *descendent sur Floing, enlèvent vers 9 heures,* après une légère escarmouche, *les deux premières habitations* et pénètrent à la suite des Français en retraite dans la partie nord-ouest du village. »	*deux batteries divisionnaires,* lesquelles batteries se trouvent *successivement* renforcées par les batteries du XIe corps et les batteries des autres divisions qui prolongent la ligne vers l'est » (Page 232.) [Le major de Hahnke, *témoin oculaire,* glisse sur l'heure du débouché du régiment no 87 à Saint-Albert, tout comme il a glissé sur celle où le Prince royal l'a envoyé aux commandants des Ve et XIe corps. Toutefois, il ressort de son récit que l'avant-garde du 87e aurait débouché à 9 heures et quart à Saint-Albert. Donc l'artillerie (*200 pièces*) n'a terminé elle-même son débouché qu'à 10 heures trois quarts, 11 heures.] « Pendant ce combat d'artillerie, *qui dura près de trois heures,* l'infanterie *réussit à sortir du défilé* et à se déployer *à Saint-Albert,* que l'ennemi couvrait de ses obus. » (P. 233.) 10 heures trois quarts, plus trois heures donnent *1 heure trois quarts.* Et nous avions adopté 1 heure ! « De ce côté, vers Saint-Menges, je n'avais *jusqu'à 1 heure du soir* que *200 bouches à feu, soutenues par quelques escadrons.* » (Général de Blumenthal, chef d'état-major de la IIIe armée.)
Le Correspondant, numéro du 25 août 1900, page 631 : « Le 1er septembre, le passage de la Meuse par les Allemands *n'a commencé qu'à 5 heures du matin.* »	*La Guerre franco-allemande,* 1re partie, p. 1147 : « *Vers 3 heures,* le XIe corps avait quitté ses bivouacs, et s'était porté sur le pont fixe de Donchery qu'il commençait à traverser (*à quelle heure demanderons-nous ?*) *Vers 5 heures et quart, le XIe corps se trouvait formé en entier au nord de Donchery.* » *Ibid. :* « Le Ve corps s'était mis en marche par Omécourt, à 2 heures et demie du matin et, à 4 heures, son avant-garde	« *Opérations de la IIIe armée allemande* » *d'après les documents officiels de la IIIe armée,* par le major de Hahnke : « *Vers 5 heures du matin, les têtes des colonnes des Ve et XIe corps ..... passaient sur la rive droite de la Meuse.* »

TEXTES incriminés.	TEXTES opposés par M. Duquet.	TEXTES qui avaient été visés par nous et Observations.
	débouchait sur la Meuse. Les troupes franchissaient la rivière. »	
Le Correspondant, numéro du 25 août 1900, p. 615 : « Il convient de préciser l'heure à laquelle le commandant du 1er corps fut investi de la redoutable mission qui lui incombait ; cette question d'heure demande à être serrée de très près, parce que, dans la situation où se trouvait l'armée française, le temps devenait un facteur prépondérant ; ce qui était possible à 7 heures du matin pouvait en effet n'être plus réalisable une heure ou deux plus tard. » Or, le général Ducrot, dans « *La Journée de Sedan* » (édition de 1883, p. 143), dans sa déposition sur les actes du Gouvernement de la défense nationale.....	*La Journée de Sedan,* par le général Ducrot (édition de 1871), p. 24 : « A 7 heures et demie, au moment où le général ordonnait le mouvement de retraite..... »	*La Journée de Sedan*, par le général Ducrot (édition de 1833, E. Dentu, libraire-éditeur), p. 136 : « Où étaient les têtes de colonnes des XIe et Ve corps et de la division wurtembergeoise, *à 7 heures du matin, instant où le général Ducrot ordonna la retraite vers Mézières?* » *Ibid.,* p. 143 : « Nous, au contraire, nous pensons que si le mouvement de retraite *commencé à 7 heures et demie du matin.* » (Par conséquent ordonné *au moins à 7 heures.*) *Ibid.,* p. 137 : « Donc *à 7 heures*, instant où le général Ducrot envoyait ses ordres pour la retraite. »
Dans de nombreuses notes manuscrites.	Dans ses notes recueillies par le colonel Gillon [qu'en sait M. Duquet?] il dit que ce billet [le billet du maire de Villers-Cernay] lui a été apporté vers 7 heures et demie. [*Retraite sur Mézières*, annexe à *La Journée de Sedan*, par le général Ducrot.] Donc il n'a pas été investi du commandement vers 6 heures trois quarts, 7 heures comme l'affirme Y. K. dans le passage ci-contre du *Correspondant*.	Quand nous invoquons les *Documents officiels de la IIIe armée,* on nous oppose la relation du grand État-major. Quand nous invoquons certain passage de *La Journée de Sedan*, on nous en oppose un autre. Et cela pour prouver que nous abusons des textes que nous citons ! Ici, c'est encore mieux.
		Nous citons *des notes* manuscrites du général Ducrot, reproduites d'ailleurs en partie par nous (voir

TEXTES incriminés.	TEXTES opposés par M. Duquet.	TEXTES qui avaient été visés par nous et Observations.
		supra, Appendice VI, p. 94 et suivantes), et voilà qu'on nous répond par des notes que M. Duquet *suppose avoir é'é recueillies* par le colonel Gillon, l'auteur de *La Retraite sur Mézières,* de l'*Annexe à la journée de Sedan.* Que disent les notes « manuscrites », *les seules auxquelles nous avons fait allusion* : « L'opération ordonnée par moi à *7 heures du matin.* » « La retraite *commencée* à cette heure, c'est-à-dire entre 7 et 8. » *(Donc ordonnée à 7 heures.)* « Quand je pris le commandement *il devait être environ 6 heures trois quarts.* » « Si le mouvement ordonné par moi, et *commencé à 7 heures et demie du matin.* » « Au moment où me parvint l'ordre de prendre le commandement, *vers 6 heures trois quarts, je venais de recevoir un billet du maire de Villers-Cernay.* » (Il est donc facile de voir que le colonel Gillon n'a nullement recueilli, comme le suppose M. Duquet, les notes manuscrites du général Ducrot.)
Dans une lettre intime écrite le lendemain même de la bataille.	*La Vie militaire du général Ducrot,* p. 409 : « Mouvement que j'avais ordonné à 8 heures du matin, pour occuper le village d'Illy. »	Toujours le même système. Nous faisions allusion à une lettre écrite *à un ami* (p. 406 de la *Vie militaire du général Ducrot*), et M. Duquet nous répond par la lettre à Mme Ducrot (p. 409), par la fameuse lettre de Glaire, laquelle n'a pas été écrite *le lendemain même de la bataille, puisqu'elle est du 4 septembre !* Que dit donc la lettre invoquée par nous : « C'est alors que, à *6 heures trois quarts du matin,* un aide de camp du maréchal vint m'annoncer qu'il était blessé et me remettait le commandement de l'armée. »
A fixé 6 heures trois quarts, 7 heures.	*La Journée de Sedan,* par le général Ducrot, p. 123 : Le colonel Robert, chef d'état-major de M. Ducrot, dit 8 heures et demie.	*Notes manuscrites* du colonel Robert, chef d'état-major du général Ducrot, *à nous communiquées par leur auteur :* « Lorsque le matin, *vers 7 heures,* le général Ducrot reçut du maréchal

TEXTES incriminés.	TEXTES opposés par M. Duquet.	TEXTES qui avaient été visés par nous et Observations.
		blessé..... l'ordre de prendre le commandement en chef. »
	La Journée de Sedan, par le général Ducrot, p. 137 : Le capitaine Achard, attaché à l'état-major du 1er corps, dit 8 heures.	Revoir les explications par nous données au chapitre de la prise de commandement ; il serait trop long de les reproduire ici.
	Dr Sarazin, p. 121 : Le Dr Sarazin, médecin-chef du 1er corps, dit 8 heures. Franchement, dit M. Duquet, il n'est pas facile d'accumuler autant de contre-vérités. *Tot verba, tot errores.*	Le Dr Sarazin indique 8 heures, mais pour *l'heure du commencement de la retraite,* ce qui reporte les ordres *à 7 heures.* Nous retournons à notre éminent contradicteur sa tranchante conclusion ; nous n'avons pas à nous expliquer sur le carnet de campagne du commandant Rouff, dont nous n'avons jamais parlé, et auquel nous pouvons opposer, comme on l'a vu, les notes et le carnet de campagne du général Peloux, la lettre du général Riff, les souvenirs du général Faverot, la lettre du colonel Debord, etc.....
Revue de Cavalerie, numéro de janvier 1903, p. 401 : « Cependant, il est probable que les Allemands n'étaient pas encore en grandes forces de ce côté..., les Ve et XIe corps n'avaient pas encore passé (*fini de passer*) [*sic*] la Meuse. (*La Troisième invasion,* par Eugène Véron.) »	*La Troisième invasion,* par Eugène Véron (Paris, Ballue 1876, p. 208) : « Cependant, il est probable que les Allemands n'étaient pas encore en grandes forces de ce côté....., les Ve et XIe corps de l'armée du Prince royal de Prusse, un peu plus rapprochés et maîtres des ponts de Donchery, *n'avaient cependant point encore passé la Meuse.* »	Citation de M. Véron, faite par M. Duquet, pp. 60 et 61 de *La Retraite à Sedan ;* c'est cette citation que nous avons reproduite, car nous ne possédons pas l'ouvrage de M. Véron : « Cependant, il est probable que les Allemands n'étaient pas encore en grandes forces de ce côté....., les Ve et XIe corps..... n'avaient pas encore passé (*fini de passer*) la Meuse. » C'est donc alors M. Duquet qui a ajouté ce membre de phrase « *fini de passer* »! C'est donc lui qui a modifié le texte, ce que nous ne pouvions deviner.
La Sortie de la Marne, par Y. K., p. 27 : « Ce désespoir est augmenté par la pensée que, si le fatal aveuglement du général de Wimpffen n'était pas venu arrêter l'exécution du mouvement que j'avais ordonné	*La Vie militaire du général Ducrot,* p. 409 : « Ce désespoir est augmenté par la pensée que, si le fatal aveuglement du général de Wimpffen n'était pas venu arrêter l'exécution du mouvement que j'avais ordonné	Nous renvoyons le lecteur aux explications que nous avons données au chapitre de la prise de commandement, et qu'il serait trop long de reproduire ici.

TEXTES incriminés.	TEXTES opposés par M. Duquet.	TEXTES qui avaient été visés par nous et Observations.
à 7 heures du matin pour occuper le village d'Illy, notre retraite sur Mézières était assurée et peut-être, au lieu d'un désastre effroyable, aurions-nous pu enregistrer un succès relatif. »	à 8 heures du matin pour occuper le village d'Illy, notre retraite sur Mézières était assurée et peut-être, au lieu d'un désastre effroyable, aurions-nous pu enregistrer un succès relatif. »	

TABLE DES MATIÈRES

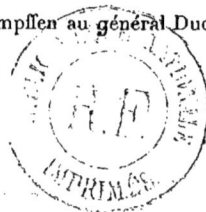

Nancy, impr. Berger-Levrault et Cie.

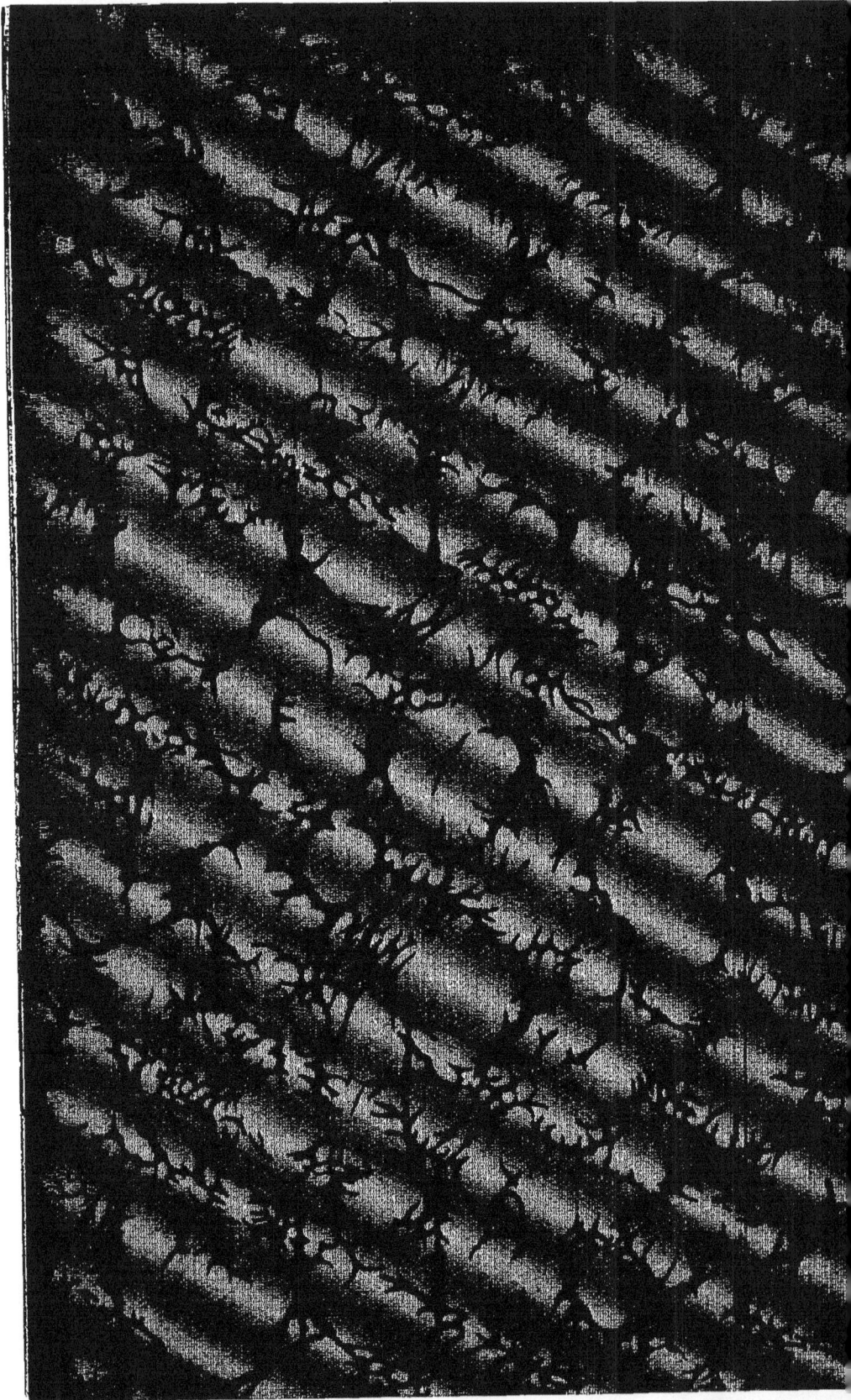

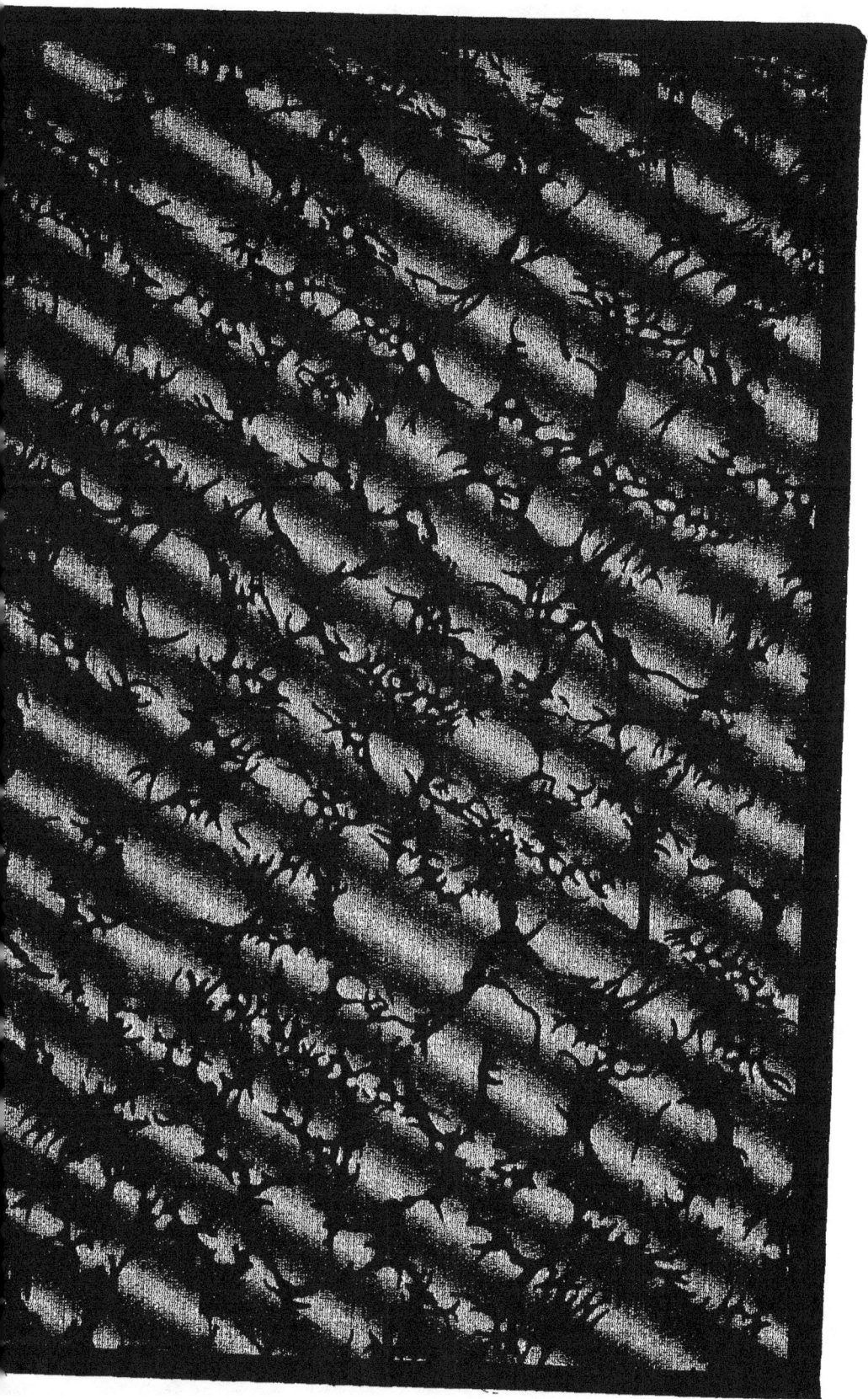

www.ingramcontent.com/pod-product-compliance
Lightning Source LLC
Chambersburg PA
CBHW071944090426
42740CB00011B/1817